내 손안의 1등 비서
스마트폰 100배 즐기기

내 손안의 1등 비서
스마트폰 100배 즐기기

초판 1쇄 발행 2019년 9월 10일

지은이	박용기, 이상구, 김원곤, 권석봉, 손승주, 손영준, 송영운, 임택규, 정환식
발행인	권선복
편 집	오동희
디자인	김소영
전자책	서보미
발행처	도서출판 행복에너지
출판등록	제315-2011-000035호
주 소	(07679) 서울특별시 강서구 화곡로 232
전 화	0505-666-5555
팩 스	0303-0799-1560
홈페이지	www.happybook.or.kr
이메일	ksbdata@daum.net

값 25,000원
ISBN 979-11-5602-744-7 (13500)

Copyright ⓒ 박용기, 이상구, 김원곤, 권석봉, 손승주, 손영준, 송영운, 임택규, 정환식, 2019

* 이 책은 저작권법에 따라 보호받는 저작물이므로 무단전재와 무단복제를 금지하며, 이 책의 내용을 전부 또는 일부를 이용하시려면 반드시 저작권자와 〈도서출판 행복에너지〉의 서면 동의를 받아야 합니다.
* 잘못된 책은 구입하신 곳에서 바꾸어 드립니다.

도서출판 행복에너지는 독자 여러분의 아이디어와 원고 투고를 기다립니다. 책으로 만들기를 원하는 콘텐츠가 있으신 분은 이메일이나 홈페이지를 통해 간단한 기획서와 기획의도, 연락처 등을 보내주십시오. 행복에너지의 문은 언제나 활짝 열려 있습니다.

100세에도 행복한 스마트라이프 도우미

내 손안의 1등 비서
스마트폰 100배 즐기기

박용기, 이상구, 김원곤, 권석봉
손승주, 손영준, 송영운, 임택규, 정환식 지음

정보화교육 활용 도서

도서출판 행복에너지

프롤로그

　주위를 돌아보면 많은 사람들이 스마트폰을 사용하고 있는 것을 쉽게 볼 수 있습니다.
　정보기술의 눈부신 발전으로 스마트폰도 인공지능, 가상현실 등 신기술을 속속 도입하며 하루가 다르게 우리 생활의 편리함과 유용성을 높여가고 있습니다.

　우리는 스마트폰을 통해 언제 어디서나 자유롭게 원하는 정보를 얻을 수 있고 소통, 비즈니스, 행정, 금융, 건강, 취미, 오락 등 다양한 분야의 편리함을 마음껏 누리고 있습니다. 그러나 한편으로는 아직도 이러한 정보기술의 혜택을 절반도 누리지 못하고 있는 사람들이 많은 것에 놀라지 않을 수 없습니다.

　이에 저자들은 각자가 가지고 있는 전문지식을 활용하여 우리 생활에 가장 밀접한 스마트폰을 보다 많은 사람들이 쉽게 배우고 활용하는 데 도움을 주고자 이 책을 내기로 하였습니다.

 이 책은 전화통화 외에는 스마트폰의 유용한 기능들을 절반도 활용하지 않는 독자들 누구나 쉽게 배울 수 있도록 스마트폰의 기본 구성부터 차근차근 설명하였습니다. 눈이 피로하지 않게 글자도 크게 하고, 쉽게 따라할 수 있도록 스마트폰 실제 화면을 캡처하여 그림으로 자세히 설명하였습니다.

 이 책으로 배워서 스마트폰에게 "○○해줘"라고 말하면 시키는대로 대부분 알아듣습니다.
 국내는 물론 해외까지 상대방 얼굴 보며 무료통화하기, 말로 글쓰기, 유튜브 활용, 보이스피싱 예방, 치매예방, 건강관리 등 알뜰한 기능들을 아주 쉽게 배워 스마트라이프를 만끽하실 수 있습니다.

 스마트폰을 교육하시는 강사님들은 이 책을 교재로 활용하시면 평가 결과와 만족도가 훨씬 높아질 것입니다.

정보화 교육 교재로뿐만 아니라 전국의 도서관, 복지관, 문화원, 민원실, 영업장의 고객 대기장소 등에 비치용으로도 적극 추천해 드립니다.

이 책을 보시는 시니어 독자 분들께서는 스마트폰을 쉽게 배우고 활용하여 신세대들처럼 정보기술의 혜택을 마음껏 누리시기 바랍니다.

4차 산업혁명과 100세 시대에 정보기술의 활용 보급과 시니어들을 돕는다는 취지에 깊이 공감하셔서 출판을 기꺼이 허락해 주신 행복에너지 권선복 대표님께 깊은 감사를 드립니다. 좋은 책 출판을 위해 수고를 아끼지 않으신 김소영 디자이너님, 오동희 편집자님께도 감사드립니다.

이 책의 출판에 격려와 도움을 주신 서울시50+캠퍼스 임직원분들, 스마트폰 앱 관련 회사 임직원분들, 이 책을 추천해 주시는 모든 분들과 저자들의 사랑하는 가족들에게도 감사를 드립니다.

2019년 9월

박용기 박사 외 저자 일동

추천사

"단 하나의 물건만 가지고 오랫동안 어딘가에 고립된다면 무엇을 가져가시겠습니까?" 하는 질문을 받는다면 당신의 생각은 어떠신가요? 바로 '스마트폰'일 것입니다.

이제 스마트폰은 정보화 기기나 업무를 넘어 우리의 놀이이고 소통이고 일상인 동시에 생존이 되었습니다. 대부분의 세대가 스마트폰의 편리함을 누리는 반면 아직도 일부 어르신 세대는 스마트폰 활용에서 소외와 격차의 사각지대에 놓여 계십니다. 스마트폰은 단순히 성능 좋은 전화기가 아니라 삶을 바꾸는 혁신이기 때문에 스마트폰을 충분히 활용할 수 없다면 가까운 친지나 이웃과의 소통이 어려워지고 사회변화에도 뒤처질 뿐 아니라 일상의 삶에서 편리함과 즐거움을 누리는 데도 제약이 있을 수밖에 없습니다.

이런 어려움을 해소하기 위해서는 일부 어르신 세대의 눈높이에 맞는 교재를 활용한 교육이 필수적입니다. 기본적으로 무언가를 알고 있다고 가정하고 그 외 새로운 것을 설명하는 것이 아니라, 아주 기본이 되는 개념부터 친절하고 알기 쉽고 보기 쉽게 설명할 수 있는 교재가 무엇보다 필요한 것입니다.

이번에 50+재단 중부캠퍼스 'IT강사양성' 과정 수강생 분들이 주축이 되어 누구나 쉽게 활용할 수 있는 스마트폰 활용교재를 출간하신 것은 이러한 불편을 경험하고 계신 어르신들과 강사분에게는 단비와 같은 소식이 될 것이라 생각합니다.

전문적인 강의를 진행하시는 분들뿐 아니라 가까이 계시는 어르신들에게 스마트폰의 활용을 알려드리고 싶은 분, 또는 어르신들께 어디서부터 어떻게 스마트폰 활용을 설명해야 할지 모르겠다는 분들에게도 좋은 길잡이가 되어 줄 것입니다.

부디 이 책이 많은 분들에게 다양하게 활용되어 보다 많은 어르신들이 스마트폰의 편리함을 함께 누리셨으면 좋겠습니다. 다시 한번 출간을 축하드립니다.

50+재단 본부장 고선주

차 례

프롤로그 · 4
추천사 · 7

제1장 스마트폰 시작하기

1. 스마트폰의 종류 · · · · · · · · · · · · · · · · 18
2. 스마트폰의 버튼과 화면 · · · · · · · · · · · 19
3. 스마트폰 관련 용어 · · · · · · · · · · · · · · 20
4. 화면 터치 작동 요령 · · · · · · · · · · · · · 22
5. 홈 화면과 앱스 화면 구분 · · · · · · · · · · 24
6. 앱스 화면과 위젯 화면 구분 · · · · · · · · · 25
7. 상태표시줄 간편 기능 · · · · · · · · · · · · 26
   소리 조정: 무음, 진동, 소리 ǀ 손전등(플래시) ǀ 와이파이(WiFi) ǀ 모바일 핫스팟
8. 패턴/지문 화면 보안 설정 · · · · · · · · · · 31

제2장 스마트폰 기본 설정

1. 스마트폰 환경 설정 · · · · · · · · · · · · · · 36
2. 소리 및 진동 설정과 알림 소리 차단 · · · · 37

3. 디스플레이 화면 켜짐 시간 설정 · · · · · · · **40**
4. 배경 화면 설정 · **41**
5. 홈 화면에 아이콘 추가/삭제 · · · · · · · · · · **45**
   아이콘 추가 방법 1 ǀ 아이콘 추가 방법 2 ǀ 아이콘 삭제
6. 화면에 폴더 추가하기 · · · · · · · · · · · · · · · **49**
7. 폴더에 앱 추가하기 · · · · · · · · · · · · · · · · · **51**

제3장 손주 얼굴 보며 통화하기

1. 키패드로 영상통화하기 · · · · · · · · · · · · · · **54**
2. 최근기록 또는 연락처로 영상통화하기 · · · **57**
3. 단축번호 만들기 · · · · · · · · · · · · · · · · · · · **60**

제4장 음성(말)으로 스마트폰 활용하기

1. 구글 어시스턴트 · · · · · · · · · · · · · · · · · · · **66**
   구글 어시스턴트 시작 ǀ 구글 어시스턴트가 할 수 있는 기능
2. 구글 어시스턴트에게 시키세요 · · · · · · · · **69**
   "○○에게 문자 보내"라고 시키세요 ǀ "○○에게 전화 걸어"라고 시키세요 ǀ "음악 틀어"라고 시키세요
3. 구글 어시스턴트에게 물어보세요 · · · · · · **74**
   일기예보, 미세먼지 등에 대해 물어보세요 ǀ 간단한 계산도 할 수 있어요 ǀ 식사메뉴를 추천 받아 보세요
4. 구글 어시스턴트에게 부탁해 보세요 · · · · **77**
   재미난 이야기 들려줘 ǀ 사진 검색 ǀ 루틴 활용하기 ǀ 유용한 기능 SOS 메시지 보내기

제5장 메시지 및 연락처 관리

1. 메시지 관리 · **92**
   메시지 읽기 | 메시지 보내기
2. 연락처(전화번호) 관리 · · · · · · · · · · · · · **97**
   명단 관리하기 | 그룹 관리하기

제6장 1등비서 일정 관리

1. AA 캘린더 시작하기 · · · · · · · · · · · · · · **105**
2. 일정 추가 · **106**
   반복 설정 | 추가 항목 | 알림 설정 | 알람과 해제
   | 일정 추가 완료 | 완료 확인 | 음성 입력
3. 일정 보기 · **118**
   월간 보기 | 주간 보기 | 일간 보기
4. 일정 수정 · **121**
5. 일정 삭제 · **124**
6. 기념일 관리 · **126**
7. AA 캘린더 – 앱 환경설정 · · · · · · · · · · · **128**

제7장 SNS 즐기기

1. 카카오톡(KaKaoTalk, 카톡)과 만나기 · · · · · **132**
   카카오톡 설치 | 카카오톡 화면 구성 | 카카오톡 시작 친구 찾기
2. 카카오톡으로 소통하기 · · · · · · · · · · · · · **142**
   문자 보내기 | 사진 찍어 보내기 | 무료 음성전화/화상전화하기

3. 카카오톡으로 정보 전달하기 · · · · · · · · · *151*
연락처 보내기 ｜ 갤러리 사진 공유하기 ｜ 내 위치 알려주기
4. 카카오톡 제대로 활용하기 · · · · · · · · · · · *164*
사진 묶어 보내기 ｜ 뉴스 보기 ｜ 카카오톡으로 지하철 이용하기

제8장 인터넷 정보 검색하기

1. 홈 화면 · *176*
2. 뉴스 보기 · *178*
3. 관심 있는 주제만 검색 · · · · · · · · · · · · · *181*
4. 빠르게 검색하기 · · · · · · · · · · · · · · · · · *183*
5. 음성인식 검색 · · · · · · · · · · · · · · · · · · · *185*
6. 내 주변 검색 · *187*
7. 그린닷 버튼 · *188*
8. 급상승 검색어 · · · · · · · · · · · · · · · · · · · *189*
9. 서비스 추가 · *190*
10. 네이버 앱 · *191*

제9장 치매예방 및 건강관리

1. 치매체크 앱 설치하기 · · · · · · · · · · · · · · *196*
치매체크 앱 화면 소개
2. 병/의원 찾기, 건강정보 알아보기 · · · · · · · *202*
건강iN(건강인) 앱 설치하기 ｜ 건강iN(건강인) 앱 실행하기 ｜ 검진기관, 병(의원) 찾기
3. 만보기와 돋보기 · · · · · · · · · · · · · · · · · *215*
만보기 ｜ 돋보기

제10장 사진, AR 이모지, 동영상 촬영 및 관리하기

1. 사진 및 동영상 촬영하기 · · · · · · · · · · · · · · · · **223**
   카메라 앱 설정과 메뉴 ｜ 사진 촬영하기 ｜ 동영상 촬영하기 ｜ 동영상 재생하기

2. AR 이모지 · **231**
   AR 이모지 만들기 ｜ AR 이모지로 내 얼굴 촬영하기 ｜ 마이 이모지 캐릭터 얼굴 만들기 ｜ 마이 이모지 머리카락, 안경 적용하기 ｜ 마이 이모지 옷, 배경 적용하기 ｜ 마이 이모지 갤러리 저장하기 ｜ 마이 이모지로 재미있게 촬영하기 ｜ 마이 이모지 기타 기능

3. 갤러리 앱으로 사진관리 · · · · · · · · · · · · · · · · **240**
   갤러리 앱 시작 – 사진메뉴 ｜ 사진 복사하기 ｜ 사진 삭제하기 ｜ 사진에서 일부만 저장하기 ｜ 사진 꾸미기 – 효과 적용하기 ｜ 사진 꾸미기 – 스티커 꾸미기 ｜ 사진 꾸미기 – 글씨 쓰기 ｜ 사진 상세정보 보기 ｜ 앨범 추가 ｜ 앨범 간 사진 이동하기 ｜ 카톡으로 받은 사진 관리 ｜ 밴드(Band)에서 사진 저장 ｜ 스크린(화면) 저장하기

제11장 유튜브 동영상 이용하기

1. 유튜브 로그인 · **266**
2. 유튜브 홈 화면 · **268**
3. 유튜브 검색 · **270**
4. 유튜브 구독 · **272**
5. 유튜브 메시지 수신함 · · · · · · · · · · · · · · · · · · · **273**
6. 유튜브 라이브러리 · **274**
7. 유튜브 크리에이터 · **275**

제12장 대중교통, 날씨, 미세먼지, 사전 사용하기

1. 대중교통 앱 이용하기 · **279**
   대중교통 앱 – 버스, 지하철 ㅣ 대중교통 앱 – 지하철 이용 ㅣ 대중교통 앱 – 지하철 역, 첫차/막차 표시 ㅣ 대중교통 앱 – 지하철 노선도 이용 ㅣ 대중교통 앱 – 버스 이용 ㅣ 대중교통 앱 – 버스 도착시간

2. 날씨, 미세먼지 앱 이용하기 · **295**
   날씨 앱 이용하기 ㅣ 미세먼지 앱 이용하기

3. 사전 앱 이용하기 · **304**
   사전 앱 이용하기 - 영어 사전 ㅣ 사전 앱 이용하기 – 한자 사전

제13장 보이스피싱 예방 등 안전 이용

1. 카카오톡 프로필 가리기 · **316**
2. 보이스피싱(Voice Phishing) 예방하기 · · · · · · · · · · · · **319**
   보이스피싱 방지 후후 앱 설치하기 ㅣ 경찰청 폴 – 안티 스파이 설치하기 ㅣ 기타 스팸 차단 앱

부록 1. 서울시민카드 · **325**
부록 2. 나만의 스토리를 동영상으로 편집하기 · · · · · **344**
부록 3. 키보드 사용 추가설명 · **374**

저자 프로필 · **380**
출간후기 · **385**

내 손안의 1등 비서
스마트폰 100배 즐기기

제1장
스마트폰 시작하기

스마트폰(Smart Phone)이란 똑똑한 전화기란 의미가 있듯이 단순한 전화기를 벗어나 컴퓨터 + 카메라 + TV + 라디오 + 영화 + 음악 + 금융 + 관공서 + 교육 + 게임 + 건강 + 스포츠 + 병원 + 오락 + 비즈니스 + 인공지능(AI) + 가상현실(VR) 등 새로운 기술 적용 및 그 기능과 용도가 광범위하게 확대되고 있습니다.

〈학습 목표〉
스마트폰 관련 용어와 작동 요령 등에 대하여 학습합니다.

- 스마트폰의 종류 구분
- 버튼과 화면구성
- 스마트폰 관련 용어
- 화면 터치 작동 요령
- 홈 화면과 앱스 화면 구분
- 소리 조절, 보안 등 중요 기능 활용

1. 스마트폰의 종류

스마트폰은 운영체제(OS: Operation System)에 따라 크게 안드로이드폰과 아이폰으로 구분합니다. 안드로이드폰은 구글폰, 삼성폰, LG폰 등이 있고, 아이폰은 애플폰이 있습니다.

명칭	OS개발	운영체제	어플마켓
안드로이드폰	구글	안드로이드	플레이 스토어
아이폰	애플	iOS	앱 스토어

삼성 안드로이드폰

애플 아이폰

2. 스마트폰의 버튼과 화면

① 전원 버튼: 길게 누르면 전원이 켜지거나 꺼지고, 짧게 누르면 화면이 꺼지거나 켜집니다.
② 볼륨 버튼: 소리 크기를 조절합니다.
③ 목록 버튼: 터치하면 이전에 열어본 화면 목록을 이용하거나 삭제할 수 있습니다.
④ 홈 화면: 네모 모양을 터치하면 홈 화면으로 이동합니다.
⑤ 뒤로 버튼: 화살표를 터치하면 이전 화면으로 이동합니다.

제1장. 스마트폰 시작하기 19

3. 스마트폰 관련 용어

① 앱 또는 어플: 어플리케이션(Application)의 약자로 특정한 기능을 수행할 수 있도록 만들어진 프로그램입니다.

② 플레이 스토어(Play 스토어): 앱을 다운로드 받을 수 있는 화면상의 앱 가게를 말하며 안드로이드 폰은 "플레이 스토어", 아이폰은 "앱 스토어"라 합니다.

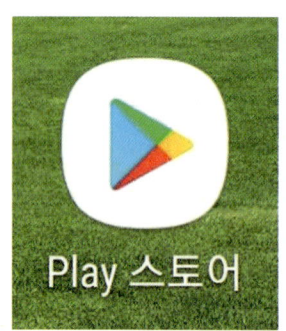

③ 엘티이(LTE: Long Term Evolution) - 데이터 네트워크: 휴대전화 네트워크의 용량과 전송 속도를 높이기 위해 개발된 무선 통신 기술로서 3세대(3G: 3Generation), 4세대(4G), 5세대(5G) 등으로 진화하고 있습니다.

④ 와이파이(Wi-Fi): 근거리무선통신망(Wireless Fidelity)의 약자로 무선 인터넷을 이용할 수 있는 서비스를 말하며 무선 인터넷을 이용할 수 있는 공간을 '와이파이

존'이라 부릅니다.

4. 화면 터치 작동 요령

터치/탭

① 터치/탭(Tap): 화면을 눌렀다 바로 떼는 동작으로 '열기'를 할 때 주로 사용합니다.

② 길게 터치/롱탭: 2초 이상 누르는 동작으로 메뉴를 열 때 주로 사용합니다.

길게 터치/롱탭

튕기기/플릭

③ 튕기기/플릭(Flick): 상하좌우로 튕기는 동작으로 빠르게 화면을 이동합니다.
주의: 누르고 있으면 안 됩니다.

④ 끌기/드래그(Drag) : 누른 상태에서 끌고 가는 동작으로 목록을 화면으로 당기거나 아이콘을 이동시킬 때 사용합니다.

끌기/드래그

핑거줌/확대 축소

⑤ 핑거줌/확대 축소(Stretch & Pinch) : 화면에 두 개의 손가락을 대고 오므리면 축소가 되고 벌리면 확대가 되는 동작으로 화면을 축소하여 여러 개의 화면을 한 화면에서 볼 수 있습니다.

5. 홈 화면과 앱스 화면 구분

스마트폰 화면은 홈 화면, 앱스 화면, 위젯 화면의 3가지로 구성됩니다.

홈 화면은 자주 사용하는 앱들만 꺼내 놓는 곳이며 앱스 화면은 스마트폰 내에 들어 있는 실제 모든 앱들을 보여주는 화면입니다. '앱스' 아이콘을 터치하면 앱스 화면으로 이동합니다.

홈 화면

6. 앱스 화면과 위젯 화면 구분

위젯(Widget) 화면은 자주 이용하는 서비스를 아이콘 형태로 만들어 웹브라우저를 통하지 않고 포털사이트를 일일이 방문할 필요 없이 날씨, 시계 등 원하는 서비스를 바로 이용할 수 있는 서비스입니다.

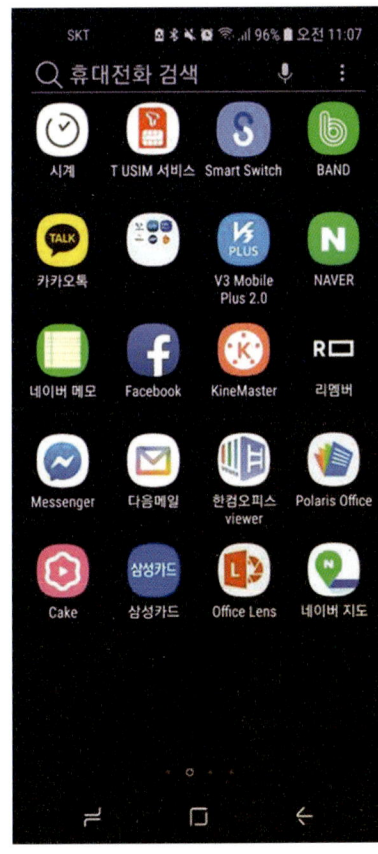
앱스 화면

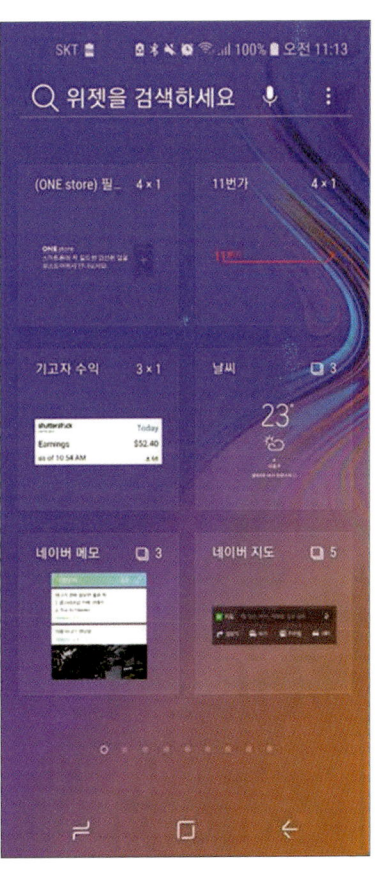
위젯 화면

7. 상태표시줄 간편 기능

　새 메시지나 부재중 전화 등이 있을 때 상태 아이콘이 나타납니다. 화면 위쪽 상태표시줄을 아래로 드래그하면 알림 내용을 볼 수 있고, 다시 위로 드래그하면 창이 닫힙니다.
① 해당 아이콘(플래시, 와이파이, 무음, 블루투스, 모바일 핫스팟, 위치)을 터치하면 기능이 켜지고, 한 번 더 터치하면 꺼짐.
② 알림 설정과 모든 알림표시를 삭제할 수 있습니다.

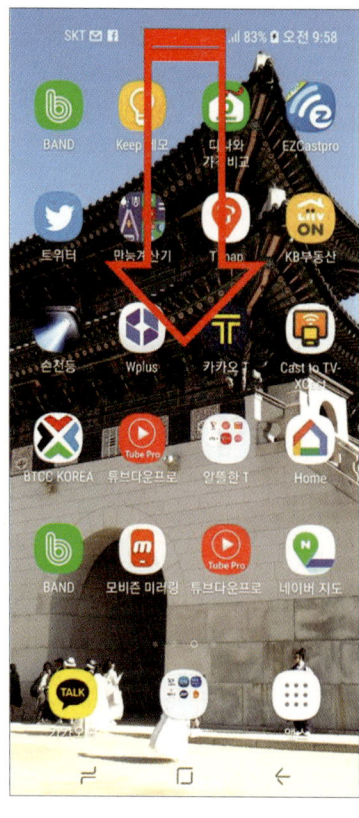 

1 소리 조정: 무음, 진동, 소리

　화면을 위에서 아래로 끌어내리면 나타나는 작은 아이콘 중에서 스피커 모양을 한 번 터치할 때마다 모양이 바뀌면서 무음 → 진동 → 소리 3가지 환경으로 바뀝니다. 수업 중, 취침 중, 미팅 중에는 무음 설정이 좋습니다.

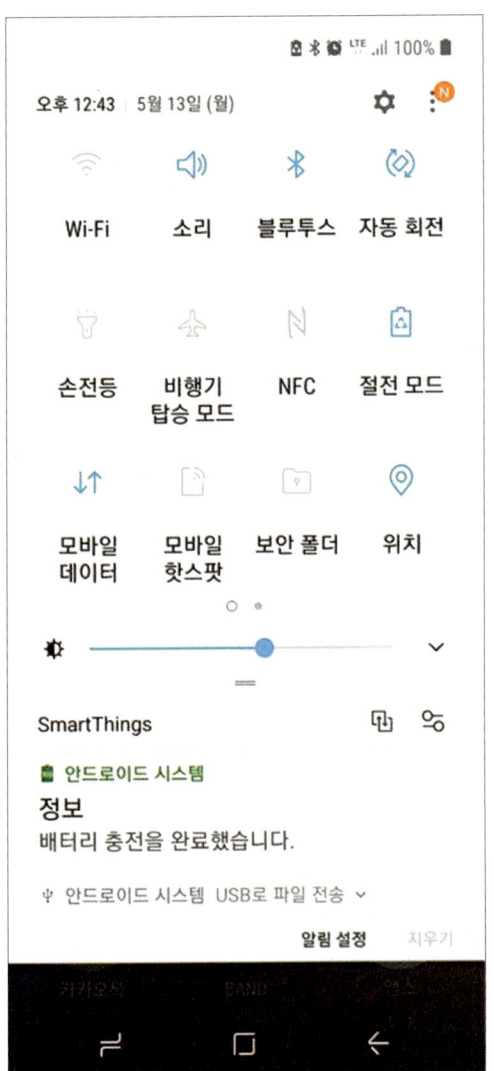

2 손전등(플래시)

　화면을 위에서 아래로 두 번 끌어내리면(드래그) 나타나는 작은 아이콘 중에서 손전등 아이콘을 한 번 터치하면 플래시가 켜지고 사용 후 끌 때는 또 한 번 터치하면 꺼집니다.

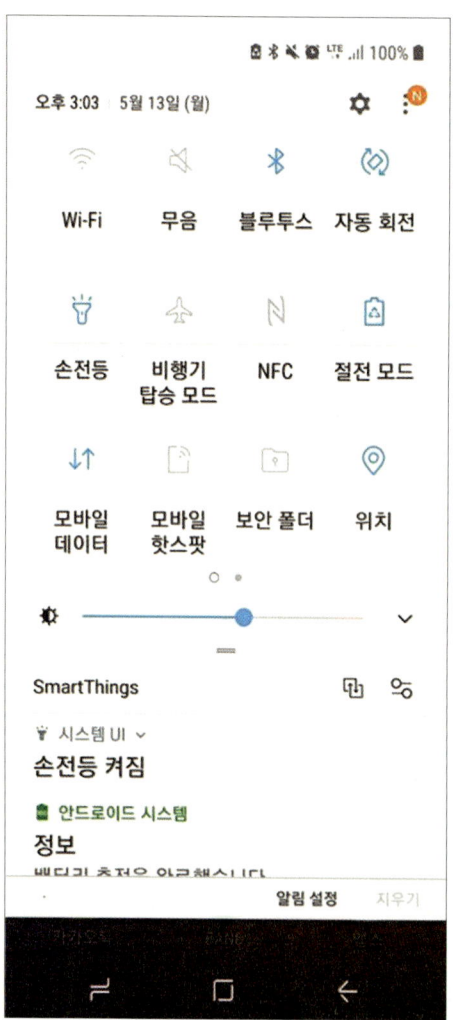

3 와이파이(WiFi)

　화면을 위에서 아래로 두 번 끌어내리면(드래그) 나타나는 작은 아이콘 중에서 WiFi 아이콘을 터치하면 → 근처 와이파이 목록이 나타나며 → 이름을 선택하고 → 와이파이 비밀번호를 입력 후 → 연결을 누르면 됩니다.

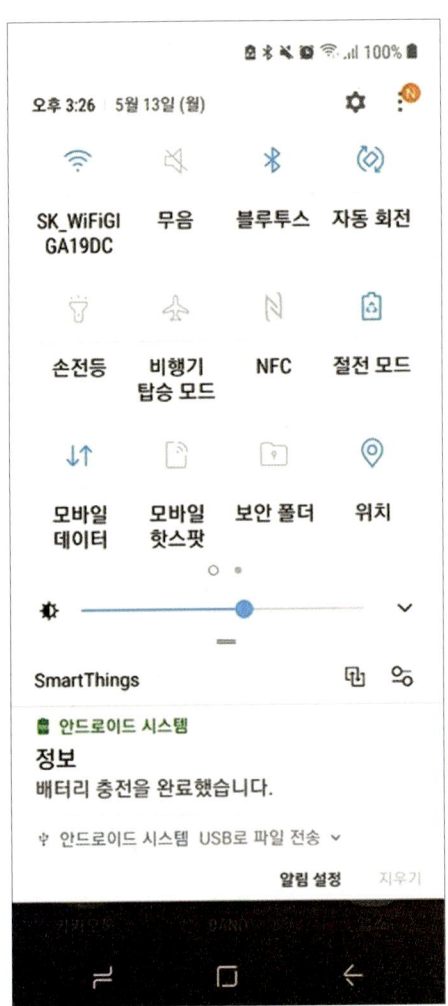

4 모바일 핫스팟

　화면을 위에서 아래로 두 번 끌어내리면 나타나는 작은 아이콘 중에서 모바일 핫스팟 아이콘을 터치하고 → 스마트폰과 노트북 등을 잭으로 연결하면 인터넷 환경이 안되는 장소에서도 노트북으로 인터넷 이용이 가능합니다.

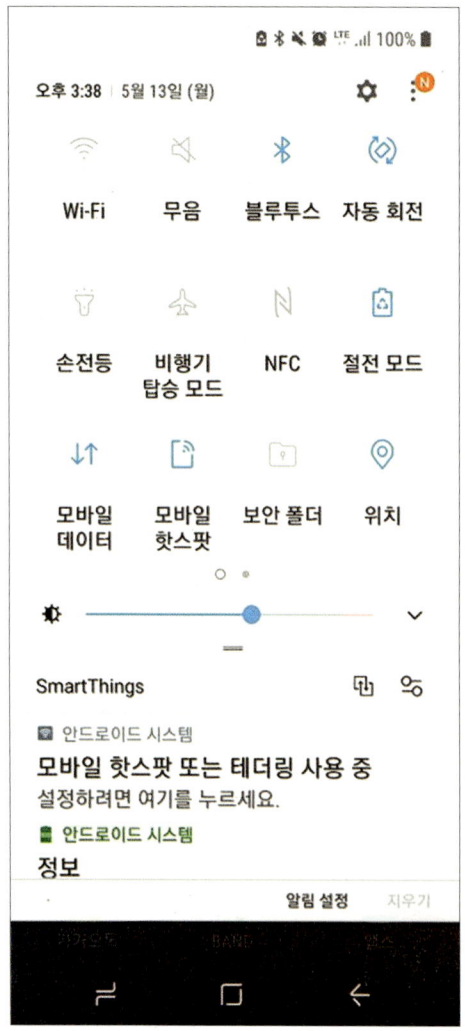

8. 패턴/지문 화면 보안 설정

본인 외 다른 사람이 내 스마트폰의 정보를 볼 수 없도록 패턴이나 지문 등으로 보안을 설정하는 방법입니다.

① 설정 아이콘 터치 → 잠금화면 터치

 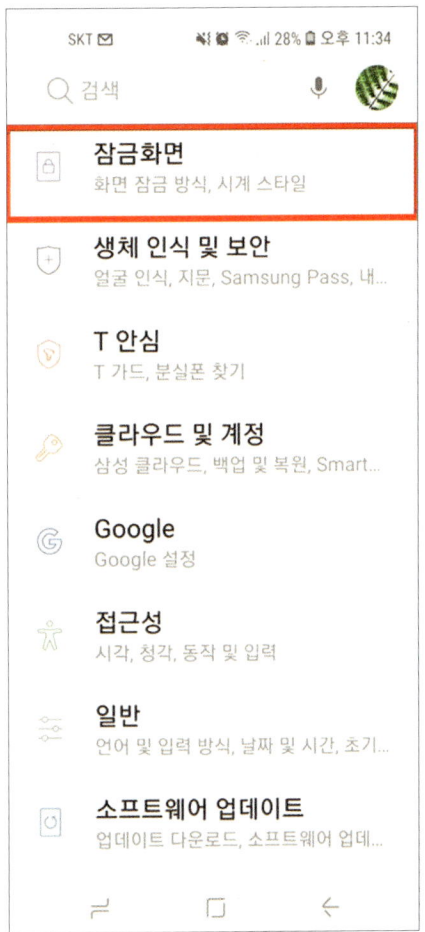

제1장. 스마트폰 시작하기 31

② 화면 잠금 방식 터치 → 사용하고자 하는 비밀번호를
두 번 입력 → 패턴 또는 지문 터치

 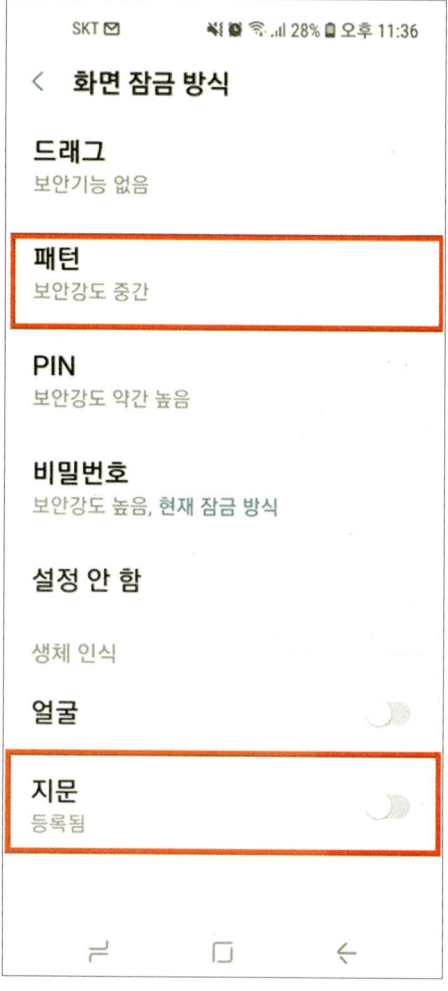

③ 아래 화면에서 원하는 모양의 패턴을 그려 넣거나, 스마트폰 뒷면 홈에 검지 손가락 지문을 인식할 때까지 여러 번 터치하면 됩니다. 패턴, 지문, 얼굴 등 여러 가지 설정도 가능합니다.

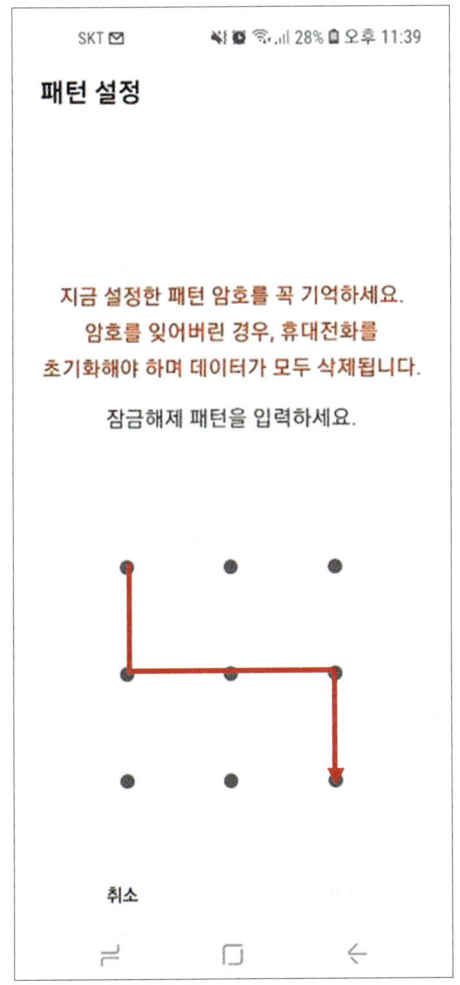 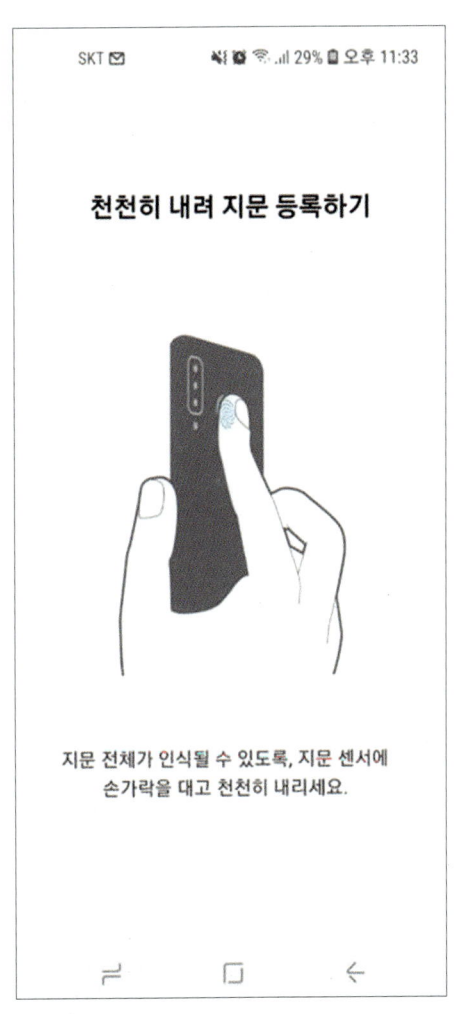

제1장. 스마트폰 시작하기 33

내 손안의 1등 비서
스마트폰 100배 즐기기

제2장

스마트폰 기본 설정

〈학습 목표〉

디스플레이 화면, 배경화면, 소리 설정, 폴더 만들기 등에 대하여 학습합니다.

- 소리 및 진동 설정
- 디스플레이 화면 설정
- 배경 화면 설정
- 홈 화면 아이콘 추가
- 아이콘 이동
- 화면 폴더 추가

1. 스마트폰 환경 설정

스마트폰 제조사에서 제공하는 '설정' 메뉴를 터치하고 들어가면 소리, 화면 디스플레이 등 유용하고 다양한 환경을 설정할 수 있습니다.

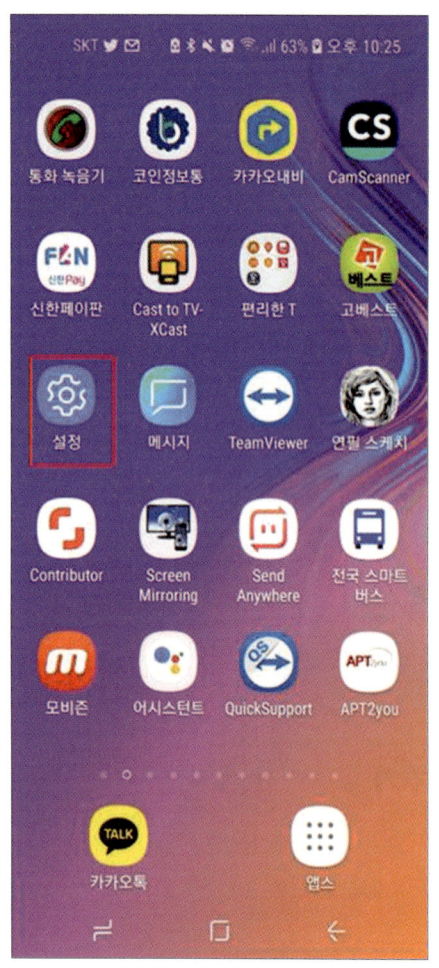
[화면에서 설정 메뉴 터치]

[터치 후 환경설정 상세 메뉴]

2. 소리 및 진동 설정과 알림 소리 차단

● 소리 진동 무음 설정

① 설정 앱을 터치하고 들어간 후,

② 소리 및 진동을 터치합니다.

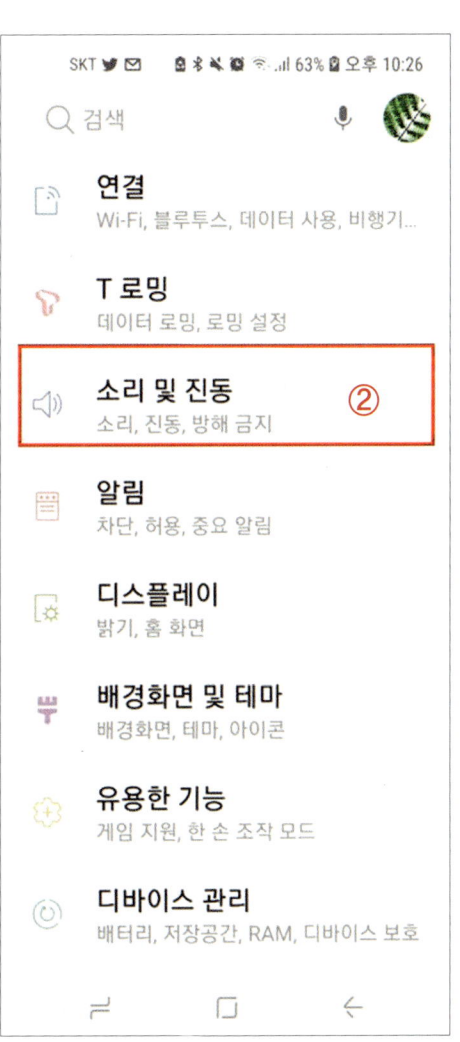

③ 소리모드 터치 후,

④ 소리, 진동, 무음 중 선택하면 됩니다. 수업 중, 취침 중에는 무음이 좋습니다.

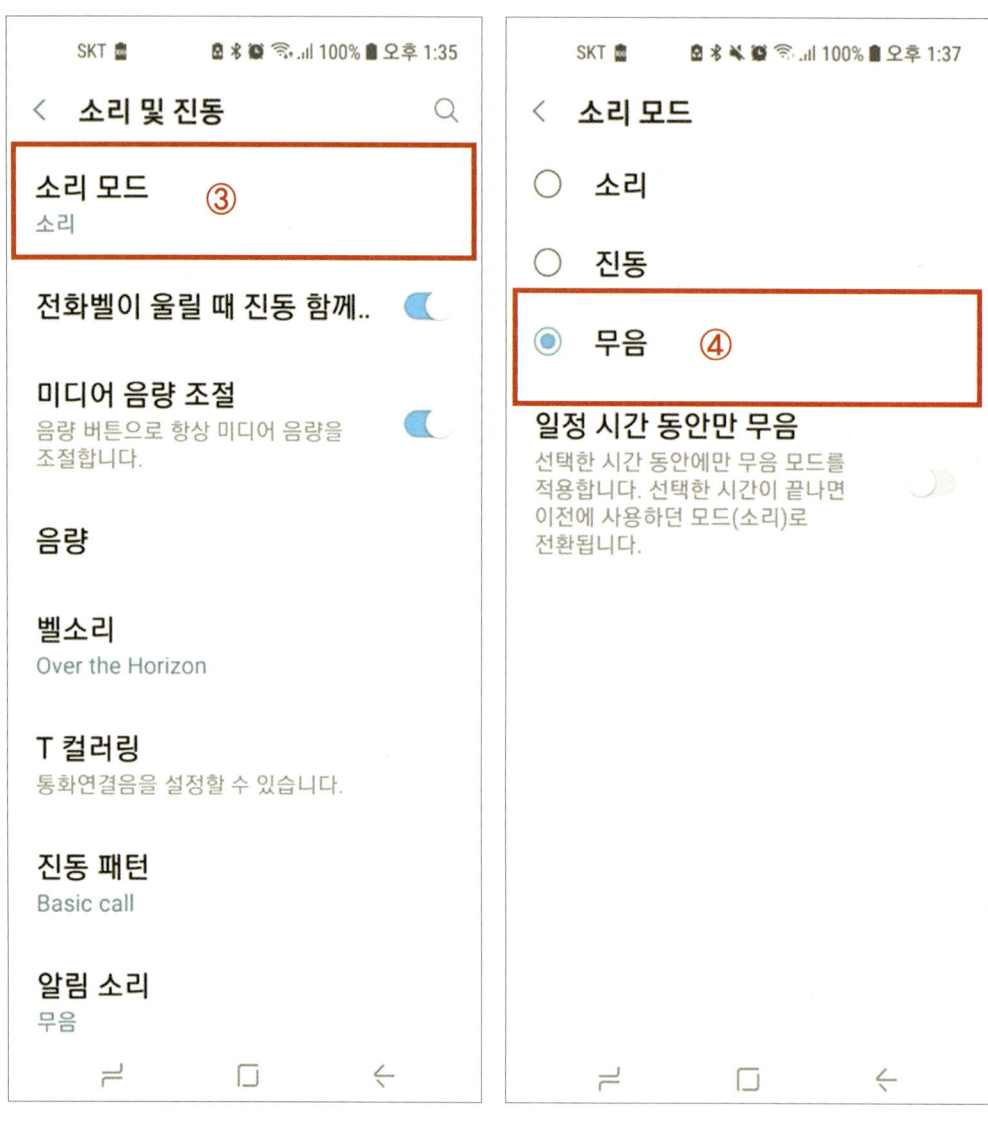

● **알림 소리 차단**

③ 알림 소리 터치,

④ 무음을 선택하면 카카오톡, 문자 등의 알림 소리를 차단할 수 있습니다.

일정 시간 동안만 무음을 설정할 수도 있습니다.
같은 방법으로 음량, 벨소리 등 여러 가지 모드를 화면에서 선택하여 설정할 수 있습니다.

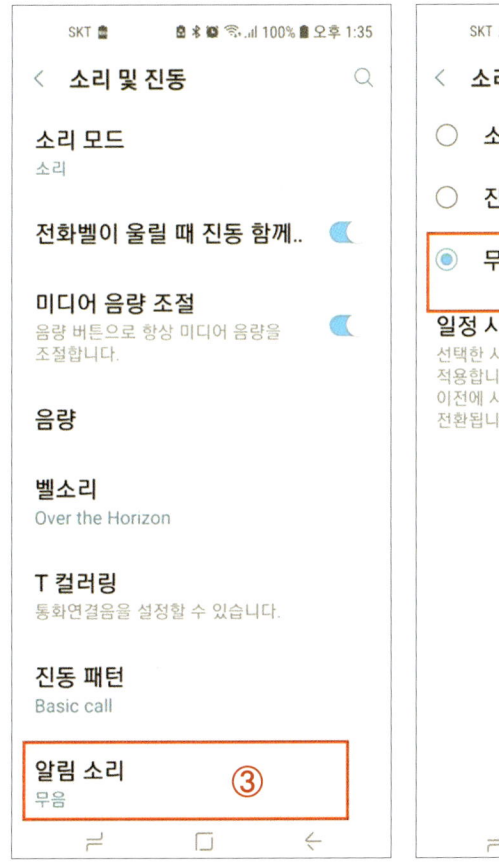 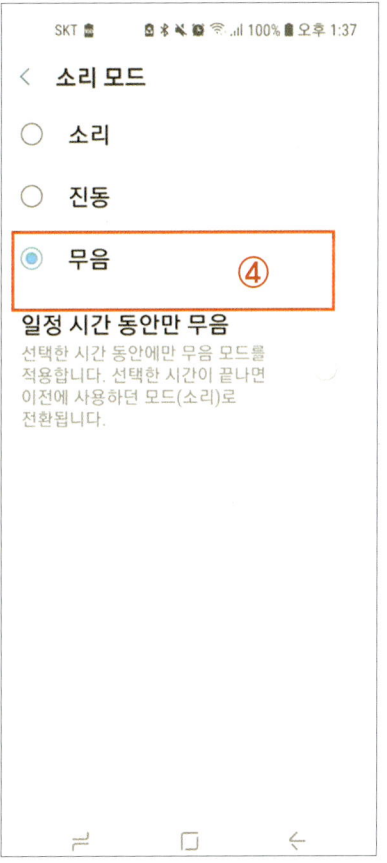

3. 디스플레이 화면 켜짐 시간 설정

① 설정 앱 → ② 디스플레이 → ③ 화면 자동 꺼짐 시간을 차례로 터치한 후 평상시는 2분, 스마트폰 실습 중에는 10분 등으로 화면이 켜져 있는 시간을 설정할 수 있습니다. 이 외에도 글꼴 크기, 홈 화면 구성 등 여러 가지 화면 설정 기능이 있습니다.

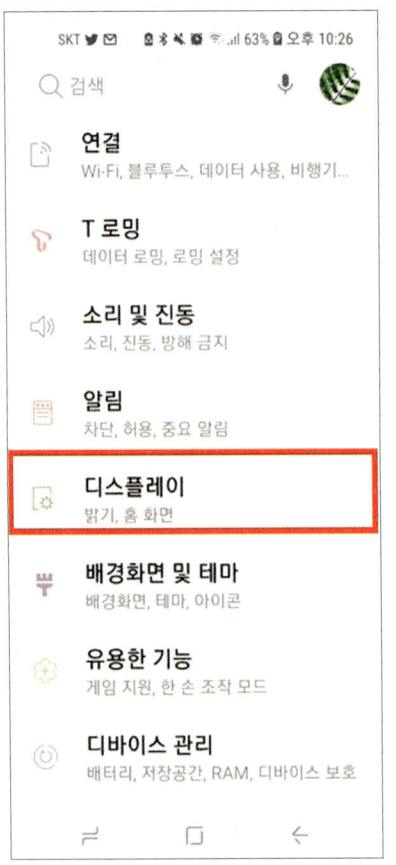 

4. 배경 화면 설정

스마트폰의 배경화면을 내가 찍은 손주 사진, 애완견 사진 등 원하는 사진으로 바꾸거나 다른 테마로 설정할 수 있습니다.

① 설정 앱 → ② 배경화면 및 테마를 터치합니다.

③ 갤러리 → ④ 카메라를 터치합니다.

 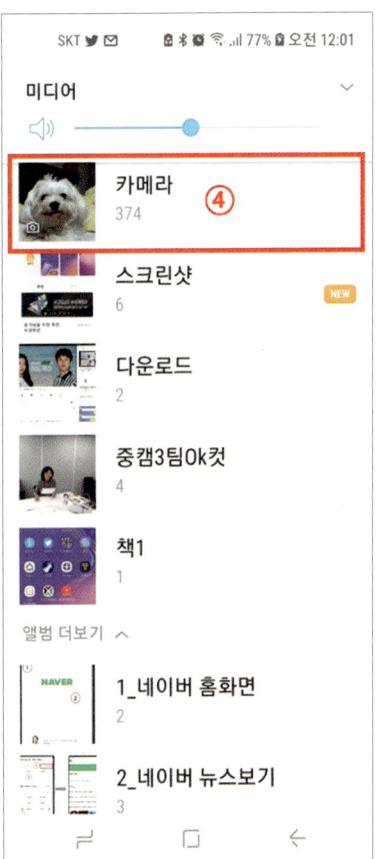

제2장. 스마트폰 기본 설정 41

⑤ 원하는 사진을 터치
⑥ 홈 화면, 잠금화면, 홈 화면 및 잠금화면 중 배경이 바뀌길 원하는 곳을 터치합니다.

⑦ 배경화면으로 설정 터치

⑧ 뒤로 가기 버튼을 계속 눌러 홈 화면으로 돌아오면 변경된 모습을 볼 수 있습니다.

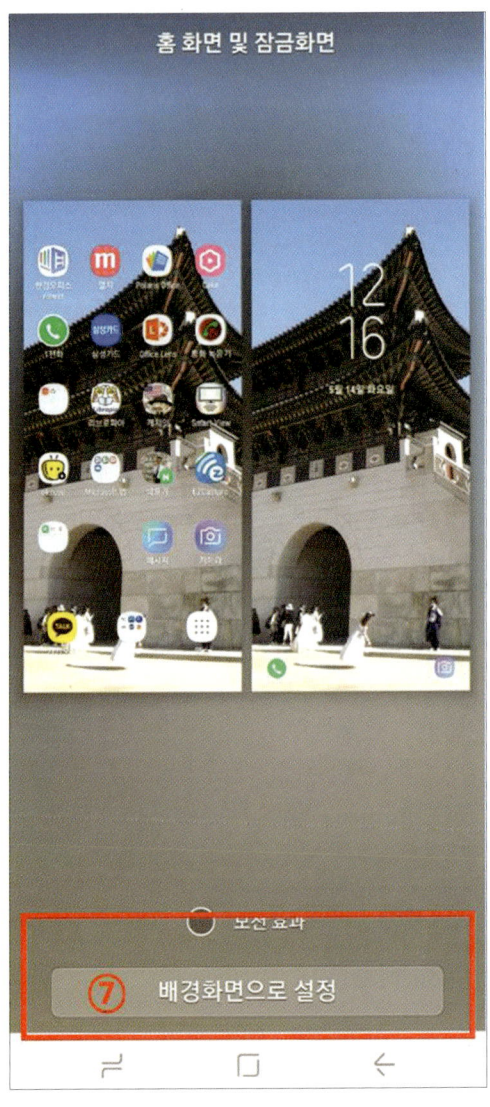 

변경 후와 변경 전의 홈 화면 모습입니다. 이 외에도 갤러리의 사진이 아닌 스마트폰 제조사가 제공하는 다양한 테마로 바꿀 수도 있습니다.

[변경 후 모습]

[변경 전 모습]

5. 홈 화면에 아이콘 추가/삭제

홈 화면에 아이콘을 추가하여 간편하게 선택할 수 있고, 자유롭게 삭제할 수도 있습니다.

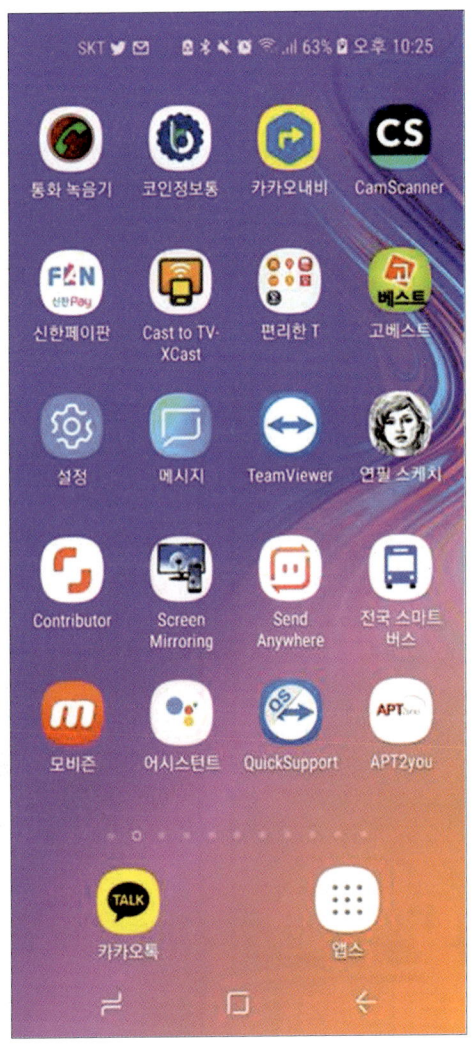

1. 아이콘 추가 방법 1

앱스 화면의 아이콘을 홈 화면으로 이동하려면

① 앱스 터치

② 앱스에서 원하는 아이콘을(여기서는 "전화") 길게 누르고 있으면 홈 화면으로 바뀌면서 자동 이동됩니다. 홈 화면의 원하는 위치로 드래그하여 손을 떼면 됩니다.

 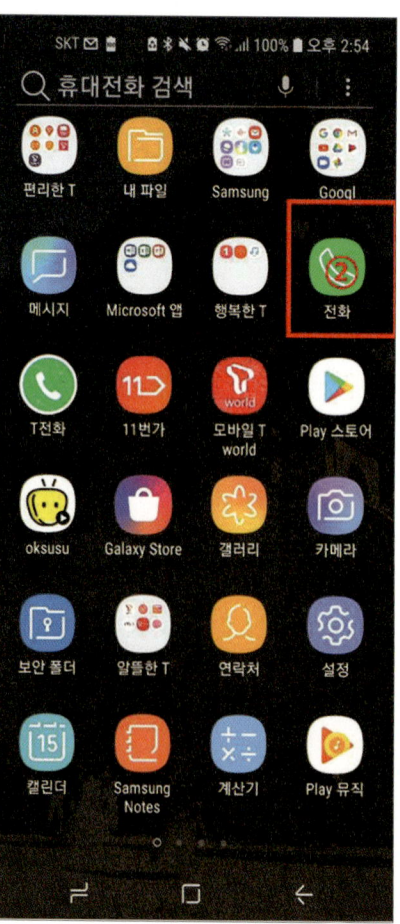

2. 아이콘 추가 방법 2

앱스 화면에서 홈 화면에 추가할 아이콘(여기서는 "전화")을 말풍선이 나타날 때까지 누른 후(터치가 아님)

① 말풍선이 나타나면,

② 홈 화면에 추가를 누르면 됩니다.

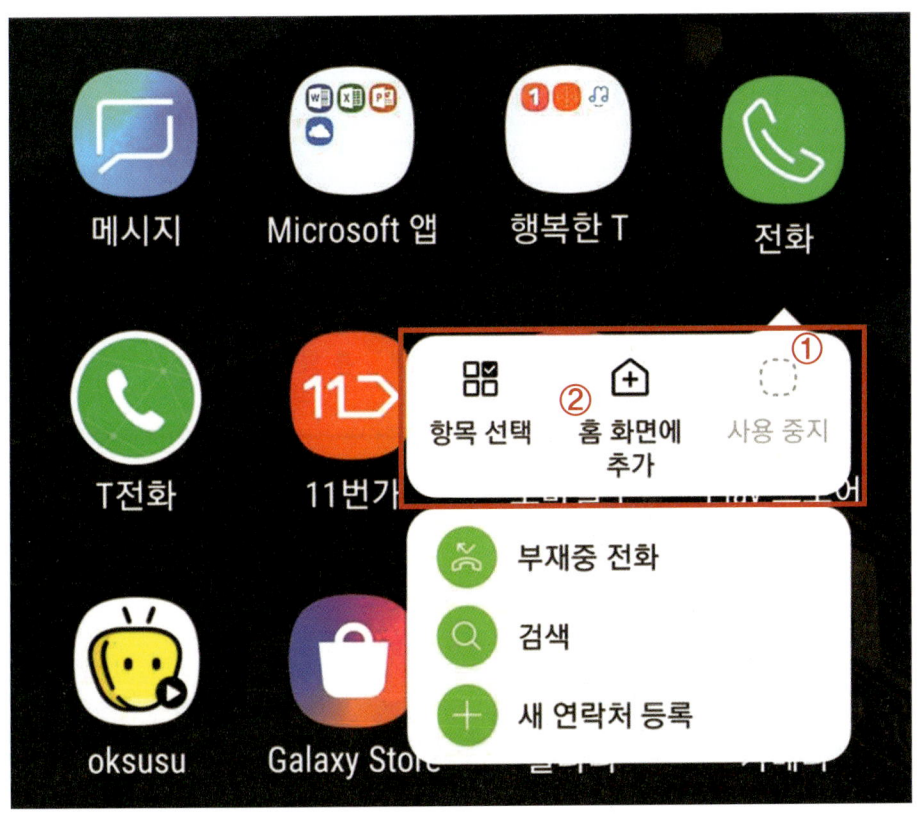

제2장. 스마트폰 기본 설정

3. 아이콘 삭제

　홈 화면에서 삭제할 아이콘을(여기서는 "전화") 누르고 있으면(터치가 아님)

　① 말풍선이 나타나고,

　② 홈 화면에서 삭제를 누르면 홈 화면에서만 삭제됩니다.

　앱스 화면에서 삭제할 시에는 완전 삭제되므로 주의를 요합니다.

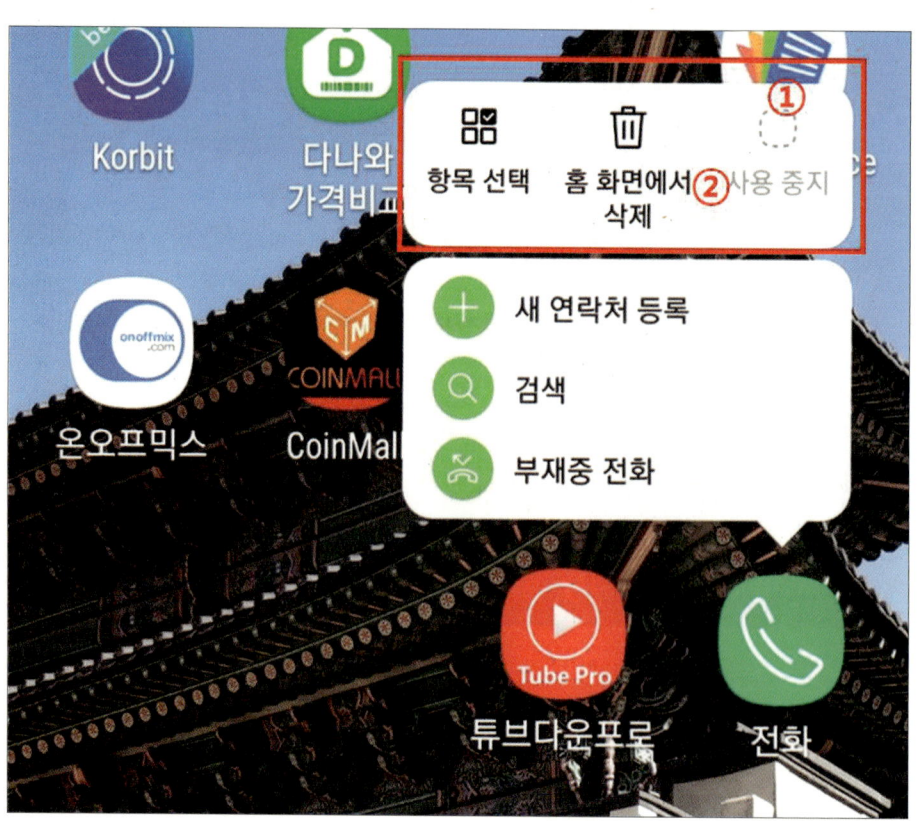

6. 화면에 폴더 추가하기

여러 앱을 하나의 폴더에 관리하기 위하여 새로운 폴더를 만드는 방법입니다.

① 앱을 누른 상태에서 다른 앱 위로 드래그 한 후, 여기서는 "CS" 앱을 눌러서 "KineMaster" 앱 위로 이동합니다.

② 사각형 박스가 나타나면 손가락을 떼고,

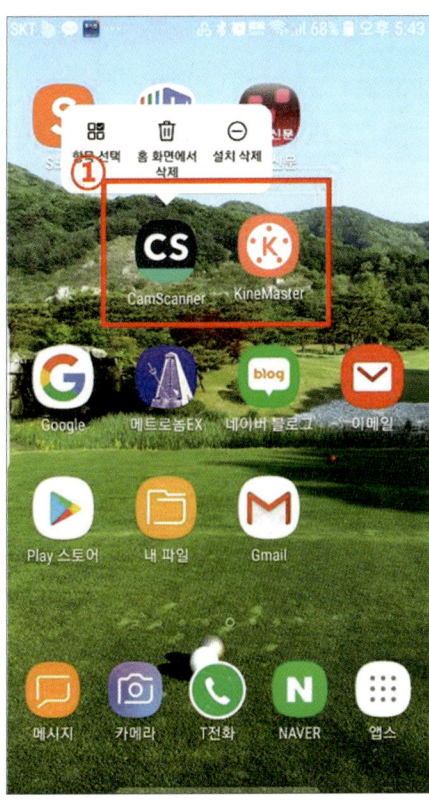 

제2장. 스마트폰 기본 설정 49

③ 폴더 이름 입력을 터치하여 폴더 이름을 입력합니다. "동영상"이라고 넣어 봅니다.

④ 화면에 새로운 폴더 "동영상"이 생겼습니다. 그 안에 2개의 앱(CS, KineMaster)이 있습니다.

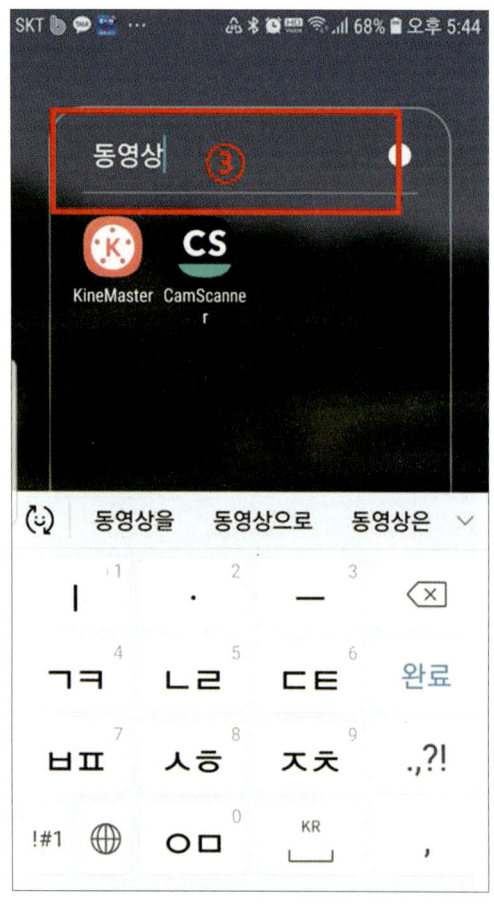 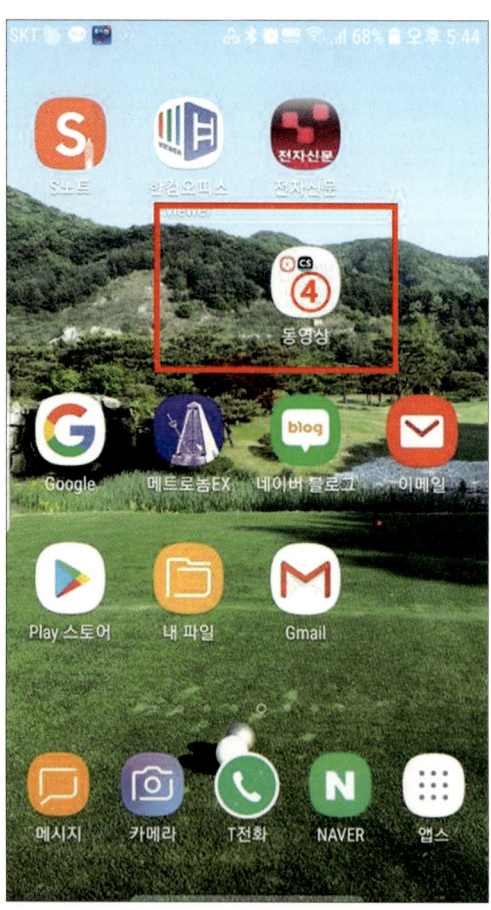

7. 폴더에 앱 추가하기

폴더에 앱을 추가하려면

(여기서는 동영상 폴더에 새로운 앱 추가하기를 합니다.)

① 앱 추가 버튼(+)을 누르고,

② 해당 앱을 찾아 선택한 후 "Snapseed" 앱을 동영상 폴더에 추가합니다.

③ "추가"를 누르면 됩니다.

④ "동영상" 폴더에서 새로 추가된 "Snapseed"를 찾을 수 있습니다.
⑤ 만약 폴더로 이동할 앱이 홈 화면에 있을 경우에는
⑥ 그 앱을 선택한 후 "동영상" 폴더 위로 이동한 후 놓으면 곧바로 추가할 수 있습니다.

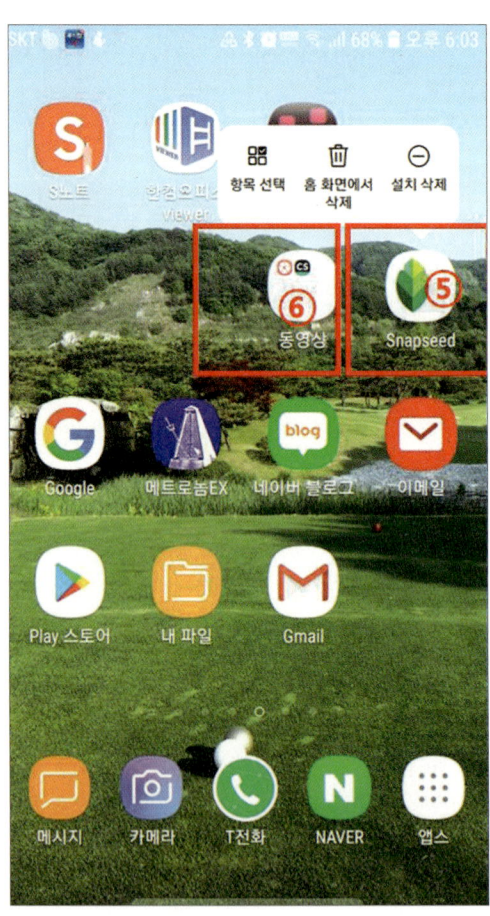

제3장
손주 얼굴 보며 통화하기

〈학습 목표〉

스마트폰으로 전화 많이 하지요? 그런데 많은 분들이 음성 통화를 주로 합니다. 이제는 음성 통화뿐만 아니라 상대방의 얼굴을 보면서 전화하는 영상 통화 방법도 알아두세요. 터치 몇 번만 하면 보고 싶은 내 손주의 얼굴을 보면서 통화를 할 수 있습니다.

음성 통화는 못 하는 분이 거의 없기 때문에 음성 통화 방법에 대한 설명은 생략하고, 영상 통화하기(3가지) 및 단축번호 만들기 요령에 대해 배워보기로 하겠습니다. 카카오톡으로도 무료 영상통화 및 음성통화하는 방법이 있는데 이것은 제7장에서 자세히 설명하였습니다.

- 키패드(다이얼)로 영상 통화하기
- 최근기록(통화기록)으로 영상 통화하기
- 연락처(주소록)로 영상 통화하기
- 단축번호 만들기

1. 키패드로 영상통화하기

스마트폰 전화 앱의 키패드는 디지털 번호판입니다. 옛날 식으로 말하면 다이얼입니다. 키패드를 눌러서 음성 통화뿐만 아니라 영상 통화도 할 수 있습니다.

① 스마트폰 홈 화면에서 전화 앱을 터치합니다.
② 그러면 화면 아래에 키패드, 최근기록, 연락처가 나타납니다.
③ 맨 왼쪽의 키패드를 터치합니다.

 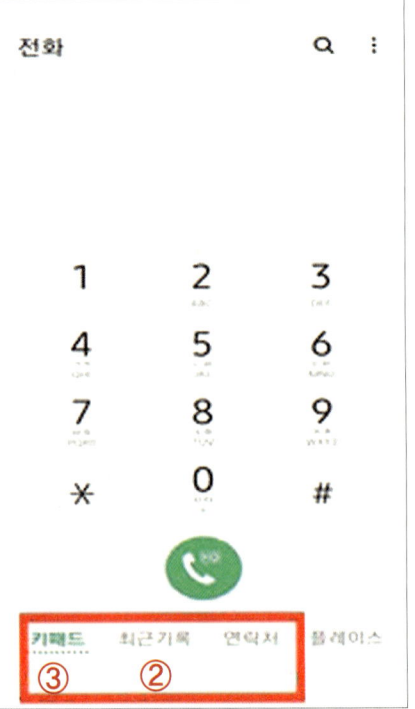

④ 숫자를 눌러 손주의 전화번호를 입력합니다.
⑤ 그러면 화면 아래 왼쪽에 자그마한 비디오카메라 그림이 나옵니다.

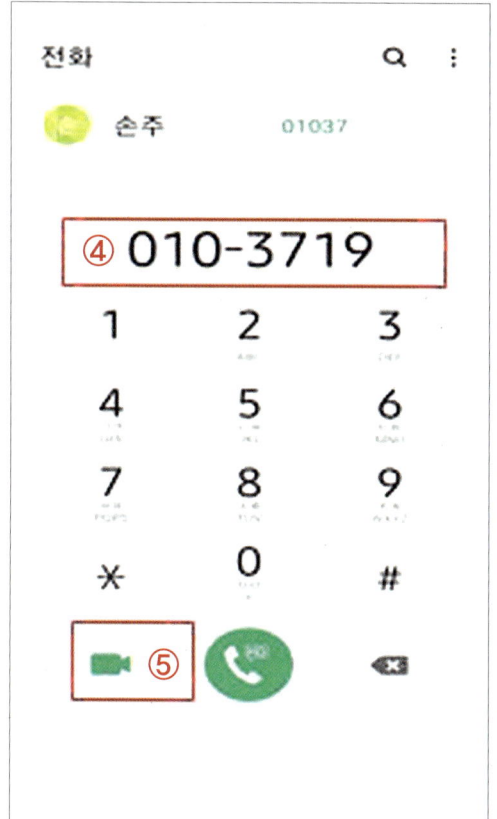 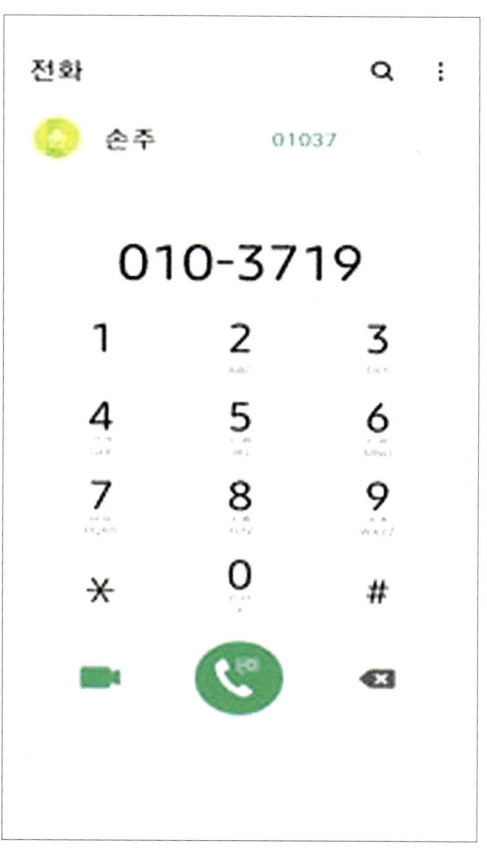

* 비디오카메라의 오른쪽에 있는 전화기 그림을 누르면 일반적으로 사용하고 있는 음성 통화로 전환됩니다.

⑥ 비디오카메라 그림을 누르면 손주에게 영상통화가 발신됩니다.
⑦ 손주가 전화를 받게 되면 서로의 얼굴을 보면서 영상통화를 할 수 있습니다.

"어이구, 내 강아지 잘 있었어요~?"
"네! 할아버지, 보고 싶었어요~♡"

[연결 후 상대 스마트폰 화면]

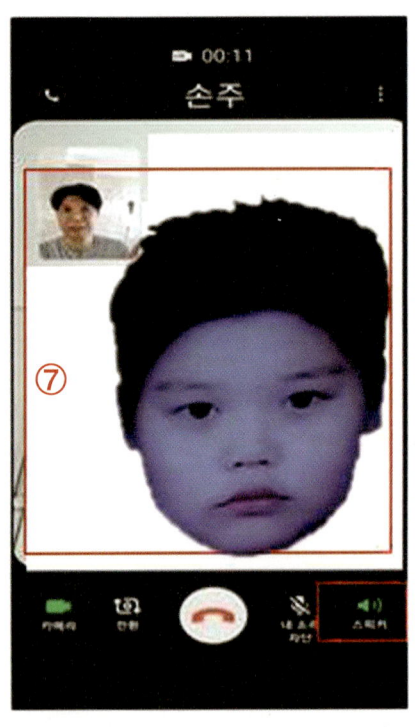

[연결 후 내 스마트폰 화면]

* 영상 통화를 할 때는 화면 아래의 맨 오른쪽에 있는 스피커를 터치해야 손주의 목소리를 들을 수 있습니다.

2. 최근기록 또는 연락처로 영상통화하기

스마트폰 전화 앱에서 최근기록은 통화기록을 말합니다. 보통 6개월 동안 통화한 연락처가 남아 있습니다. 최근기록을 눌러 손주 이름을 찾아서 터치하면 역시 음성통화뿐만 아니라 메시지와 영상 통화도 할 수 있습니다.

① 스마트폰 홈 화면에서 전화 앱을 터치합니다.

② 그러면 화면 아래에 키패드, 최근기록, 연락처가 나타납니다.
③ 화면 아래 중간에 있는 "최근기록" 또는 "연락처"를 터치합니다.

④ 최근기록 또는 연락처 가운데서 손주의 이름을 찾아서 터치합니다.

⑤ 손주의 이름을 터치하면 이름 바로 아래에 손주의 휴대전화 번호와 함께 4가지 그림이 나타납니다.
⑥ 4가지 그림 가운데 세 번째에 있는 비디오 카메라 그림을 터치하면 손주에게 영상 통화가 발신됩니다.

⑦ 손주가 전화를 받게 되면 서로의 얼굴을 보면서 영상통화를 할 수 있습니다. 화면 아래 스피커를 터치해야 소리가 들립니다.

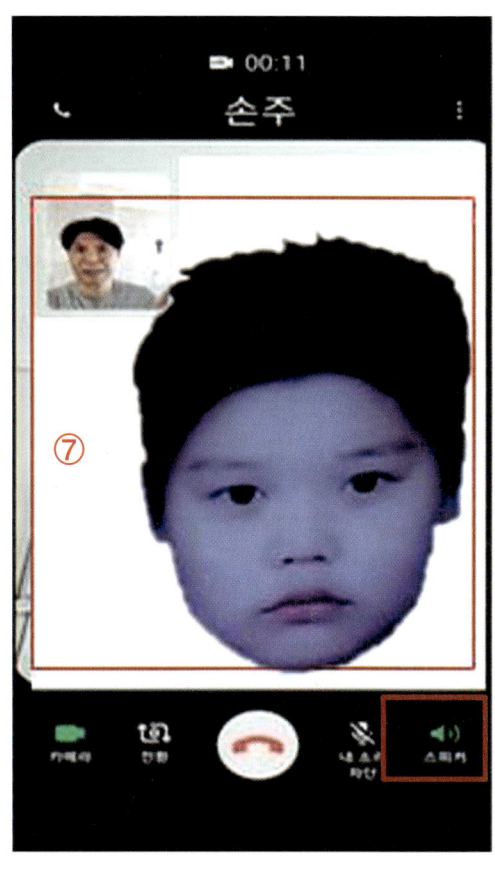

* 비디오카메라 바로 왼쪽에 있는 말풍선 그림을 누르면 메시지도 보낼 수 있고, 전화기 그림을 터치하면 음성 통화로 전환됩니다. 그리고 비디오카메라의 오른쪽에 있는 ⓘ를 누르면 손주와 통화했던 6개월간의 기록을 확인할 수 있습니다.

3. 단축번호 만들기

스마트폰으로 하루 한두 차례 매일 사용하는 연락처이거나 비상상황이 발생했을 때 빠르게 전화할 수 있도록 단축번호를 지정할 수 있습니다. 단축번호는 1,000개까지 만들 수는 있지만 1,000개의 번호를 다 외우기가 어렵기 때문에 10개 정도만 저장하는 것이 적당합니다. 특히 부모님이 위급할 때 바로 연락할 수 있는 인근 병원 연락처나 자식들의 연락처를 단축번호로 설정해 두면 좋습니다.

① 스마트폰 홈 화면에서 전화 앱을 터치합니다.

② 그러면 화면 아래에 키패드, 최근기록, 연락처가 나타납니다.

③ 화면 아래 오른쪽에 있는 연락처를 터치합니다.

④ 연락처를 터치하면 화면 상단 오른쪽에 더보기(점 3개) 버튼이 나옵니다.

⑤ 더보기 버튼을 터치하면 5개 항목이 나오는데, 이 가운데 3번째 단축 번호를 선택합니다.

 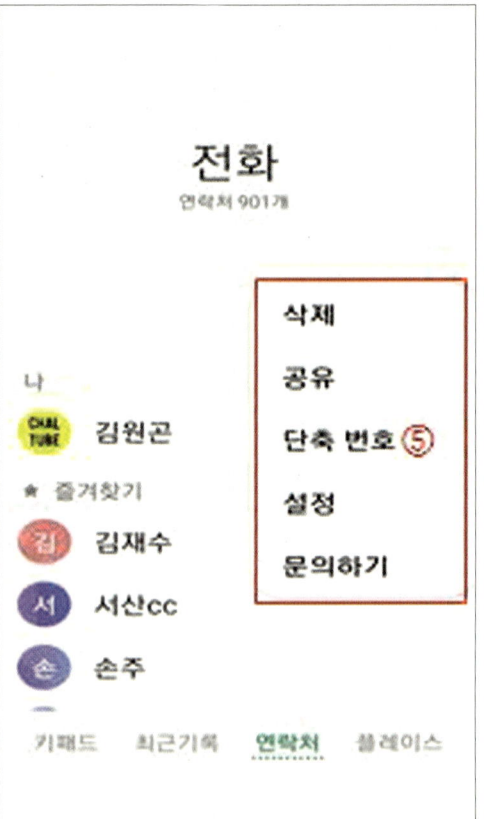

⑥ 단축번호를 선택하면 단축 번호 지정 입력창이 뜹니다.

⑦ 숫자 00을 터치하여 단축번호를 1번으로 바꾼 후,

⑧ 단축번호 1번으로 지정하고자 하는 손주의 이름을 입력하면,

⑨ 바로 아래에 손주의 연락처가 검색되어 나옵니다.

⑩ 손주 연락처를 터치하면

⑪ 단축번호 1번으로 손주가 지정됩니다.

이런 방법으로 단축번호 2번, 3번 등을 계속 설정하면 됩니다.

* 단축번호 지정을 해제하고 싶을 경우에는 단축번호와 연락처의 오른쪽에 있는 빨간색 빼기 부호(-)를 누르면 해제됩니다.

제4장

음성(말)으로 스마트폰 활용하기

〈학습 목표〉

음성으로 스마트폰을 사용할 수 있는 방법을 학습합니다.

- 구글 어시스턴의 이해
- 음성으로 문자 보내기
- 음성으로 전화 걸기
- 음성으로 음악 듣기
- 음성으로 검색하기
- 음성으로 간단한 계산하기
- 구글 어시스턴트 루틴 설정하기
- 위급상황에서 SOS 메시지 보내기

1. 구글 어시스턴트

 구글이 만든 인공지능 비서 서비스로 강력한 정보 분석 기능과 음성인식 기능을 통해 스마트폰을 쉽게 사용할 수 있도록 도와주는 일종의 비서 서비스입니다.

 사용자가 손을 사용하기 곤란한 경우에 음성으로 지시하는 일을 대신 처리해 주는 "내 손 안의 비서" 역할을 충실하게 이행하고 있습니다.

1. 구글 어시스턴트 시작

 Android 스마트폰에서는 홈 버튼을 길게 눌러서 구글 어시스턴트를 불러올 수 있습니다.

 또는 별도의 설정을 할 경우 스피커에 대고 영어로 "OK Google", 즉 "오케이 구글"이라고 말을 하면 구글 어시스턴트를 쉽게 불러오도록 할 수 있습니다.

2. 구글 어시스턴트가 할 수 있는 기능

● **현지 정보 확인**
  - 기상: 오늘 날씨는 어때?
          미세먼지 어때?
  - 음식: 주변의 맛집 알려줘.
          주변 피자집 알려줘.
  - 영업시간: 이마트 아직 열려 있어?
  - 길 안내: 집까지 길 안내해줘.

● 커뮤니케이션
  - 통화: 엄마한테 전화해줘.
          화상통화 걸어줘.
  - SMS: 영수한테 "5시에 만나" 문자 보내.
  - 이메일: 이메일 보내줘.

● 하루계획
  - 알람: 내일 아침 7시에 깨워줘.
  - 교통정보: 오늘 출근길 교통량 어때?
  - 알림: 집에 도착하면 빨래하라고 알려줘, 일요일마다 엄마한테 전화하라고 알려줘.
  - 예약하기, 교통편 알아보기 등

- 사진, 미디어 보기
  - 사진: 바닷가에서 찍은 사진 보여줘.
  - 음악: 재즈 음악 들려 줘, 요가 음악 들려줘.
  - YouTube에서 귀여운 강아지 나오는 동영상 보고 싶어.

- Google에게 문의

- 음악 검색

2. 구글 어시스턴트에게 시키세요

걸어가는 중이거나 흔들리는 버스나 지하철에서 문자를 보내기 힘들죠? 이럴 땐 구글 어시스턴트에게 시키세요.

1. "○○에게 문자 보내"라고 시키세요

"OK Google"이라고 말을 하거나 "홈"버튼을 길게 누릅니다.

좌측 화면과 같이 나타나면서 명령을 기다고 있습니다. 수 초 동안 말을 하지 않으면 우측 화면과 같이 바뀌며 가 나타납니다. 이럴 때에는 마이크 모양을 누르고 이야기하면 됩니다.

① "오케이 구글"이라고 하거나 홈버튼을 길게 누르면 아래 좌측 화면과 같이 "안녕하세요? 무엇을 도와드릴까요?"라는 음성과 함께 화면이 나타납니다.

② "○○에게 문자 보내."라고 말로 하면 아래 우측화면이 나타나면서 "○○님에게 문자 메시지를 보냅니다. 메시지 내용을 말해 주세요."라고 말합니다.

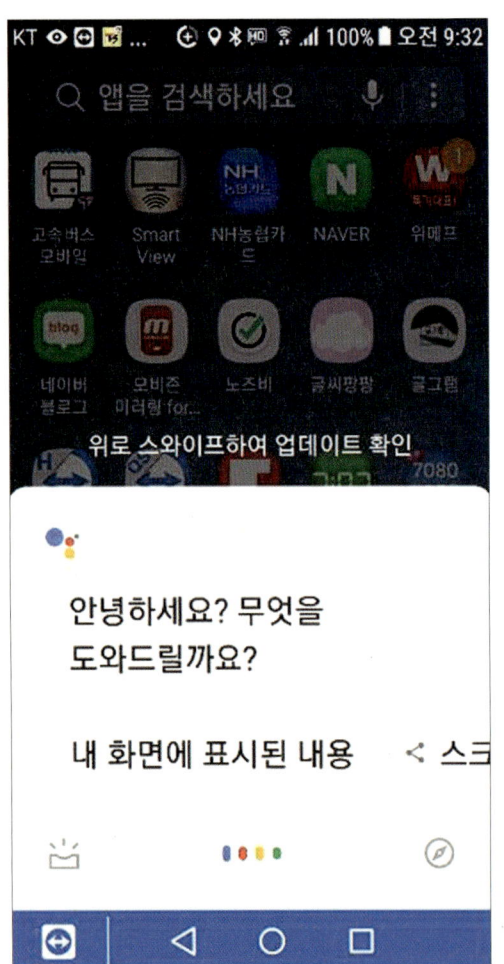 

③ 문자 보낼 내용을 말하면 "문자내용"을 표시하고, "문자내용은 다음과 같습니다. 그대로 보낼까요? 아니면 수정하시겠어요?"라고 묻습니다.

④ 말로 "확인"이라고 하거나 확인 버튼을 누르면 문자가 전송되고, 취소를 누르거나 "취소"라고 말하면 문자 전송이 취소됩니다.

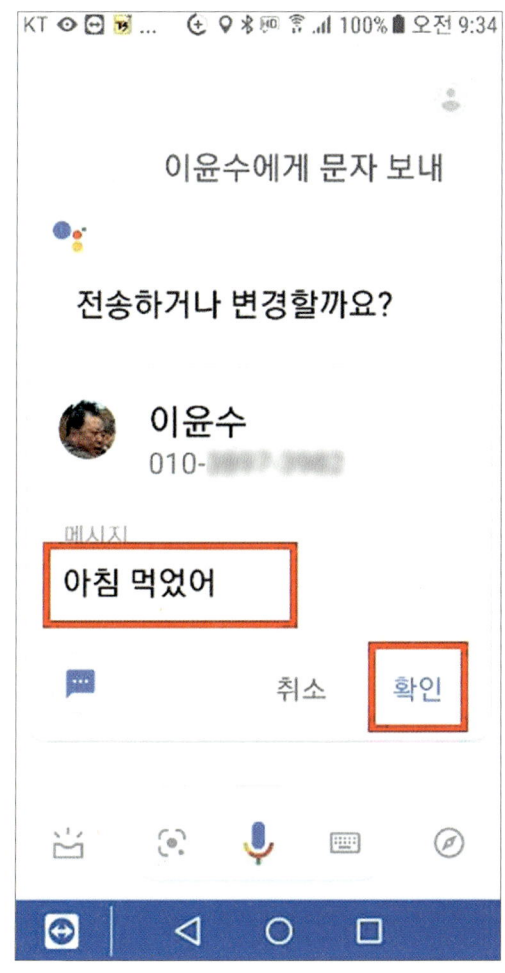 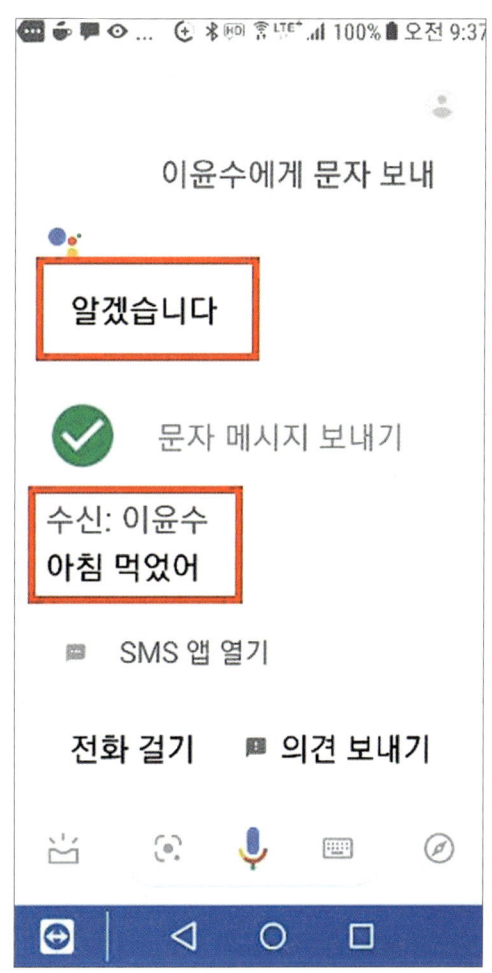

2. "○○에게 전화 걸어"라고 시키세요

① "오케이 구글, ○○에게 전화 걸어."라고 말하면 "알겠습니다."라는 대답과 함께

② "○○에게 휴대전화(또는 다른 번호)로 전화걸기"라는 화면이 나타납니다.

 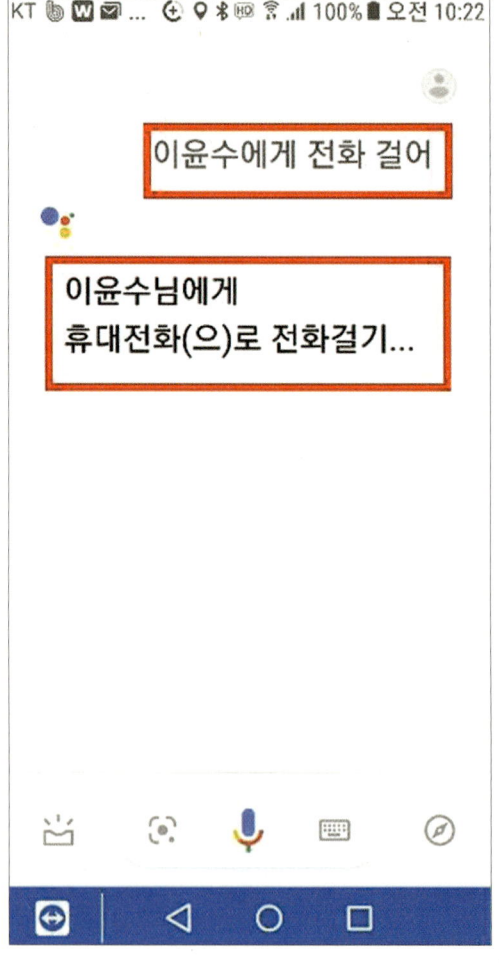

3. "음악 틀어"라고 시키세요

① "오케이 구글, 조용한 음악 틀어줘."라고 말하면
② "네 조용하고 듣기 좋은 클래식 콘텐츠를 YouTube에서 재생합니다."라는 말과 함께 음악이 재생됩니다.

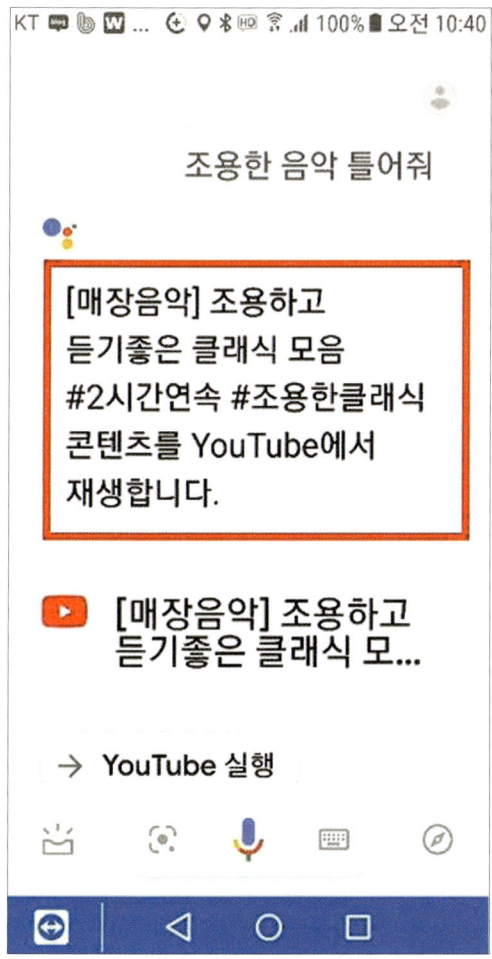 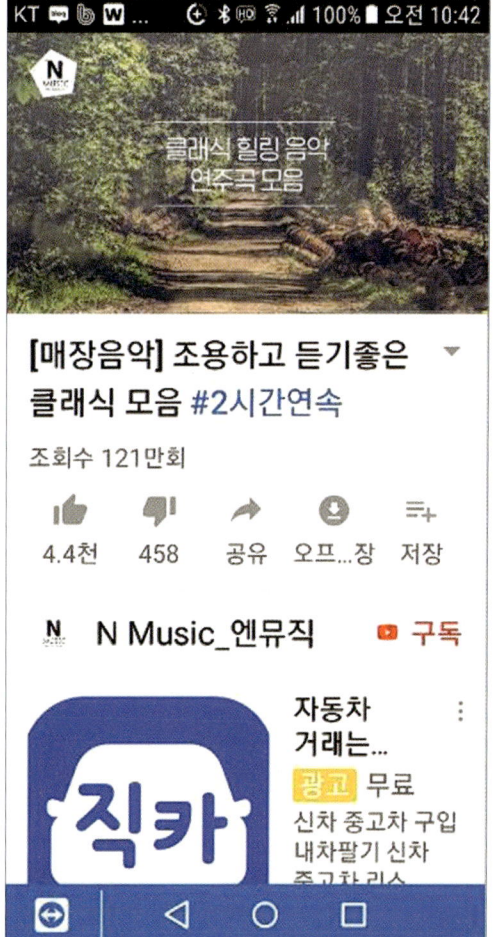

3. 구글 어시스턴트에게 물어보세요

모르는 게 있으면 구글 어시스턴트를 통해서 정보를 검색하세요.

1. 일기예보, 미세먼지 등에 대해 물어보세요

"OK Google"이라고 말하고 "오늘 날씨는?", "오늘 미세먼지는?" 등의 궁금한 사항을 말로 하면 질문에 대한 답을 말과 함께 화면으로 보여줍니다.

2. 간단한 계산도 할 수 있어요

① "OK Google, 256 나누기 16은?"이라고 말하면 "정답은 16입니다."라는 대답과 함께 계산 결과 화면이 나타납니다.

② "OK Google, 32평은 몇 평방미터야?"라고 말하면 "105.785제곱미터는 32평입니다."라는 말과 함께 계산 결과 화면이 나타납니다.

3. 식사메뉴를 추천 받아 보세요

① "OK Google, 오늘 점심은 뭐 먹지?"라고 말하면 설명과 함께 추천메뉴를 말하고 화면을 보여줍니다.

② "OK Google, 주변 맛집 알려줘."라고 말하면 500m 이내의 맛집을 지도 위에 표시한 화면과 함께 맛집 목록 화면을 보여줍니다.

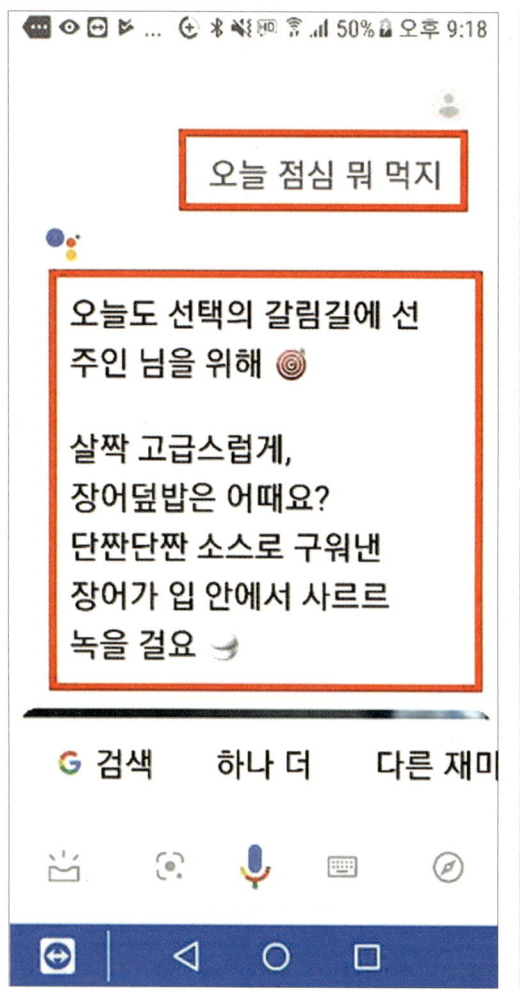

4. 구글 어시스턴트에게 부탁해 보세요

 그 밖에 구글 어시스턴트를 통해 유용하게 즐길 수 있는 콘텐츠가 많습니다.

1. 재미난 이야기 들려줘

① "OK Google, 재미난 이야기 들려줘."라고 말하면 이야기하고 대답하고 웃습니다.

② "수수께끼 할래?"라고 말하면 문제를 내고 답하고 웃습니다.

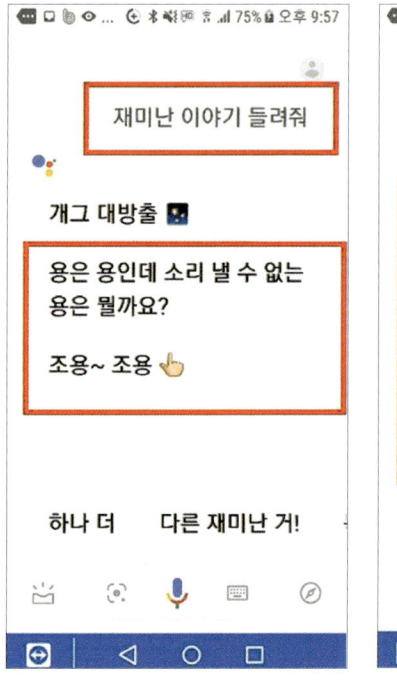
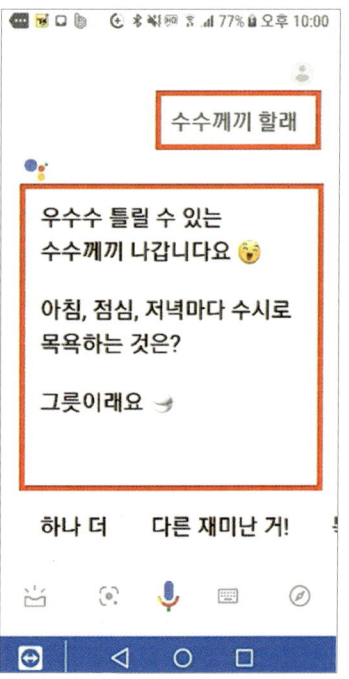

2. 사진 검색

① "OK Google, ○○에서 찍은 사진 보여줘." 또는 "○○년 ○○월 ○○일 내가 찍은 사진 찾아줘."라고 말하면 "사진을 보여 드리겠습니다." 하는 대답과 함께 사진을 검색하여 보여줍니다.

3. 루틴 활용하기

① 루틴은 한 번의 명령으로 어시스턴트에게 여러 작업을 시킬 수 있습니다. 미리 준비된 루틴을 일과에 맞게 조정하여 맞춤 루틴을 설정할 수 있습니다.

② 루틴 설정은 구글 홈에서 할 수 있습니다.

③ 아침에 "OK Google 굿모닝."이라고 말하면 정해진 루틴에 따라 [휴대전화 무음모드 해제 → 날씨 정보알림 → 오늘 캘린더 일정 알림 → 오늘 리마인더 알림 → 미디어 볼륨 조절 → 뉴스재생] 등 정해진 루틴에 따라 실행을 해줍니다.

④ 취침 전에 "OK Google 나 잘래."라고 말하면 정해놓은 루틴에 따라 [휴대전화 무음모드 설정 → 내일 날씨 정보 알림 → 캘린더 첫 번째 일정 알림 → 알람 설정 → 숙면을 돕는 음악 재생] 등을 차례로 시작합니다.

루틴 설정 방법

① 구글을 누릅니다.

② 더보기를 누릅니다.

③ 설정을 누릅니다.

④ Google 어시스턴트를 누릅니다.

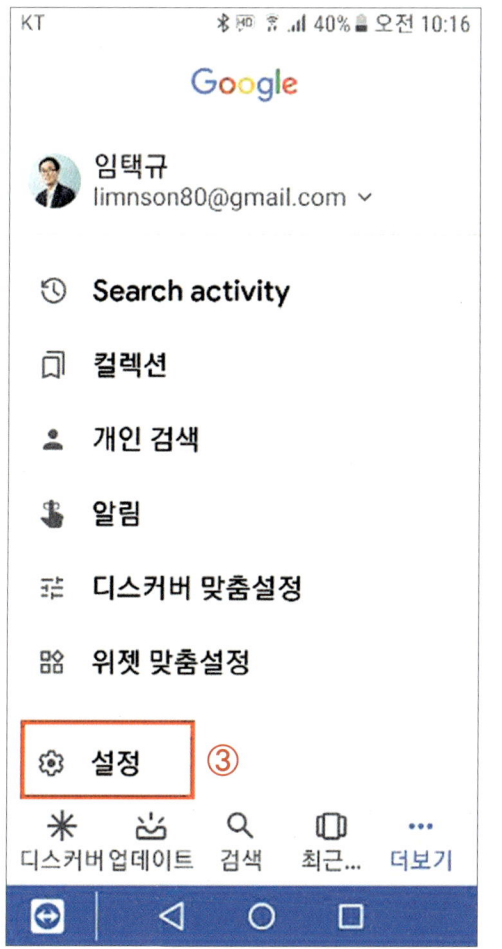
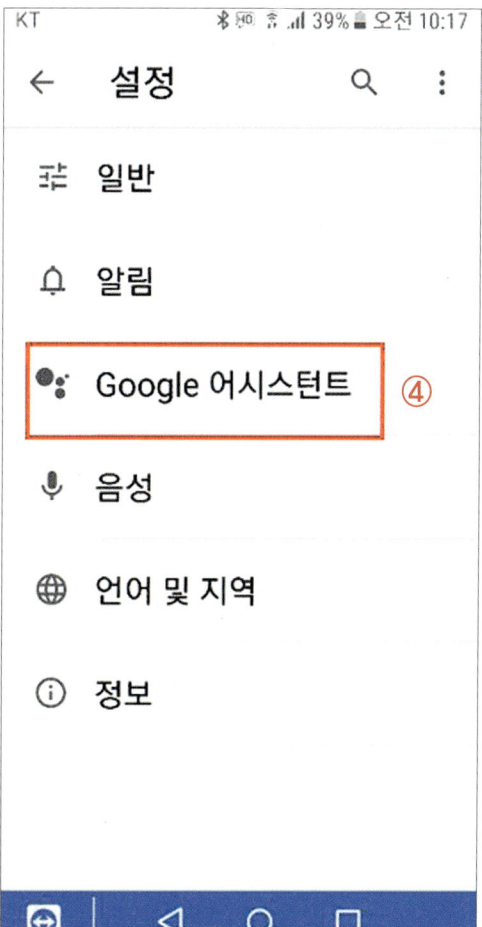

⑤ 어시스턴트를 누릅니다.

⑥ 화면을 손가락으로 위로 올립니다.

⑦ 루틴을 누릅니다.

〈루틴의 종류〉 〈아침 루틴 예〉

⑧ 루틴의 종류입니다.

　루틴의 종류는 아침, 취침, 외출, 귀가, 출근, 퇴근 등 6개 항목이지만

⑨ **+를 눌러 루틴을 추가할 수도 있습니다.**

⑩ **아침 루틴의 예시 사진입니다.**

⑪ 〉를 눌러서 명령어 "좋은아침" → "Good Morning" 등으로 바꿀 수 있습니다.

⑫ 　✱　표시를 눌러 조정 또는 설정을 변경할 수 있습니다.

⑨~⑫와 같은 방법으로 루틴(아침, 취침, 외출, 귀가, 출근 등)을 설정할 수 있습니다. 필요하면 루틴을 추가할 수도 있습니다.

루틴은 반복되는 작업이나 반복적으로 해야 할 일 등을 설정하여 잊는 일 없도록 도와주는 기능으로 생활에 유용하게 활용할 수 있습니다.

4. 유용한 기능 SOS 메시지 보내기

- 위급한 상황(뇌졸중, 심근경색, 교통사고 등) 또는 위험한 상황(납치, 폭력, 재난, 성폭행 등)이 발생하여 도움이 필요하나, 당황하여 전화번호가 생각나지 않거나 전화를 걸 수 없는 위급한 경우일 때, 상대방 몰래 신고 또는 도움을 요청하기에 유용한 기능입니다.

- 전화를 걸지 않고 주머니 속이나 손 안에 있는 상태로 상대방이 전혀 눈치채지 못하게 전원버튼이 빠르게 3번 누르면, 당시 긴급한 상황이 5초간 녹음되어 미리 설정해 놓은 기관이나 지인에게 연락이 되고 위치 추적이 가능합니다.

- 뇌졸중, 심근경색 등 지병을 갖고 있는 분들은 지인과 119 응급구조센터를 설정하고 여성들도 위급한 상황이 발생 시 바로 신고할 수 있는 112를 연결설정하면 좋을 것 같습니다.

SOS메시지 보내기 설정 방법

① 설정을 누릅니다.

② 유용한 기능을 누릅니다.

③ 화면을 손가락으로 위로 밀어 올립니다.
④ SOS 메시지 보내기를 누릅니다.

⑤ 사용 안 함을 오른쪽으로 밀어 활성화시킵니다.
⑥ SOS 메시지 받는 사람을 누릅니다.
⑦ 사용 안 함 → 사용 중으로 바뀌어집니다.
⑧ 추가를 누릅니다.

 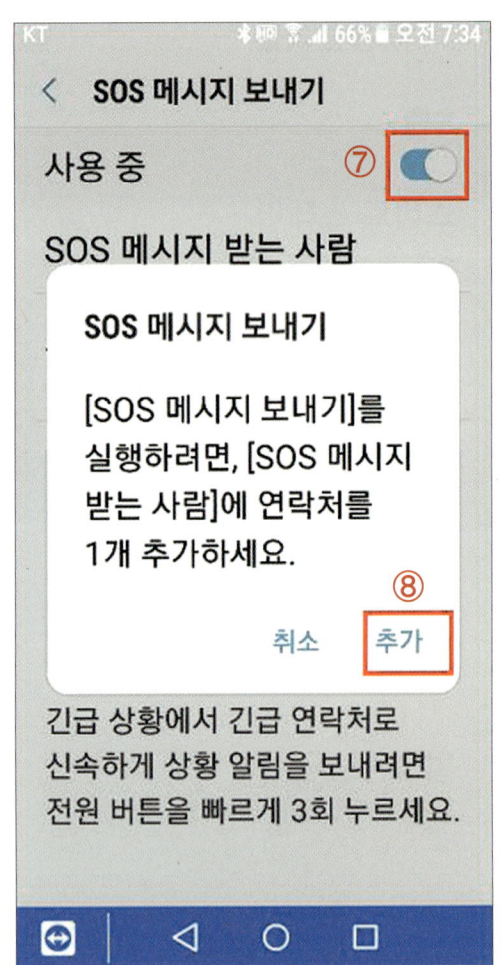

⑨ 추가를 누릅니다
⑩ 연락처에서 선택을 누릅니다.
⑪ SOS 메시지를 받을 사람을 선택합니다.
⑫ 완료를 누릅니다.
⑨~⑫을 반복하여 4명 또는 4곳까지 설정할 수 있습니다.

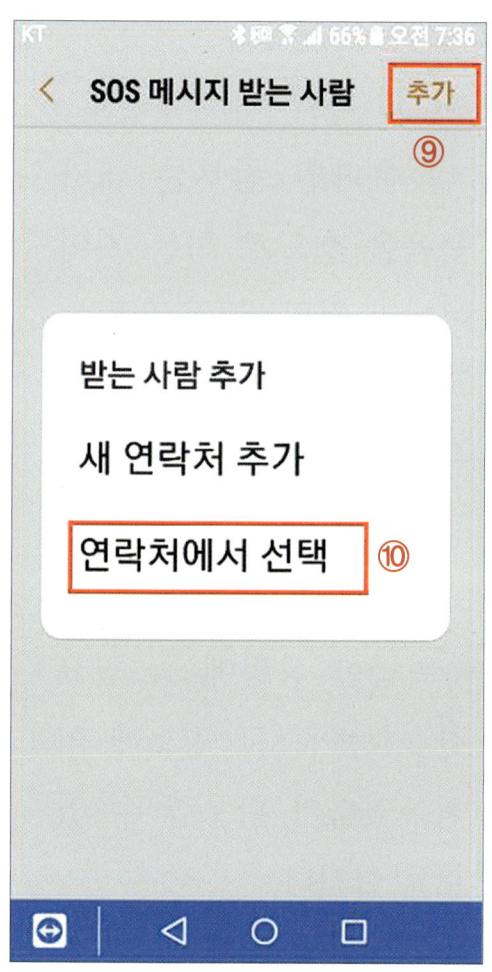 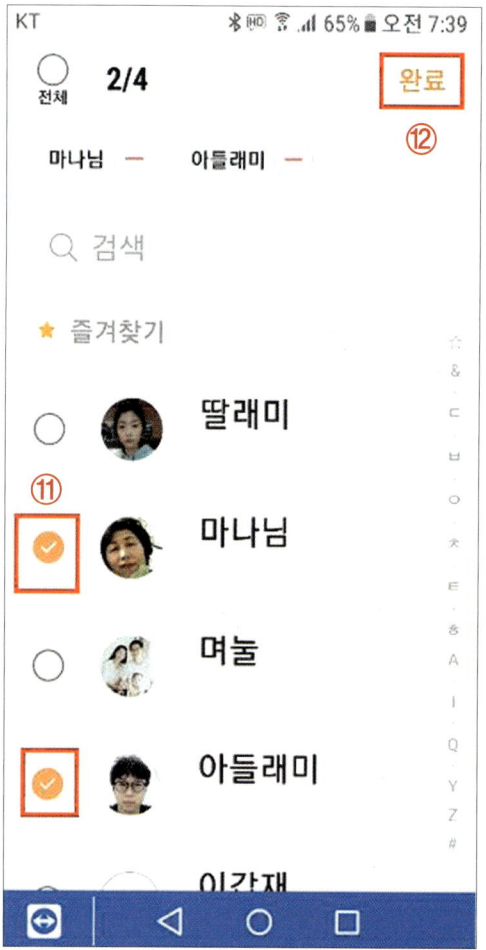

하단 사진은 SOS메시지 보내기 기능을 활성화하여 받을 곳 2곳과 연락할 사람 2명의 설정을 완료한 상태의 사진입니다.

SOS메시지 받을 곳 설정 시 연락처에 없는 번호를 선택할 경우에는 새 연락처를 선택하고 전화번호를 적어놓으면 됩니다.

녹음파일 첨부는 내가 녹음을 별도로 하는 것이 아니라 전원버튼을 3번 누른 후 당시 상황을 자동 녹음하여 함께 연락하는 기능입니다.

위급한 상황에 꼭 필요한 기능이므로 평소에 익혀두었다가 활용할 수 있도록 합시다.

제5장
메시지 및 연락처 관리

〈학습 목표〉

대한민국 65세 이상 노인인구는 전체 인구 대비 15.5%인 700만 명. 이 중에서 스마트폰을 사용하고 있는 어르신은 약 500만 명으로 추정하고 있습니다. 그렇지만 대부분의 어르신들은 스마트폰 사용을 어려워하고 있습니다.

현대인들에게 스마트폰이 선택사항이 아니라 필수이듯이 이제는 우리 어르신들도 스마트폰을 잘 배우고 익혀서 노후생활에 편안함을 도모하였으면 합니다.

- 우리 어르신들이 스마트폰의 전화, 문자 등 기본적인 사항을 배우고,
- 나아가 앱을 이용한 스마트폰의 활용도를 높여서,
- 스마트폰과 더불어 편리한 생활을 도모해 나가셨으면 합니다.

1. 메시지 관리

다른 사람과 메시지를 주고받을 수 있습니다.

1. 메시지 읽기
① 메시지 버튼을 누릅니다.
② 대화 상대(발신자)를 선택합니다.

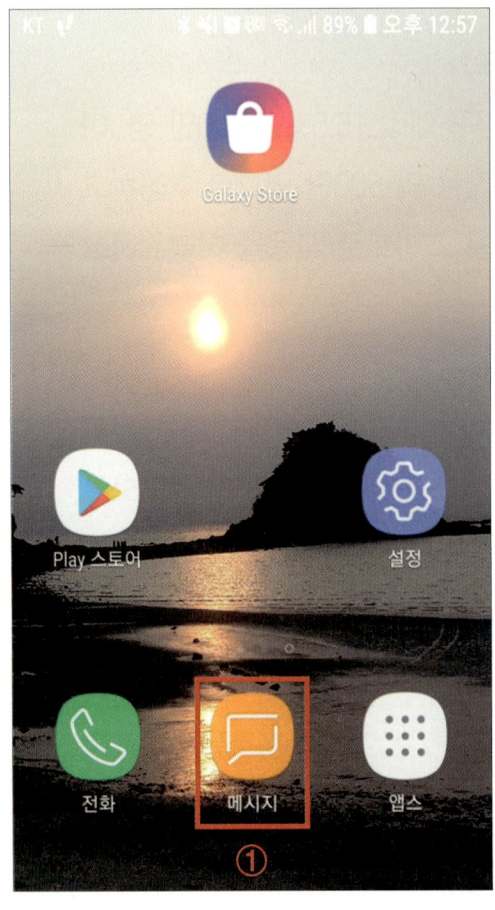

③ 선택한 내용을 읽습니다.

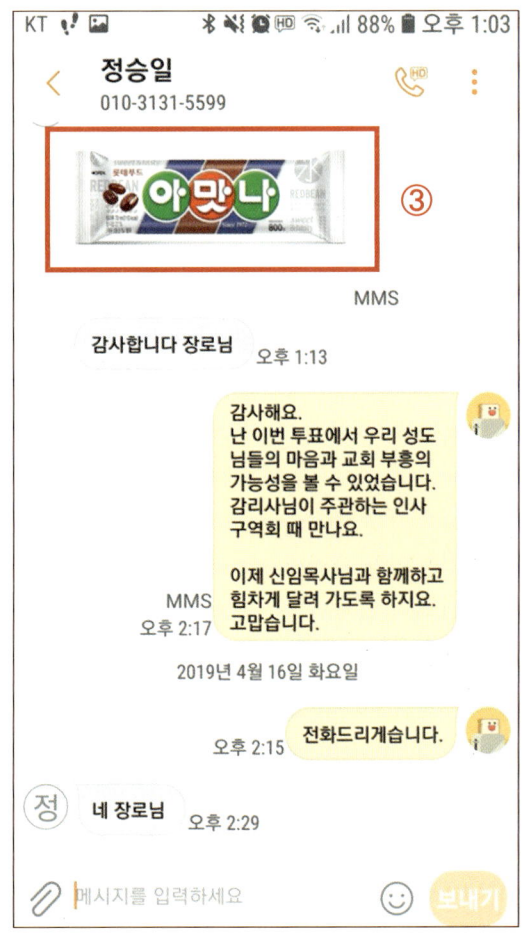

2. 메시지 보내기

① 메시지 버튼을 누릅니다.

② 글쓰기 그림 버튼을 누릅니다.

③ 이어서 작성 버튼을 누릅니다.

④ 내용 입력 후 보내기 버튼을 누릅니다.

⑤ 수신자 선택 후 이어서 보내기 버튼을 누르면 문자가 발송됩니다.

2. 연락처(전화번호) 관리

다른 사람의 연락처를 입력하고 정리할 수 있습니다.

1. 명단 관리하기

① 스마트폰 바탕 화면의 주소록(연락처)을 클릭합니다.
② 바탕화면이 바뀐 다음 화면에서 화면 아래에 있는 플러스(+) 부호를 누릅니다.

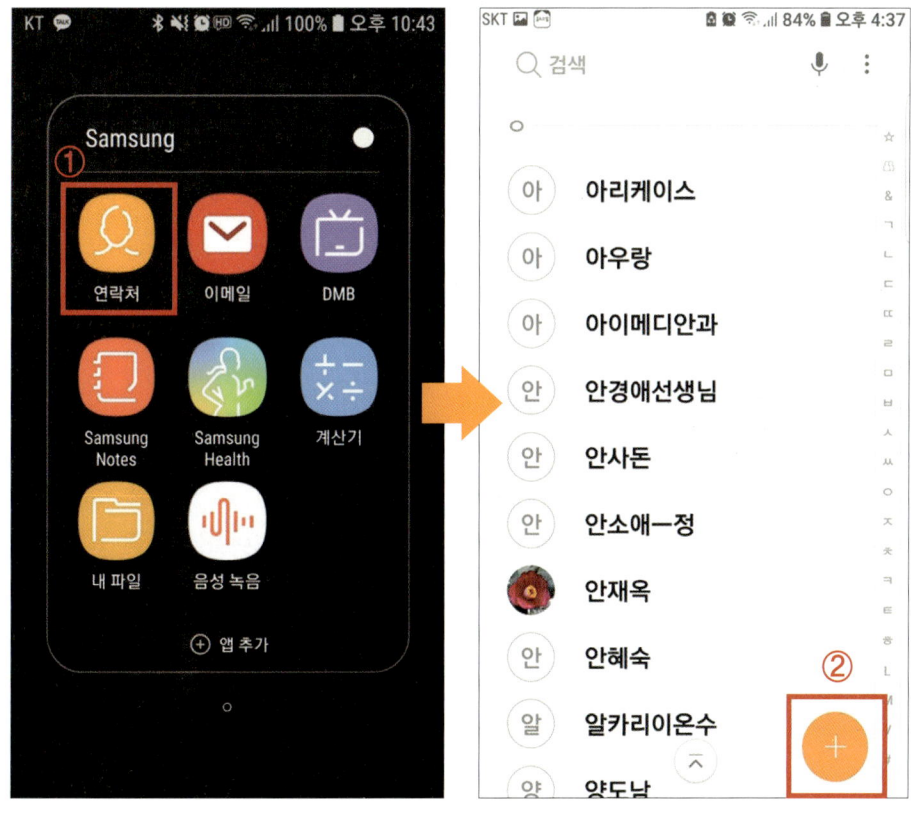

③ 내용(이름, 직장, 전화번호 등) 입력 후 화면 상단의 저장 버튼을 누릅니다.

④ 내용 입력 후 전화번호 옆의 플러스(+) 부호를 누르면 기타 정보를 입력할 수 있습니다.

2. 그룹 관리하기

① 바탕 화면의 연락처 버튼을 클릭합니다.

② 화면 하단의 플러스(+) 버튼을 누릅니다.

③ 다음 화면의 그룹 버튼을 누릅니다.
④ 이어서 새 그룹 추가 버튼을 누릅니다.

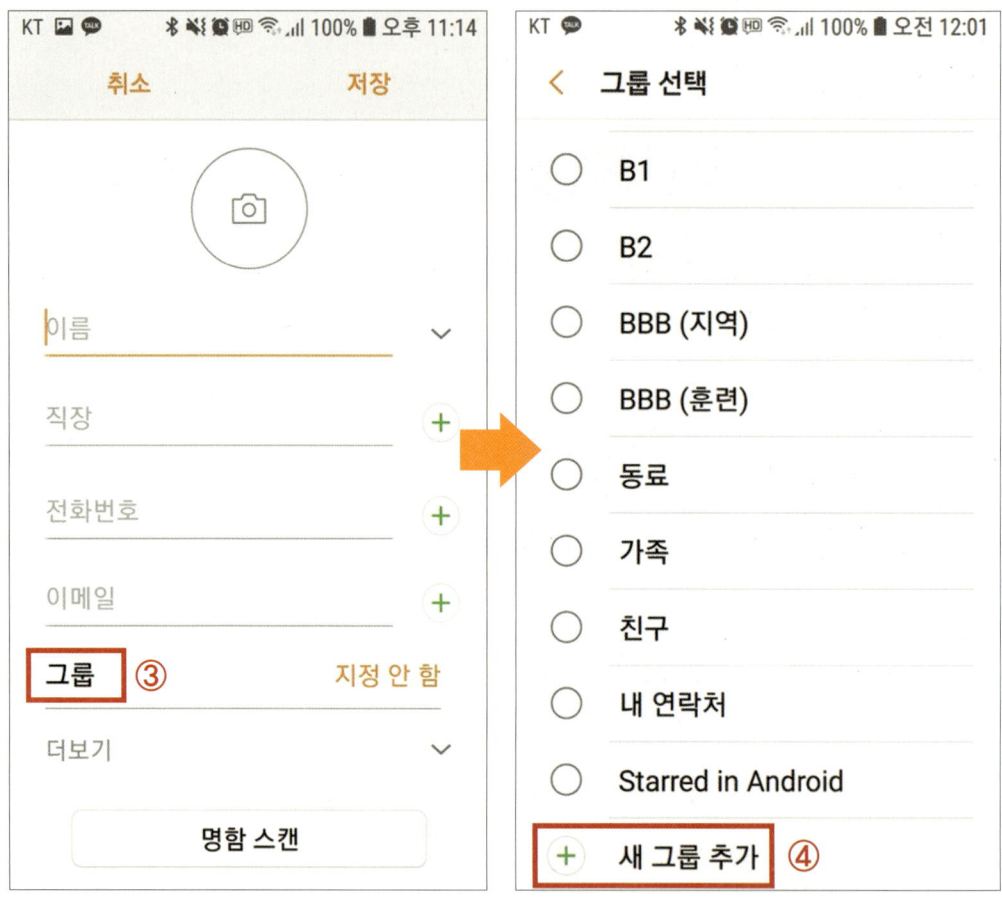

⑤ 새 그룹 추가 화면에서 그룹 이름을 기재합니다.
⑥ 그룹명 기재 후 추가 버튼을 누릅니다.

내 손안의 1등 비서
스마트폰 100배 즐기기

제6장

1등비서 일정 관리

〈학습 목표〉

약속이나 기념일 등 중요한 일정을 스마트폰 캘린더 앱을 이용하여 기록하고, 알람 기능을 통해 사전에 공지를 받아 중요한 일정을 지킬 수 있도록 한다.

- 중요일정 추가하기
- 알람 및 반복 설정
- 중요일정 수정하기
- 중요일정 삭제하기

＊ 사용 앱: AA 캘린더

(Play스토어에서 앱을 설치합니다.)

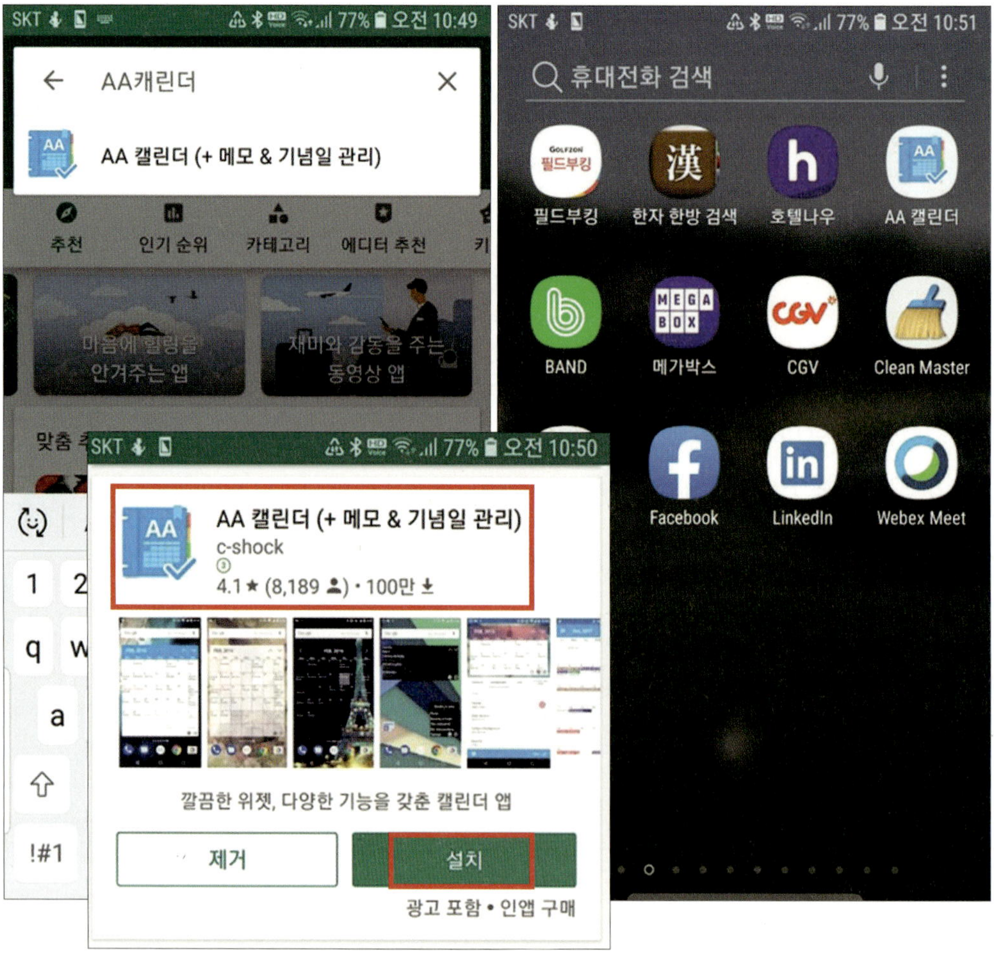

1. AA 캘린더 시작하기

① 스마트폰의 AA캘린더 위젯을 실행하거나,
② 스마트폰에서 "AA캘린더" 아이콘을 실행합니다.

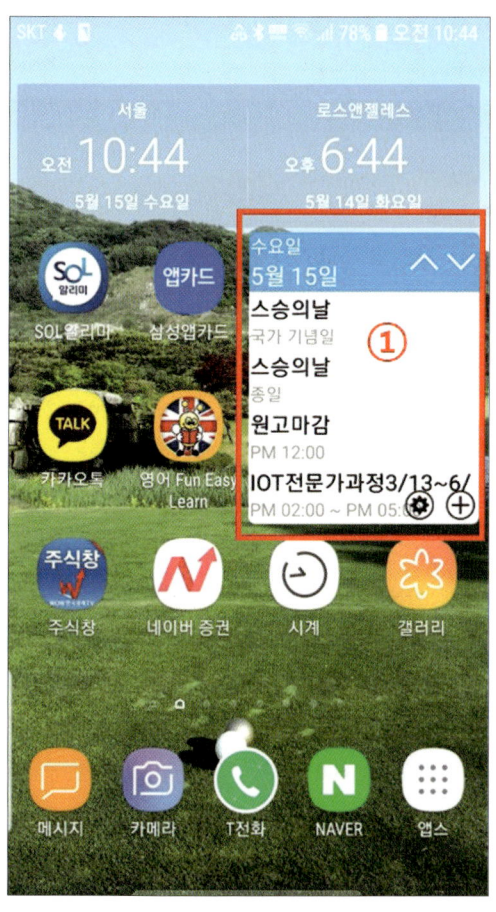

2. 일정 추가

① 일정 보기에서 우측 하단의 + 기호를 선택합니다.
② 일정 추가 화면이 열립니다.
③ 일정 이름을 추가합니다. 예로 "일정추가하기"를 입력합니다.

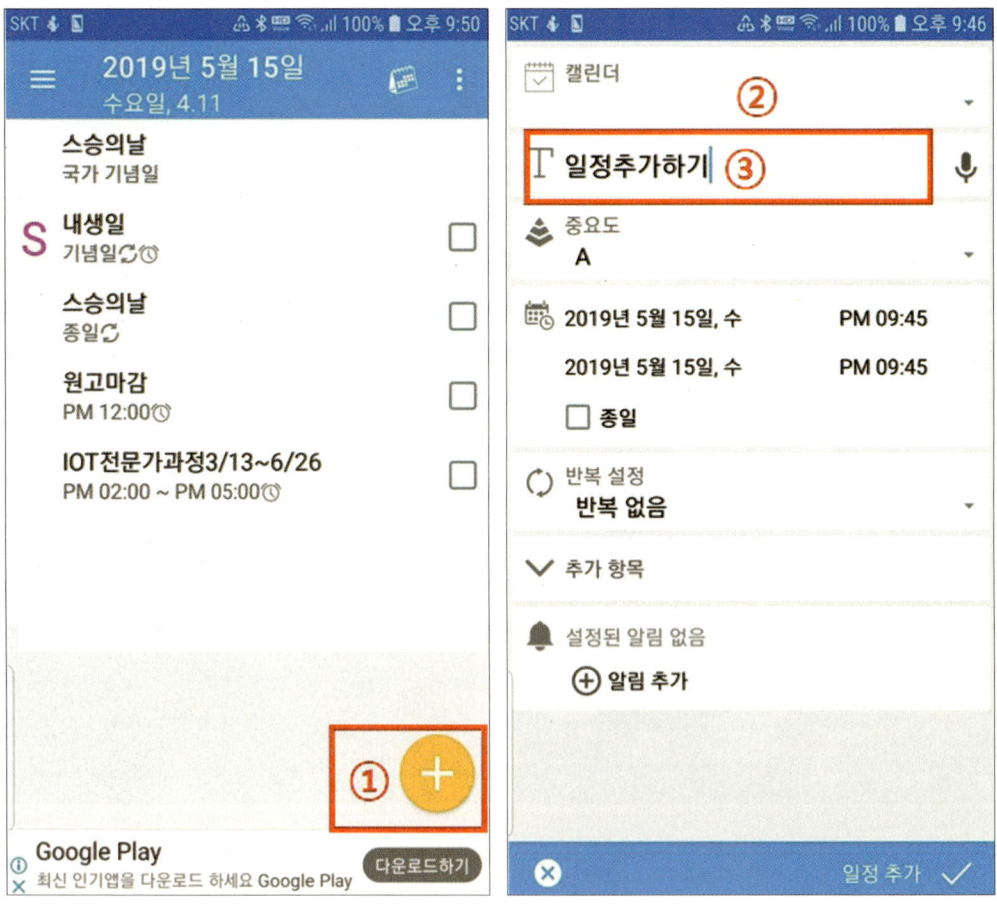

④ 중요도를 입력합니다.
- 중요도 영역을 선택한 후(A~E까지 지정 가능)

⑤ 날짜를 지정합니다.
- 날짜 영역을 선택 후
- ⑥ 키보드에서 직접 입력 가능합니다.
- ⑦ 달력에서 선택 가능합니다.
  : 좌우로 월 단위를 선택 후 날짜를 선택합니다.

시간을 지정합니다.
- ⑧ 시간 영역을 선택 후에
- ⑨ 키보드에서 직접 입력하거나
- ⑩ 시계에서 선택 가능합니다.
    : 시간, 오전/오후 선택 후 분 단위를 선택합니다.
    : 확인 버튼을 눌러 완료합니다.

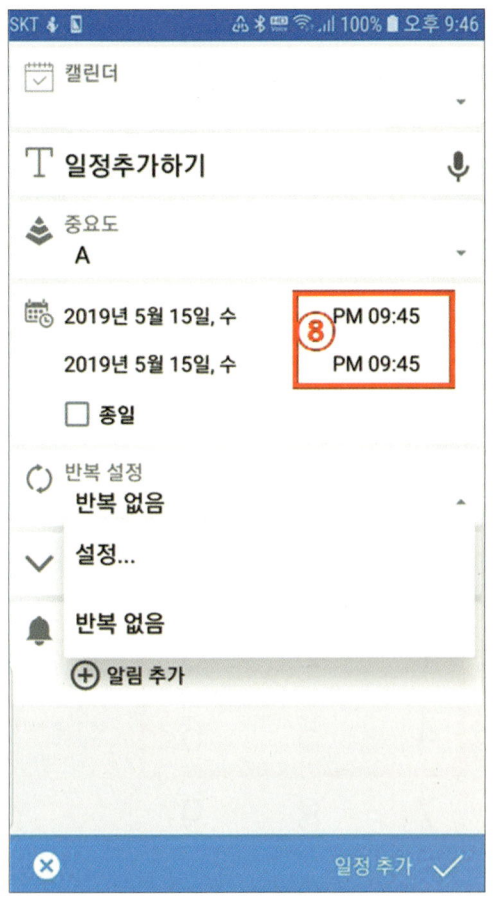
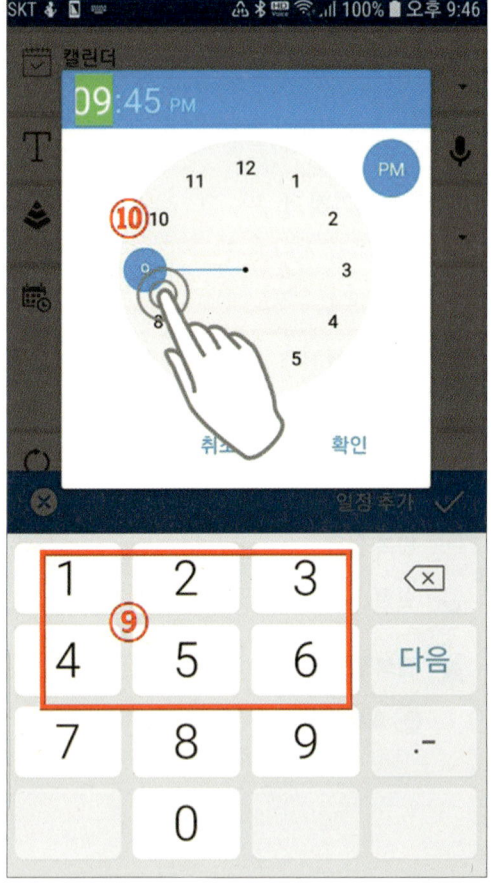

1. 반복 설정

① "반복 설정" 메뉴를 누른 후에

② "설정" 버튼을 누르면 반복 빈도와 반복 주기가 표시됩니다.

* 참고: 반복 빈도와 반복 주기

1) 반복 빈도: 일정을 반복하는 단위(매일, 매월, 매주, 매달)

2) 반복 주기: 일정을 어떤 주기로 반복하는지 표시, 1~30 사이 => 예로 2일마다 반복하고 싶을 때 빈도는 "매일", 주기는 "2"로 설정한다.

③ 선택 창에서 반복 빈도를 선택합니다.

　- 매일 ~ 매년 중 선택합니다.

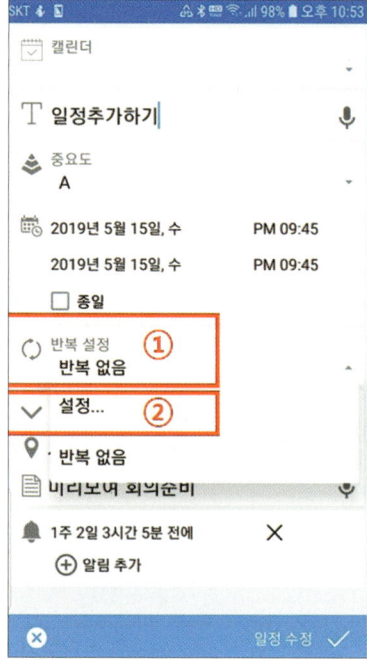
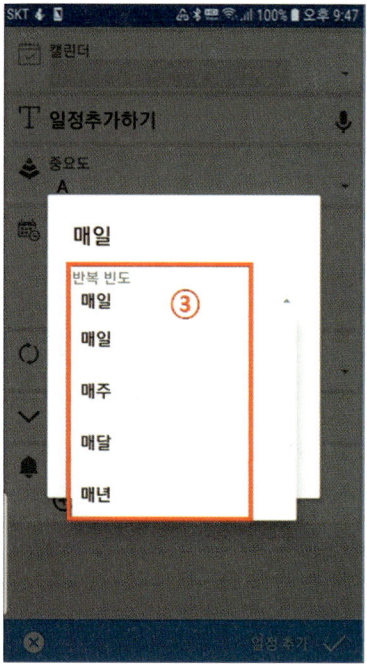

④ 반복 빈도에서 "매일"을 선택합니다.
  – 반복 주기, 종료일 등 설정 가능
⑤ 반복 주기를 설정합니다.
  – 1~30일까지 지정이 가능
⑥ 종료일을 지정합니다.
  – 계속 반복 또는,
  – 숫자로 지정: 숫자 입력
  – 종료일 지정: 달력에서 선택하거나 직접 입력합니다.

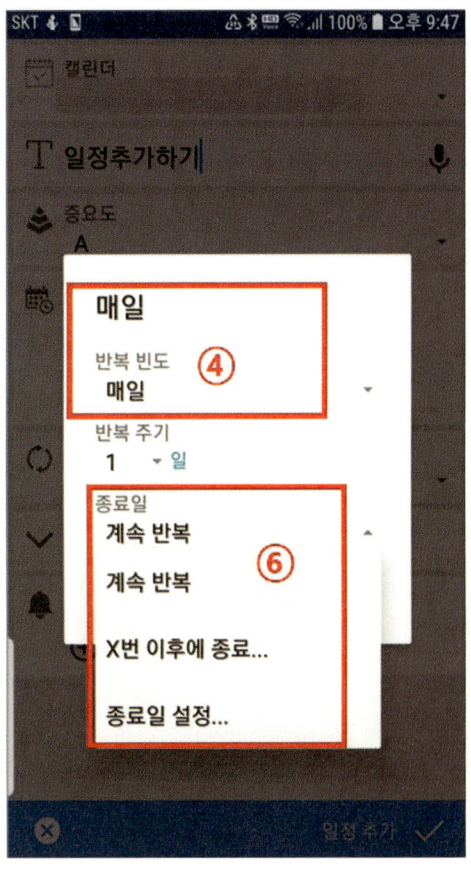
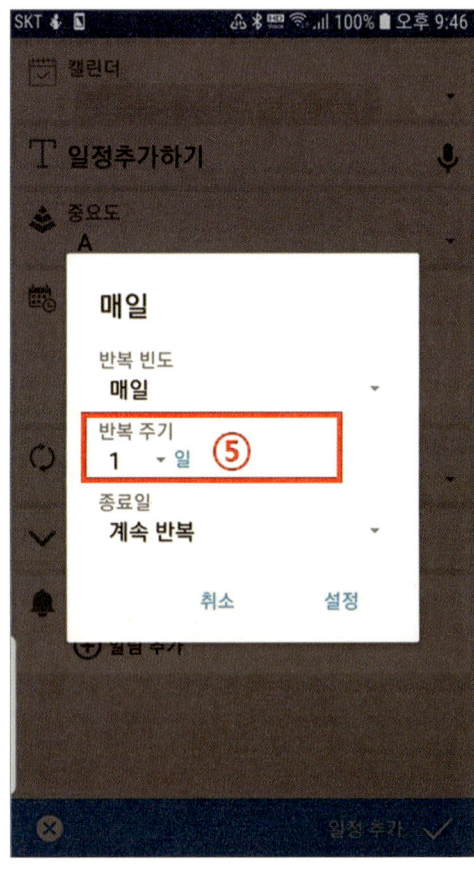

⑦ 반복 빈도를 "매주"로 선택합니다.

　　– 반복 주기, 종료일 설정

⑧ 반복 주기를 설정합니다.

　　– 여러 요일을 지정 가능

⑨ 종료일을 선택합니다.

　　– 앞의 경우와 동일하게 입력

⑩ 설정 버튼을 눌러 설정을 완료합니다.

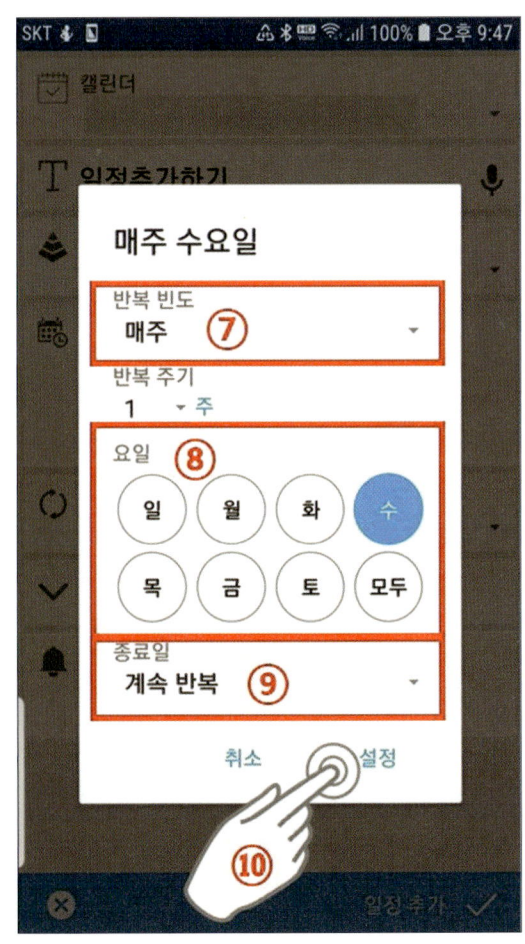

2. 추가 항목

① 장소 입력

　– 예로 "시청역"을 입력합니다.

② 메모 입력

　– 예로 "미리모여 회의준비"를 입력합니다.

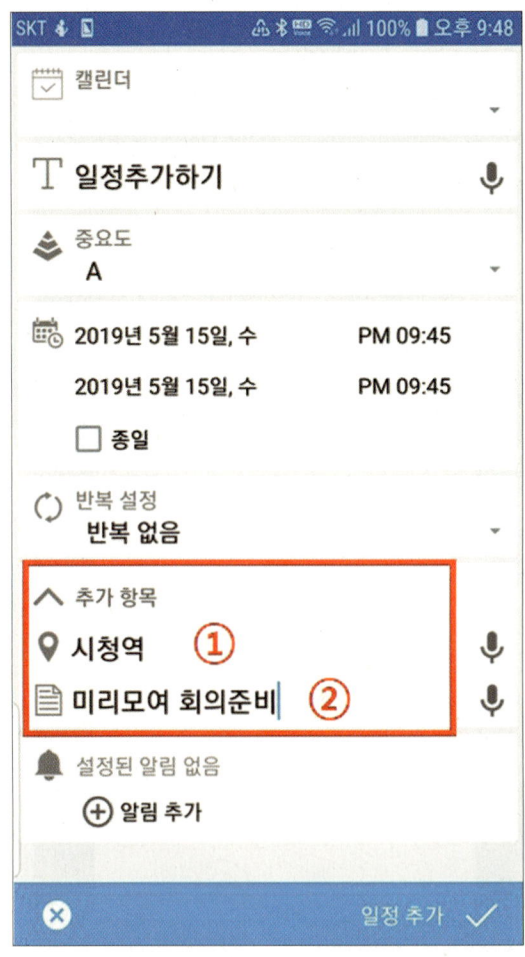

3. 알림 설정

① 알림 추가 버튼을 선택합니다.

② 알림 시간 입력창이 나타납니다.

- 주, 일, 시간, 분을 지정할 수 있습니다.
- 원하는 알림 시간의 숫자를 선택합니다.

③ 확인 버튼을 눌러 완료합니다.

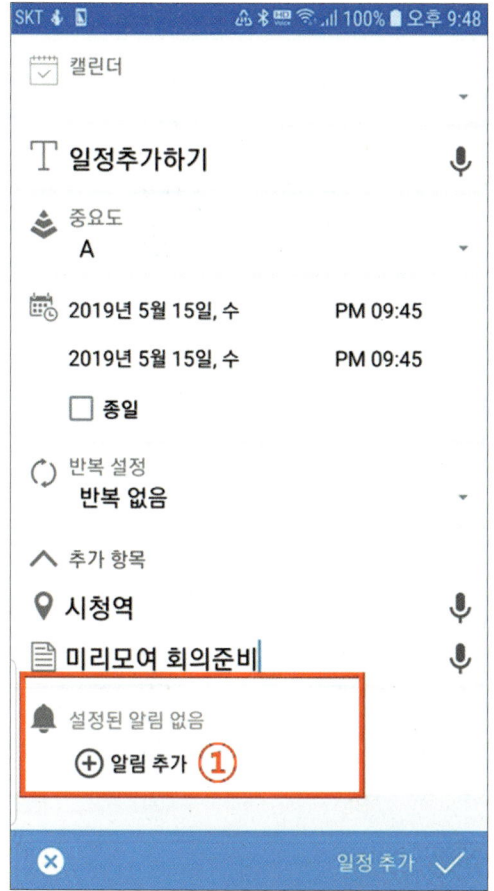 

4. 알람과 해제

① 알람 설정 확인
- 일정을 선택하면 확인이 가능합니다.
- 예로, "5분 전에" 알람 표시

② 알람 알림과 해제
- 일정 시작시간 전에 알려줍니다.
- "해제" 버튼을 눌러 해제합니다.

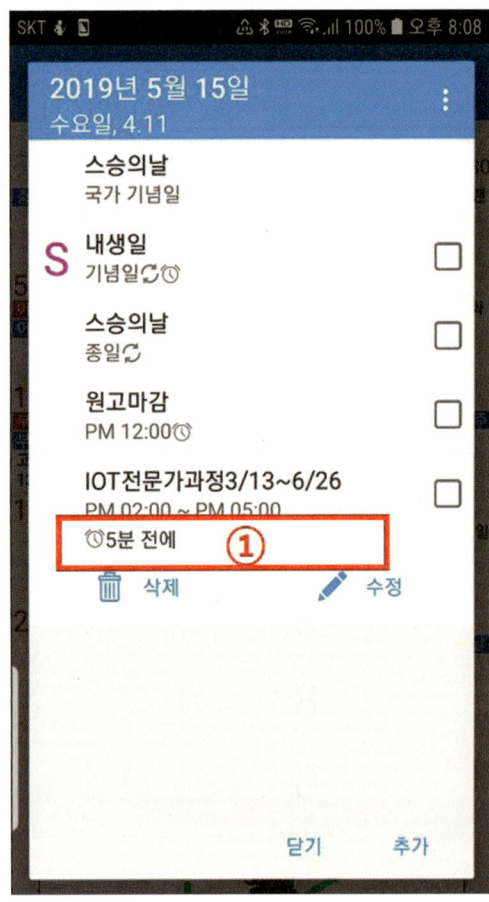

5. 일정 추가 완료

① 일정 추가 완료하기
    - "일정 추가" 버튼을 누릅니다.
② 지금까지 설명한 일정 추가 방법에 따라 설정한 대로 일정이 추가되며, "일정이 추가되었습니다."라는 메시지가 나타납니다.

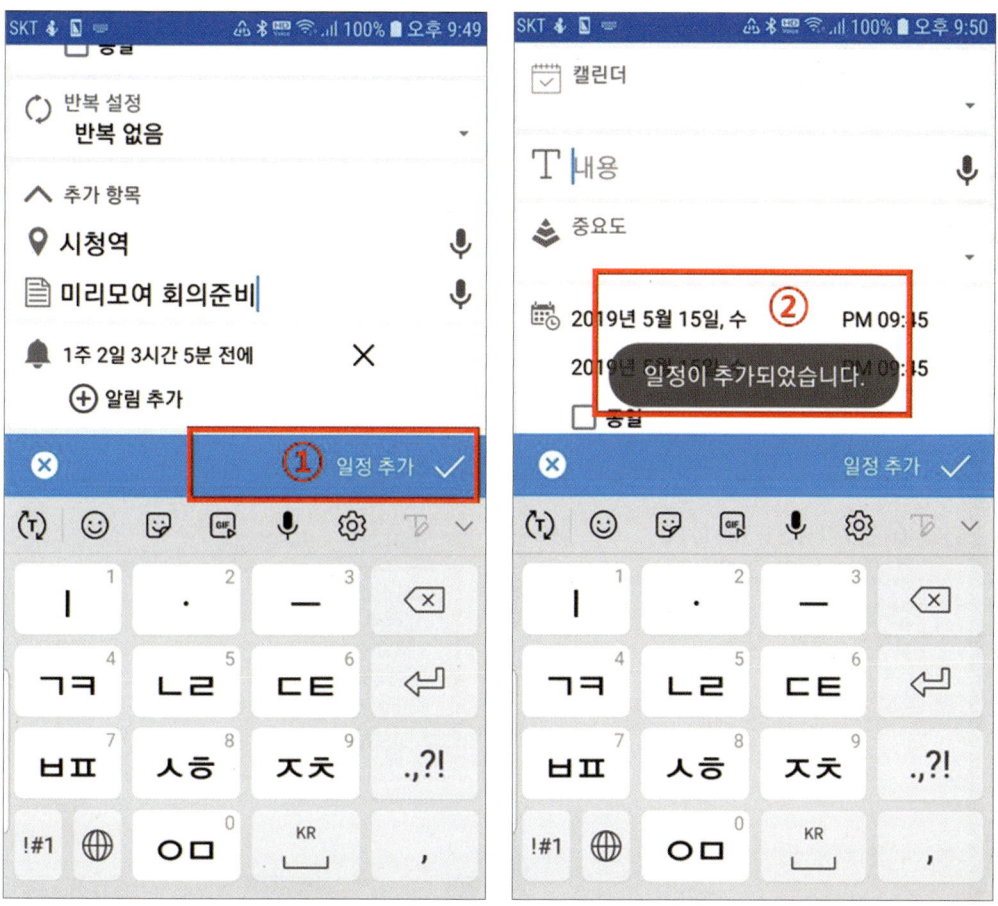

6. 완료 확인

① 일정 보기에서 새로운 일정을 확인할 수 있습니다.

② 상세정보 확인

    - 해당 일정을 눌러 확인합니다.

      : 일정 이름, 시간, 장소, 메모, 알림, 삭제, 수정 버튼 등이 표시됩니다.

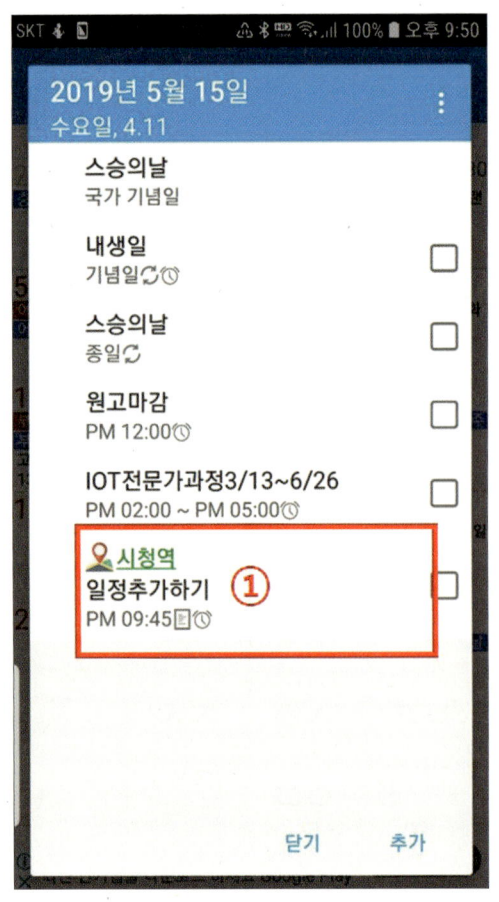 

7. 음성 입력

① 일정을 음성으로 입력하기
- 마이크 표시를 선택하면, 아래 오른쪽 그림과 같이 구글 마이크 창이 나옵니다.
- 일정 이름과 추가정보(장소, 메모) 등을 말로 입력합니다.

② 구글 마이크 창에서 음성 입력
- 예로 일정 이름으로 "일정음성입력"이라 말하면, 아래 왼쪽 그림과 같이 일정이 입력됩니다.

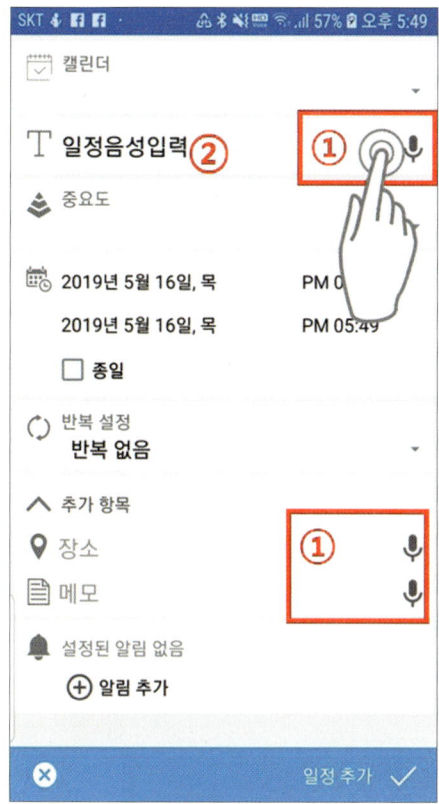 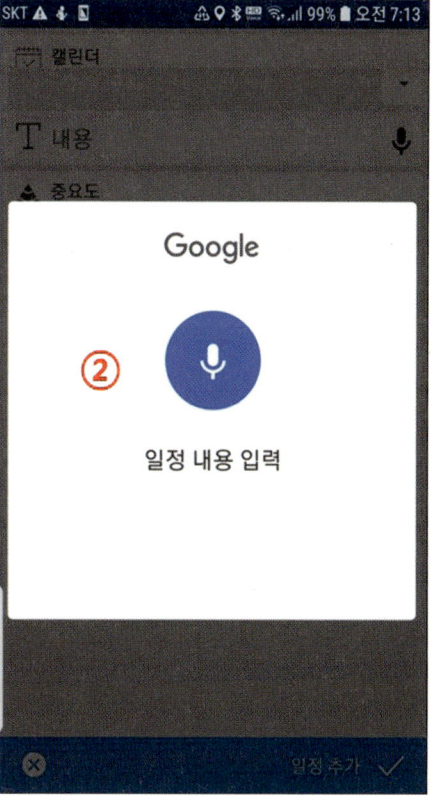

3. 일정 보기

일정을 여러 가지 형식으로 찾아볼 수 있습니다.

1. 월간 보기

① 보기 메뉴를 선택한 후, 아래 보기 중 하나를 선택합니다.
- 일간   - 주간   - 월간

② 보기 메뉴에서 "월간"을 선택하면, 오른쪽 그림과 같이 한 달 일정을 볼 수 있습니다.

2. 주간 보기

③ 보기 메뉴에서 "주간"을 선택합니다.

④ 1주간의 일정을 볼 수 있습니다.

- 좌측에 시간대를 표시
- 1주간 일정 표시
- 상하 스크롤 보기가 가능합니다.

⑤ 주간일정을 상하, 좌우로 스크롤 보기가 가능합니다.

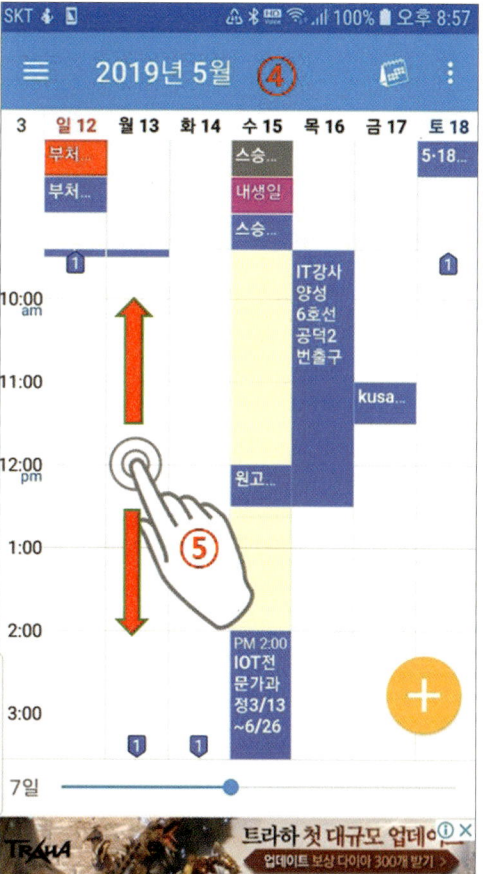

3. 일간 보기

⑥ 보기 메뉴에서 "일간"을 선택합니다.
　- 하루 일정을 볼 수 있습니다.
⑦ 일정의 상세정보를 볼 수 있습니다.
　- 보고 싶은 일정을 선택합니다.
⑧ "상세" 버튼을 누릅니다.
⑨ 일정의 상세정보가 표시됩니다.
　- 시작일, 종료일, 반복, 알람 등을 표시합니다.

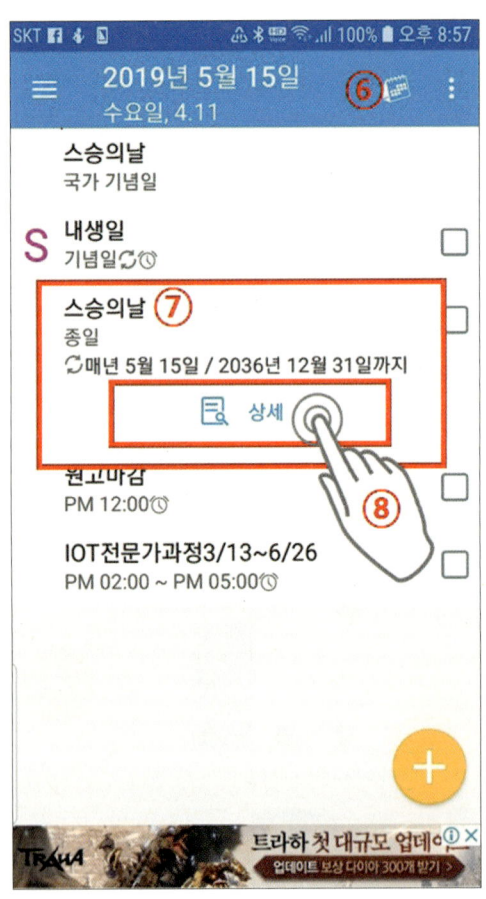
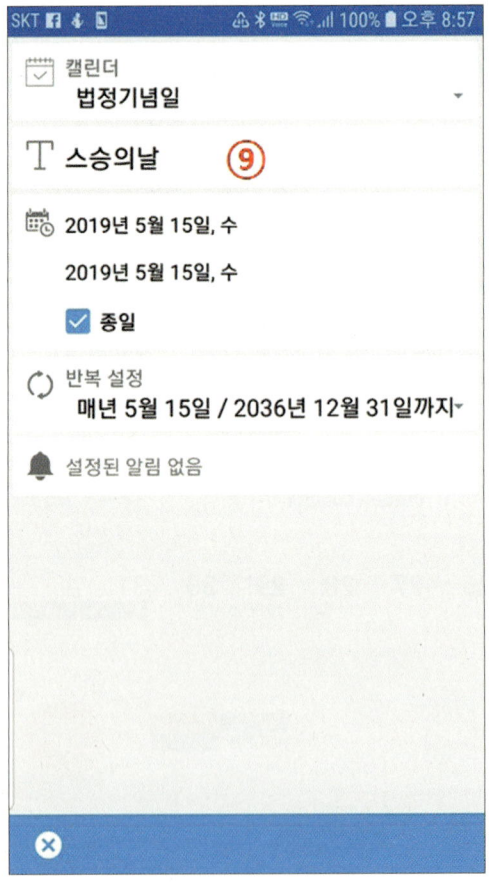

4. 일정 수정

① 수정할 일정 선택
    - 예로, "노특북…"을 선택합니다.
    - 삭제, 수정 메뉴가 표시됩니다.
② "수정" 버튼을 선택합니다.
③ 반복 설정이 있는 경우,
    - "이 일정만", 또는 "모든 일정" 중 하나를 선택합니다.
* 참고: "반복설정"이란? 같은 일정이 다른 날짜에 여러 번 있는 경우를 말합니다.
④ "확인" 버튼을 누릅니다.

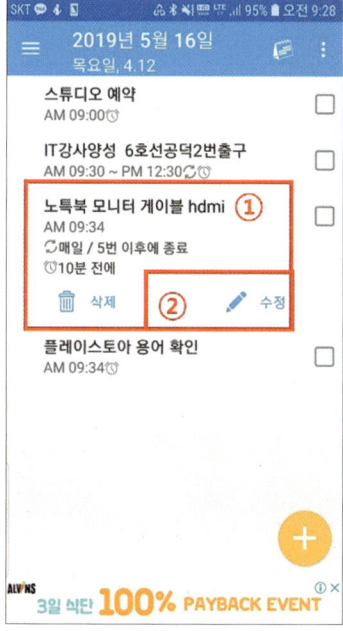 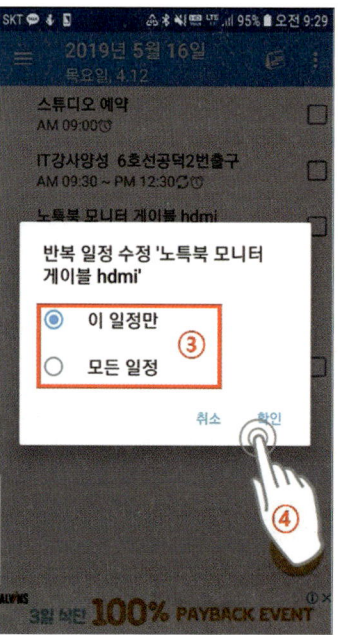

⑤ 일정 이름을 수정해 봅니다.
  – 예로, 일정의 오타를 "노트북 모니터 케이블"로 수정합니다.
⑥ 반복 빈도 수정
⑦ 반복 주기 수정
⑧ 종료일을 수정 후
⑨ "설정" 버튼을 누릅니다.

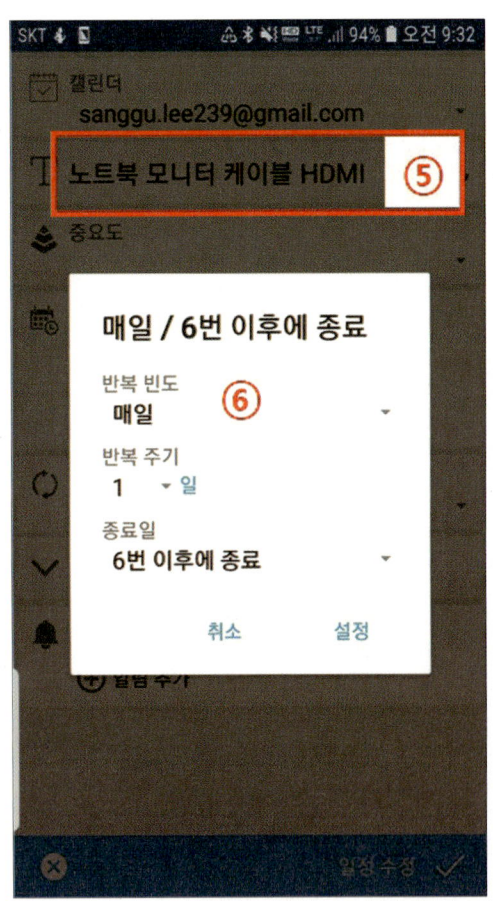 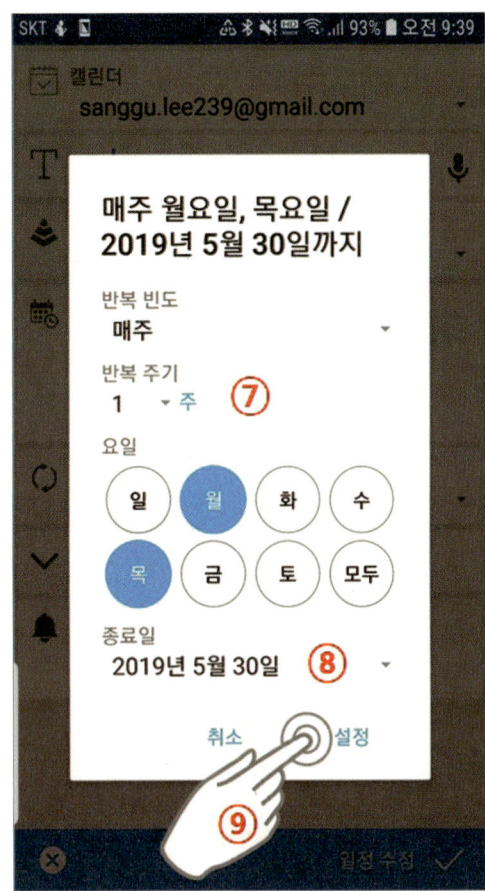

⑩ 수정 완료

- "일정 수정" 버튼을 선택합니다.

⑪ 완료 메시지 표시

- "일정 수정이 완료되었습니다." 메시지 표시

⑫ 수정 확인

- 일정 보기에서 수정된 사항을 확인할 수 있습니다.

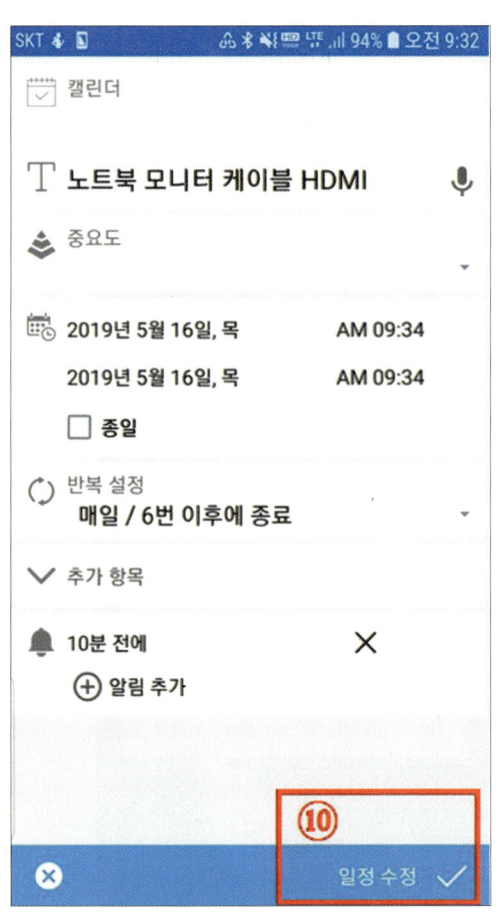 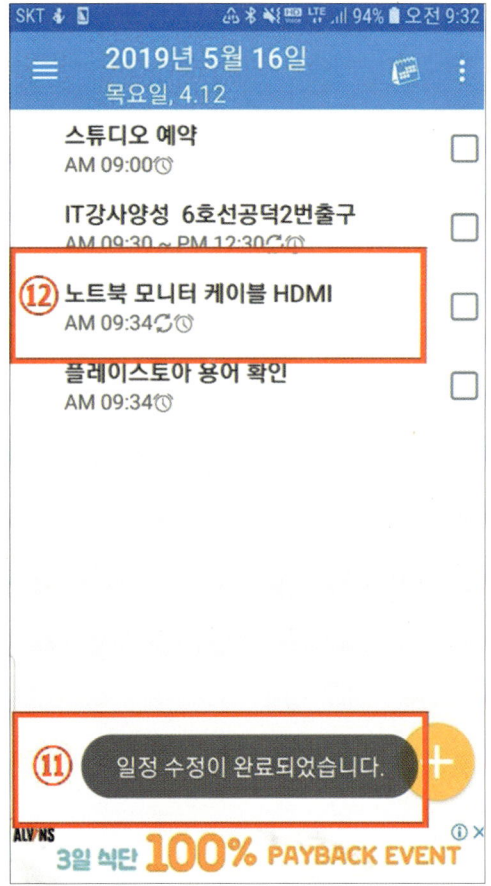

5. 일정 삭제

① 삭제할 일정 선택
    - 예로 "플레이스토어"를 선택합니다.
    - "삭제", "수정" 메뉴가 표시됩니다.
② "삭제" 버튼을 선택합니다.
③ 일정에 반복이 설정되어 있는 경우에
    - "이 일정만" 또는 "모든 일정" 중 하나를 선택합니다.
④ "확인"을 누릅니다.

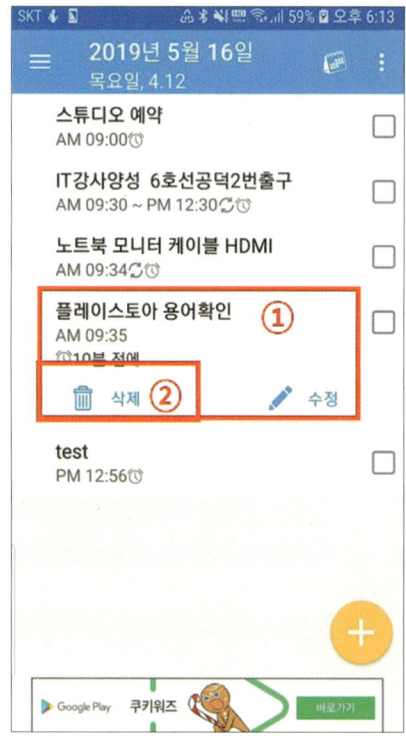
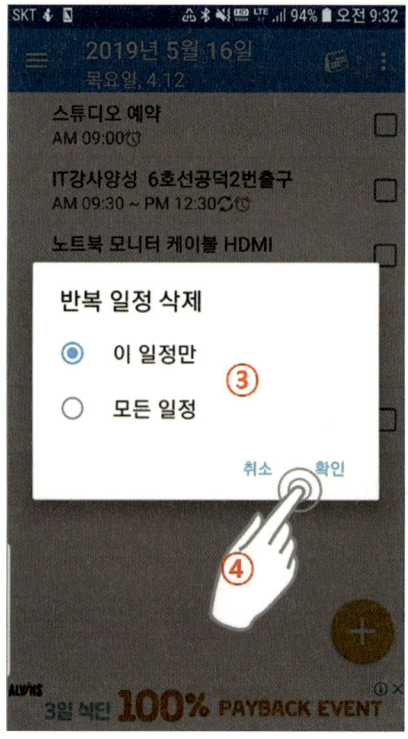

⑤ 삭제 재확인

– "예", "아니오" 중 선택합니다.

⑥ 완료메시지 표시

– "일정이 삭제되었습니다."라는 메시지가 표시됩니다.

⑦ 삭제 확인

– 일정 보기에서 확인합니다.

– 예로 삭제한 "플레이스토어"가 삭제된 것을 확인할 수 있습니다.

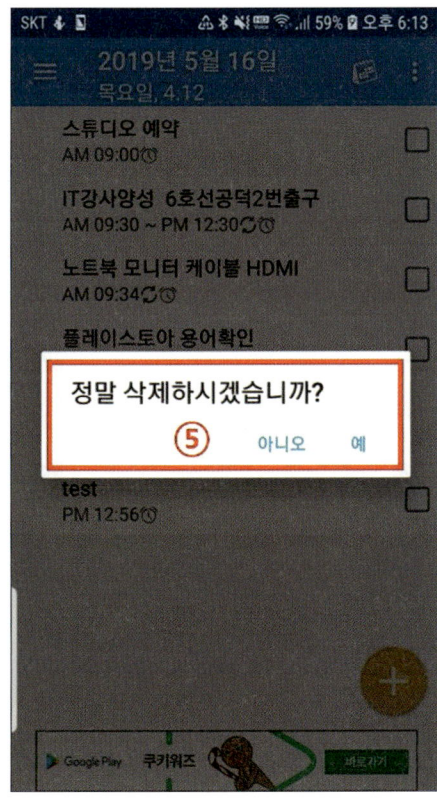 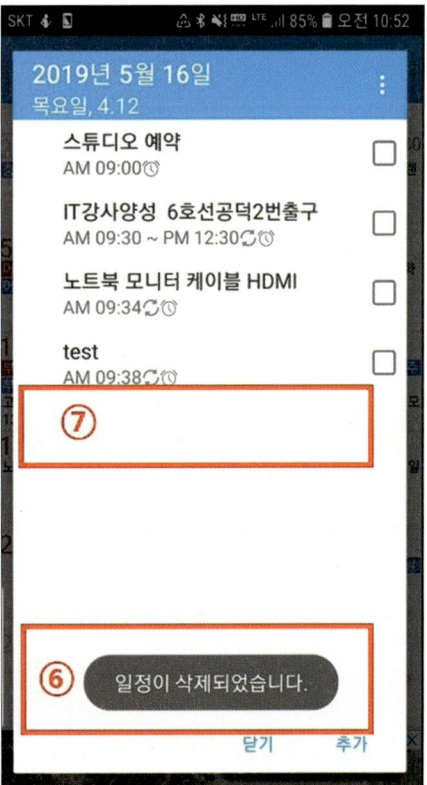

6. 기념일 관리

① 캘린더 좌측 상단 메뉴를 선택하여 메뉴창을 열어
② 캘린더 메뉴가 표시되면
③ 메뉴에서 "기념일"을 선택합니다.

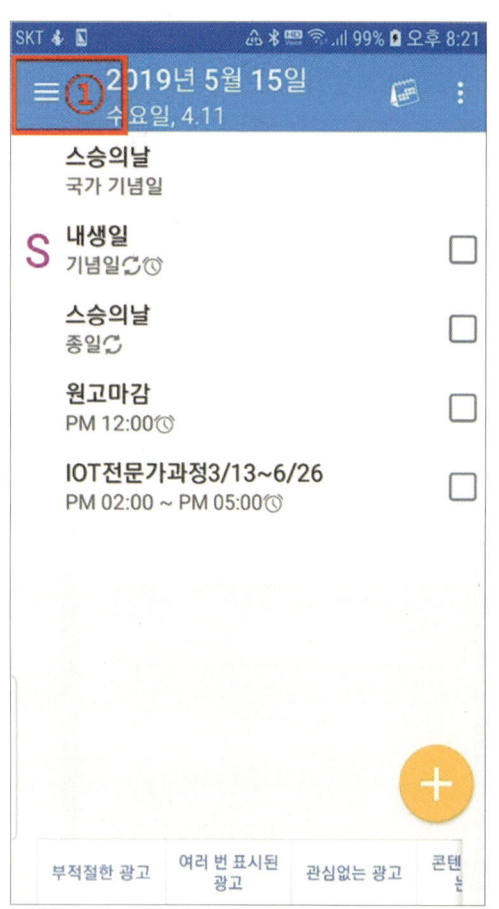
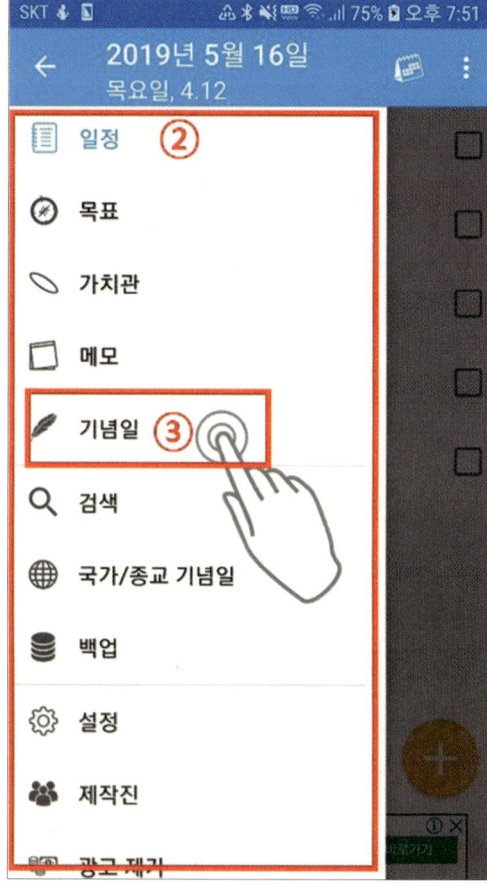

④ 기념일 추가

- 화면 오른쪽 아래 +를 선택합니다.

⑤ 기념일 추가 창

- 이름 입력
- 달력, 반복, 알람 등을 설정합니다.

⑥ 기념일 추가 완료

- 기념일 추가 버튼 누릅니다.

⑦ 기념일 확인, 삭제, 수정

- 기념일을 선택한 후 할 수 있습니다.

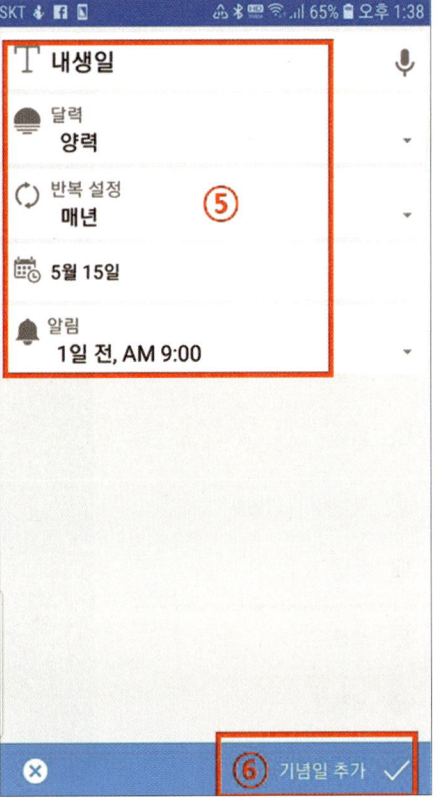

7. AA캘린더 - 앱 환경설정

① 설정 메뉴 열기
   - 캘린더 좌측 상단 메뉴를 눌러, 캘린더 메뉴에서 열고, "설정"을 선택합니다.
② 언어 변경
   - 설정 메뉴의 언어 메뉴를 선택하면
   - 한국어, 영어, 일본어 등으로 변경할 수 있습니다.

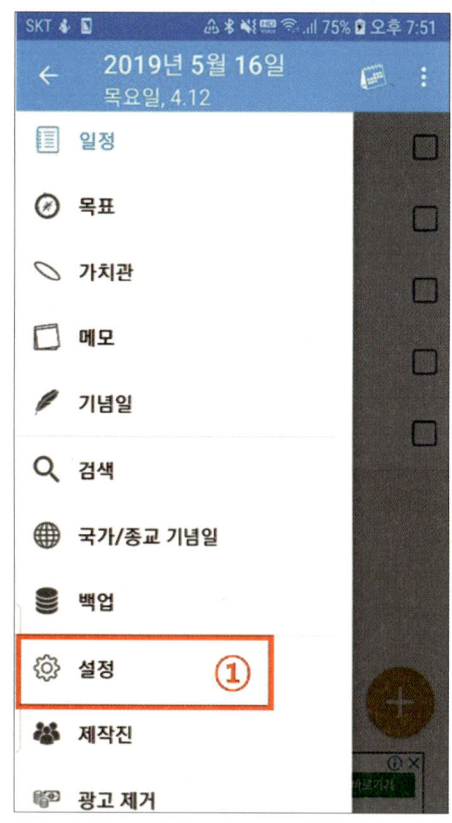 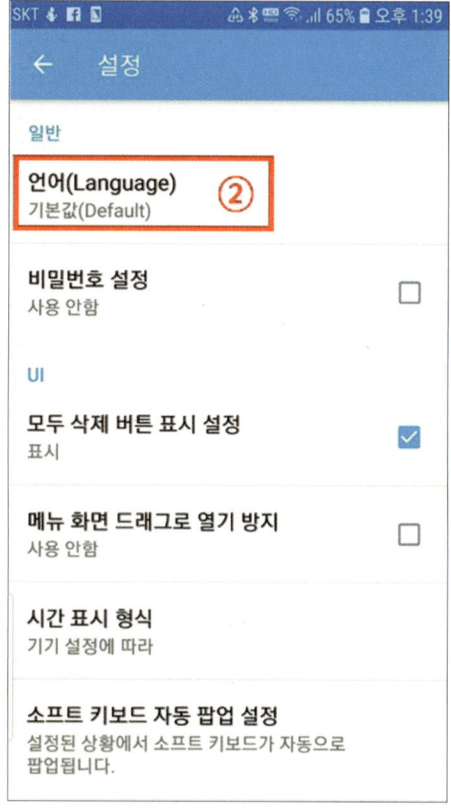

③ 캘린더 배경 변경
- 설정 메뉴에서 "테마" 메뉴를 선택합니다.
④ 테마 색깔 변경
- 원하는 색을 선택합니다.
- 검정1, 검정2, 흰색
⑤ 글씨 크기 변경
- "내용 글씨 크기"를 눌러 원하는 크기로 변경 가능합니다.

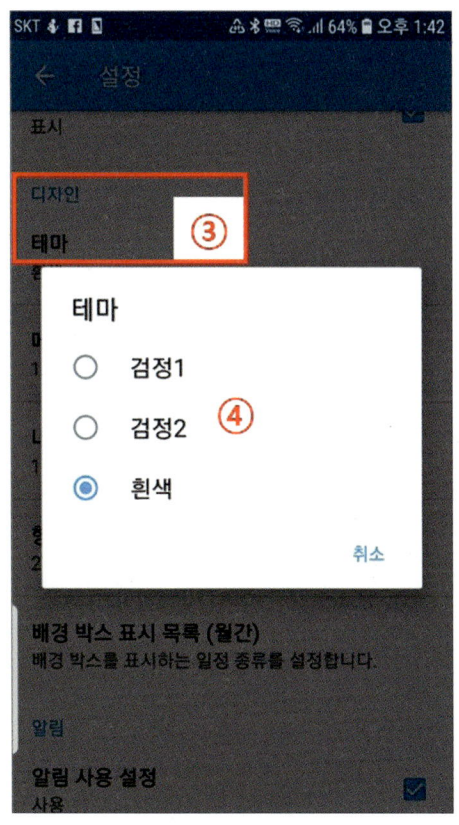
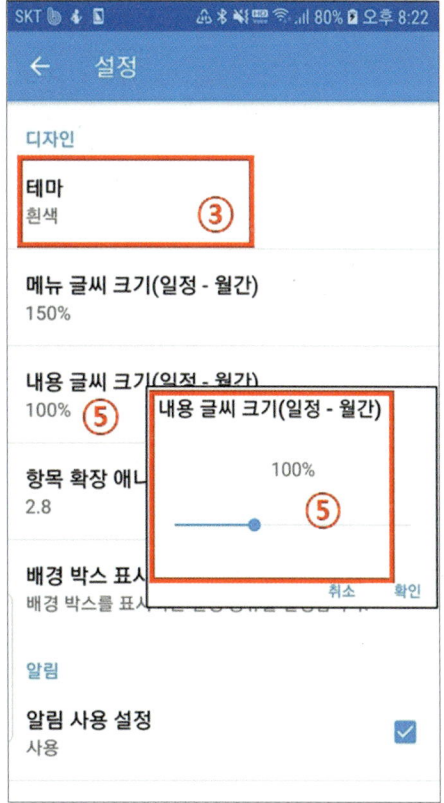

내 손안의 1등 비서
스마트폰 100배 즐기기

SNS 즐기기

⟨학습 목표⟩

SNS의 상징인 카카오톡의 활용법을 익혀 스마트하게 소통하는 생활을 즐긴다.

- 카카오톡 설치, 화면 구성 설정하기
- 문자 보내고 받기(1:1 채팅)
- 촬영한 사진 곧바로 보내기
- 갤러리 사진(한 장씩 또는 묶어서) 보내기
- 무료 음성전화 및 화상 전화 이용하기
- 연락처 및 내 위치 공유
- 카카오톡으로 뉴스 보기
- 기타 서비스 이용하기(선물하기, 쇼핑하기, 카카오의 다른 서비스)

1. 카카오톡(KaKaoTalk, 카톡)과 만나기

SNS의 대명사 카카오톡을 통해 원활하고 즐거운 소통을 할 수 있다.

1. 카카오톡 설치

① 플레이스토어 검색창에 **카카오톡**이라고 써넣으면 카카오톡 아이콘이 나타납니다.
② 카카오톡 아이콘을 누릅니다.

③ **설치**를 눌러 설치하고 설치가 끝나면
④ **열기**를 누릅니다.

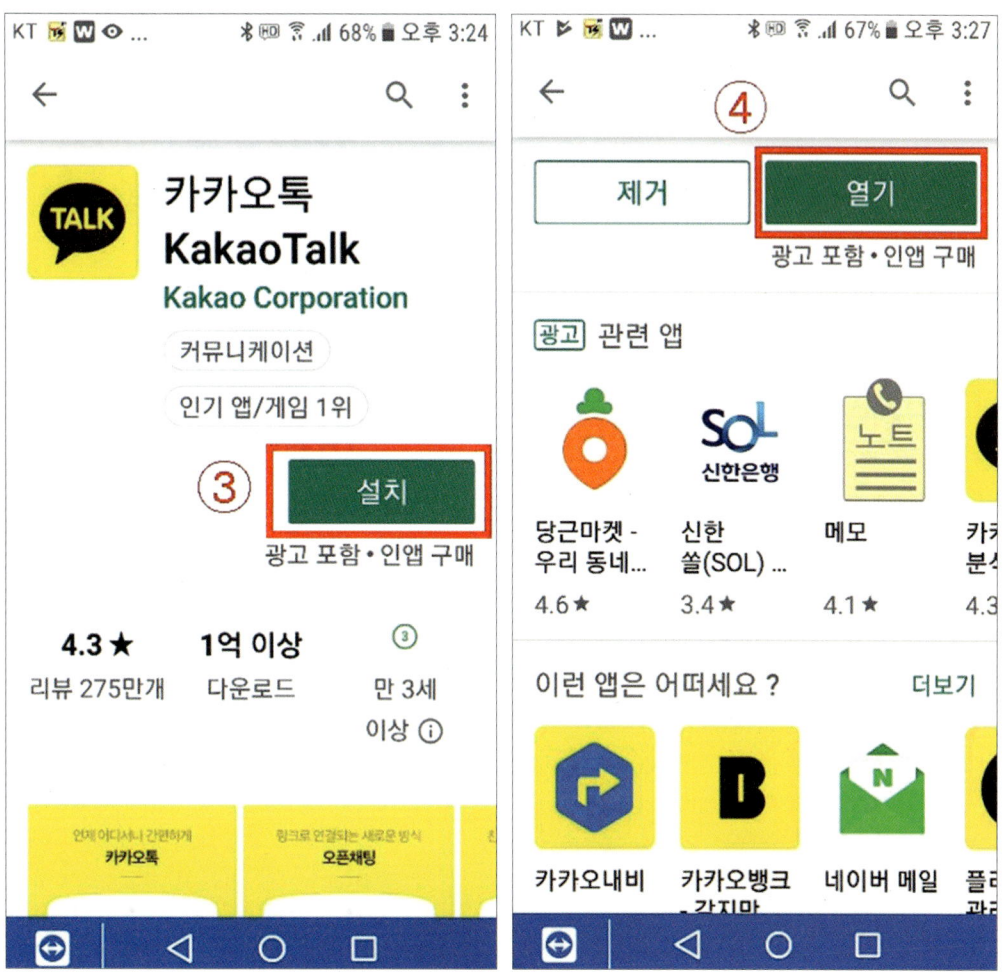

⑤ 카카오톡을 이용하려면 전화, 저장, 주소록 등의 권한을 허용해야 하므로 **허용하기**를 누릅니다.

⑥ 전화를 사용할 수 있도록 **허용**을 누릅니다.

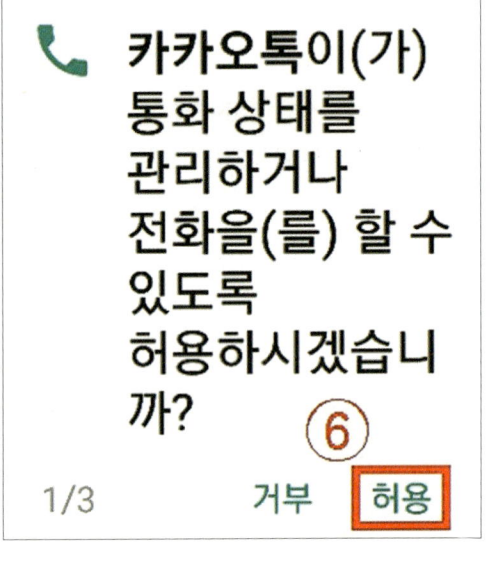

- 카카오톡이 기기나 사진, 미디어, 파일에 접근할 수 있도록 **허용**을 누릅니다.
- 카카오톡이 주소록에 접근할 수 있도록 **허용**을 누릅니다.

⑦ 이용약관에 전체동의 사항을 체크합니다. **필수사항만** 체크해도 **무방**합니다.

⑧ **동의하고 계속 진행합니다**를 누릅니다.

⑨ **본인의 전화번호**를 입력하고

⑩ **확인**을 누릅니다.

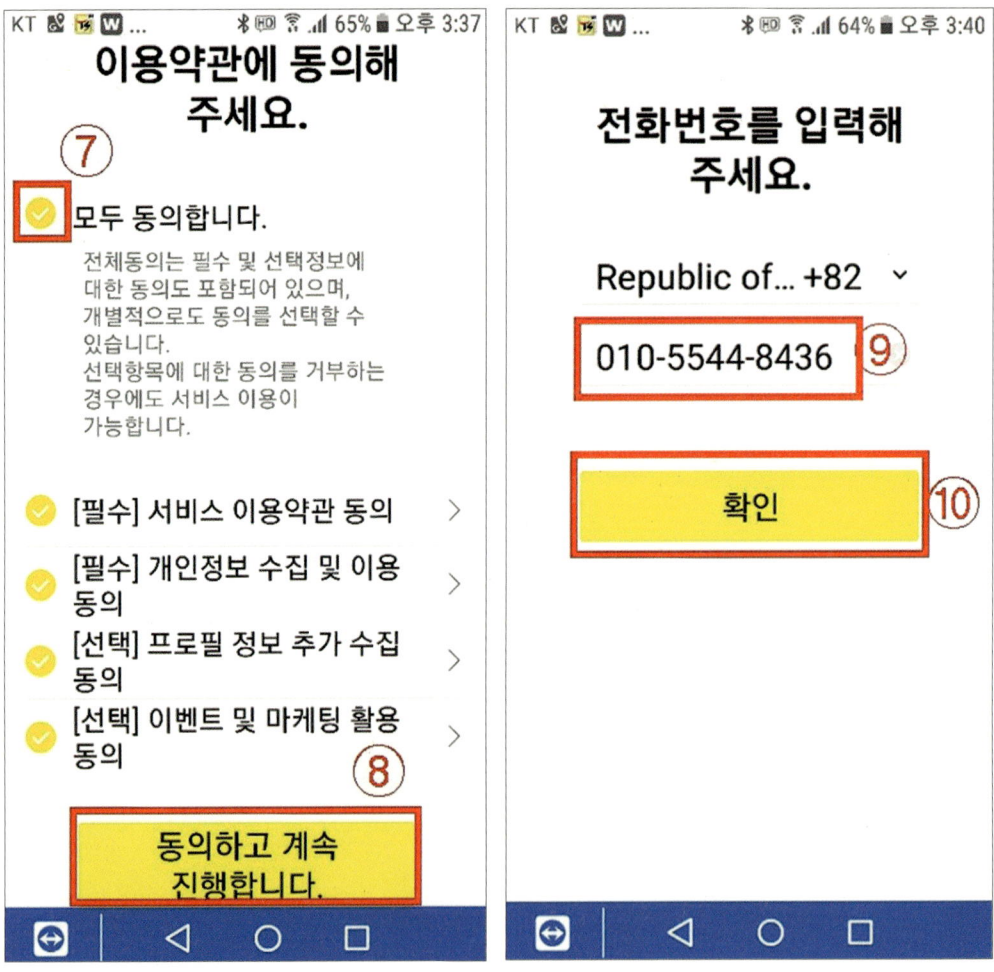

⑪ 인증번호를 보내오면 **확인**을 누릅니다. 이제 **카카오톡**을 **시작**할 수 있습니다

2. 카카오톡 화면 구성

① 카카오톡 화면 구성을 살펴보면 **친구목록**, **채팅**(대화방), **검색**(#), **더보기**(…)로 구성되어 있습니다.

② **사람 모양**의 아이콘에 **+표시**는 친구를 추가할 수 있다는 뜻입니다.

③ **톱니바퀴** 아이콘은 환경설정을 뜻합니다.

④ **검색**(#)을 선택하여 뉴스나 기타 필요한 검색을 할 수 있습니다.

⑤ **더보기**(…)를 선택하여 카카오톡에서 제공하는 기능을 선택할 수 있습니다.

3. 카카오톡 시작 친구 찾기

① 사람 모양의 **친구** 아이콘을 선택하고 화면을 위·아래로 움직여 가며 **대화상대**를 찾습니다.
② 친구 목록은 **가나다순**으로 되어 있습니다.

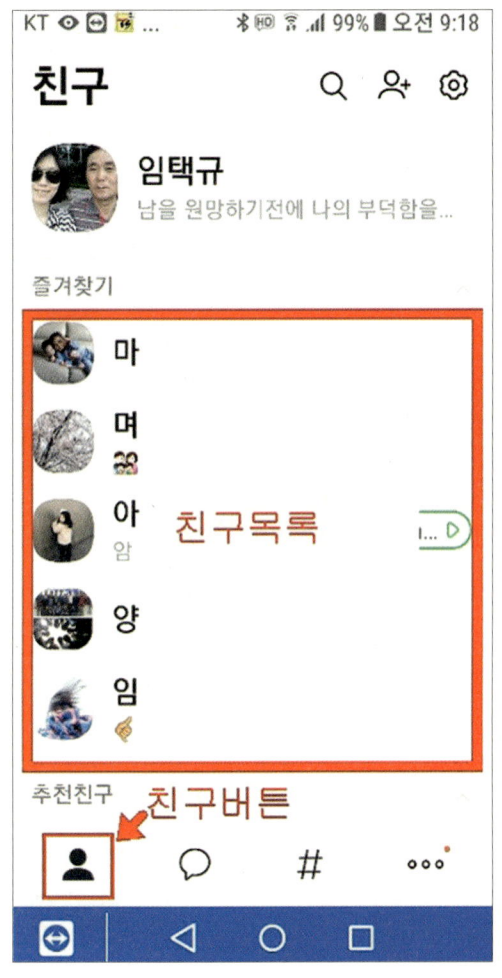

③ 돋보기 모양을 누르고 **첫 글자를 입력**하고 화면을 위·아래로 움직여 친구를 찾습니다.

④ **성과 이름의 초성**만 입력하면 바로 찾고 싶은 친구를 찾을 수 있습니다.

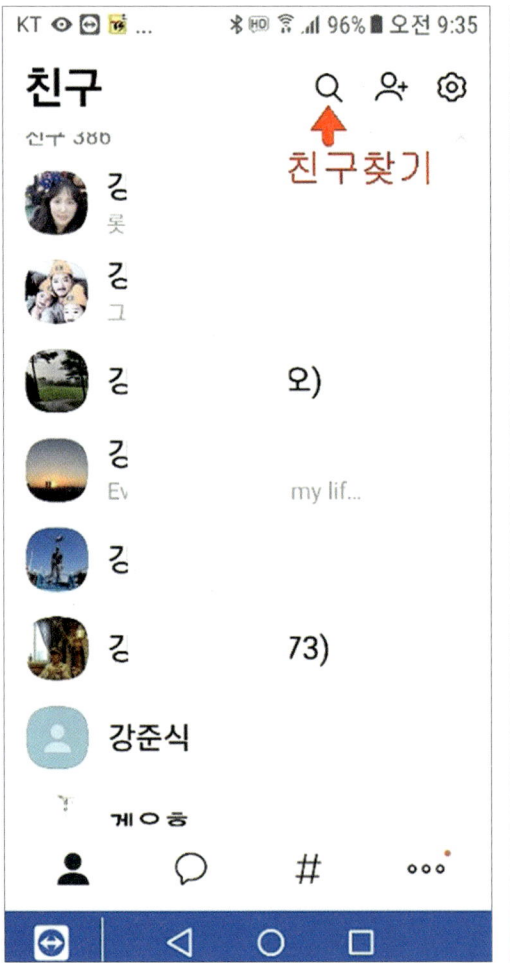
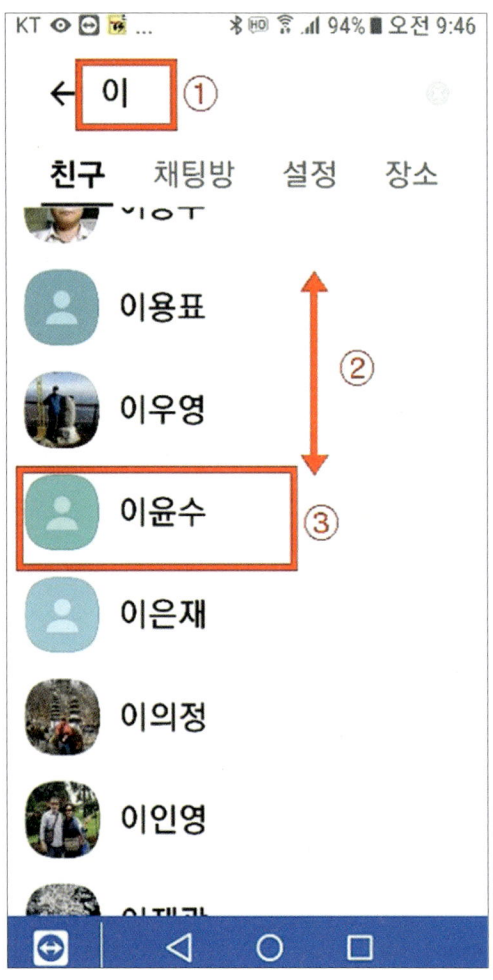

2. 카카오톡으로 소통하기

카카오톡을 통해 다양한 방식으로 소통할 수 있습니다.

1. 문자 보내기

① 친구목록에서 **친구선택**을 합니다.
② 1:1 **채팅**을 선택합니다.

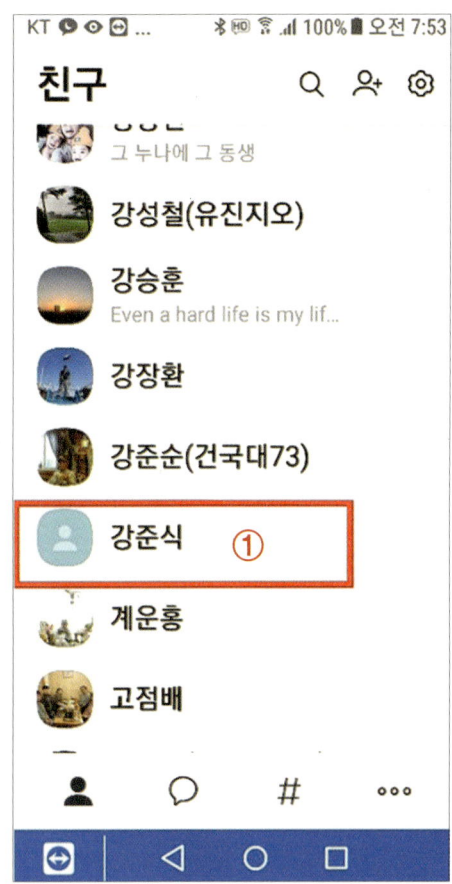

③ 아래 ┼ 옆의 입력란에 자판을 이용해서 보낼 **내용**을 입력합니다.

④ 입력란 옆의 **보내기**(종이비행기 모양)를 눌러 보내기를 합니다.

⑤ 노란색 글씨가 보낸 **내용**입니다. 옆의 작은 1 표시는 상대가 아직 읽지 않았다는 뜻입니다.

2. 사진 찍어 보내기

① 친구목록에서 사진을 **보내줄 친구**를 선택합니다.

② **1:1채팅**을 선택합니다.

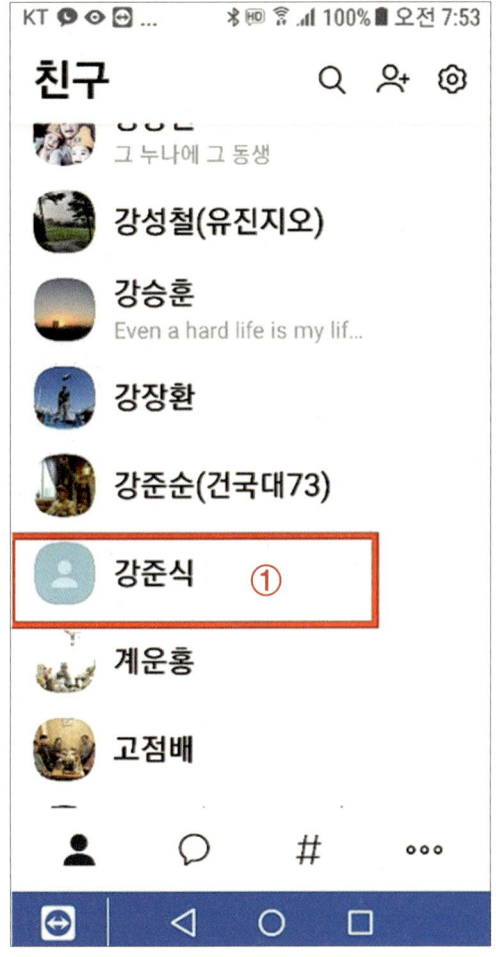 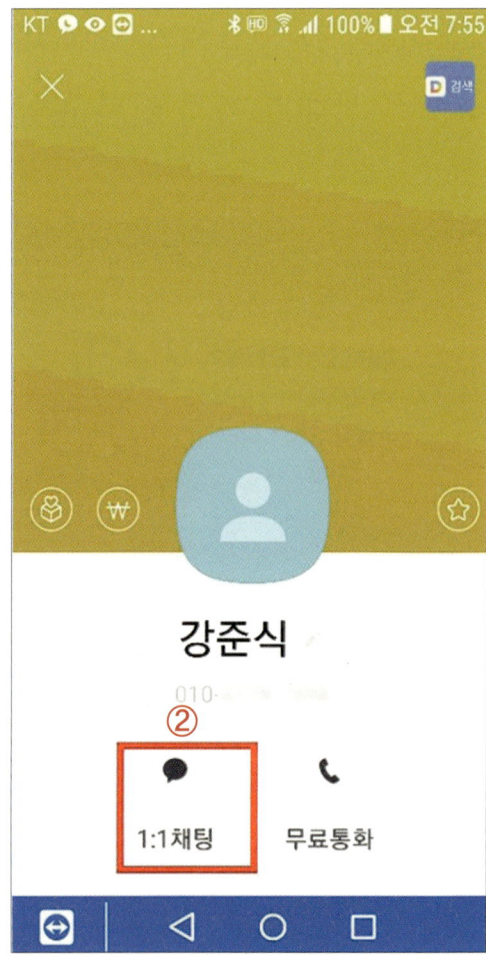

③ 입력란 옆의 + 버튼을 누릅니다.

④ **카메라**를 선택합니다.

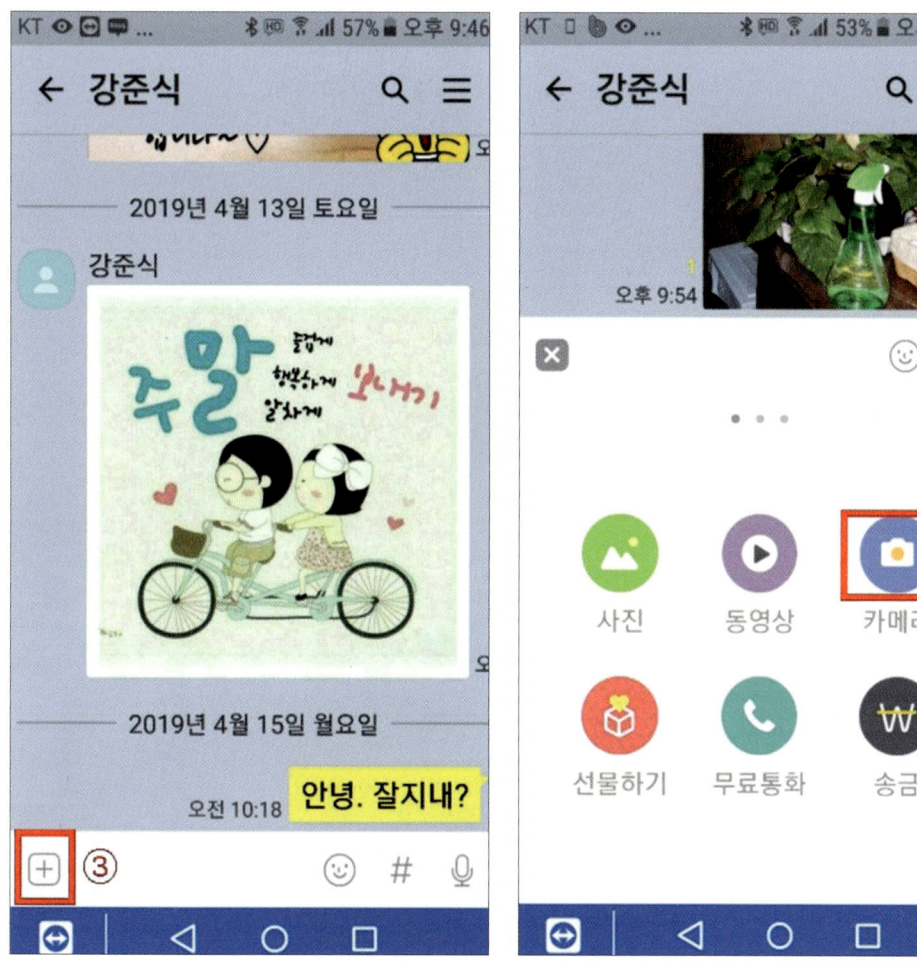

⑤ **사진 촬영**을 선택합니다.

⑥ 사진을 촬영하고 **확인**을 누릅니다.

⑦ 편집을 원하면 편집하고, 편집을 원치 않으면 바로 **전송**을 누릅니다.

⑧ 보낸 사진이 보입니다.

3. 무료 음성전화/화상전화하기

① 친구목록에서 전화할 **친구**를 선택합니다.

② **무료통화**를 선택합니다.

③ **보이스톡**을 선택합니다.

④ 신호가 가는 것을 확인할 수 있습니다.

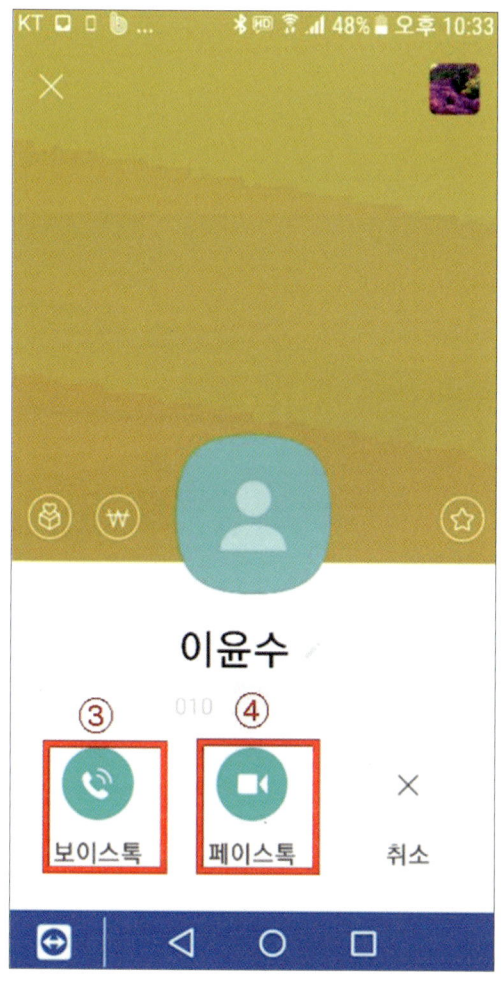 

● 무료 화상전화하기

→ 처음 두 단계는 음성전화와 똑같습니다.

① **페이스톡**을 선택합니다.
② 연결되는 것을 확인할 수 있습니다.

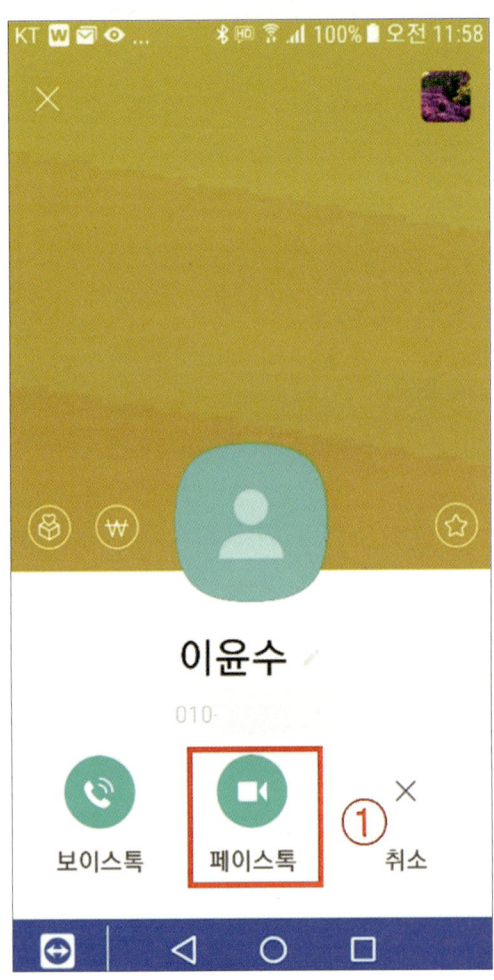 

3. 카카오톡으로 정보 전달하기

카카오톡을 통해 다양한 정보를 전달할 수 있습니다.

1. 연락처 보내기

① 친구 목록에 연락처를 **받을 친구**를 선택합니다.

② 1:1 **채팅**을 선택합니다.

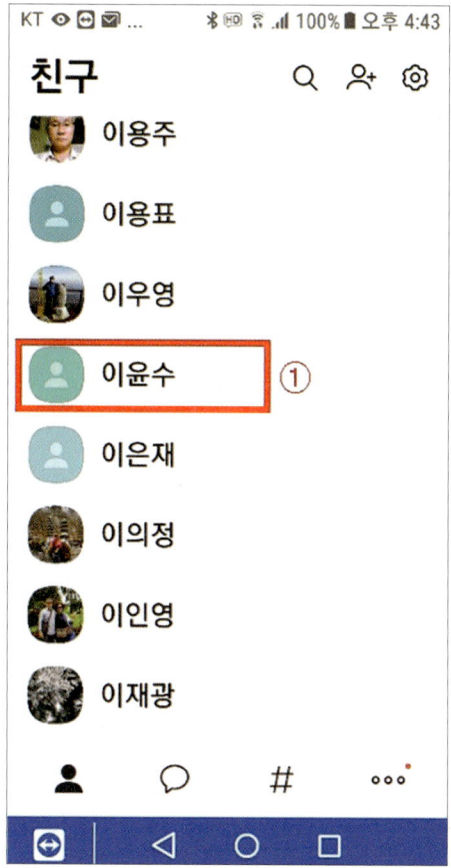 

③ 입력란 옆의 + 을 누릅니다.

④ 여러 아이콘 중에 연락처를 찾고, 없으면 옆의 〉를 누릅니다.

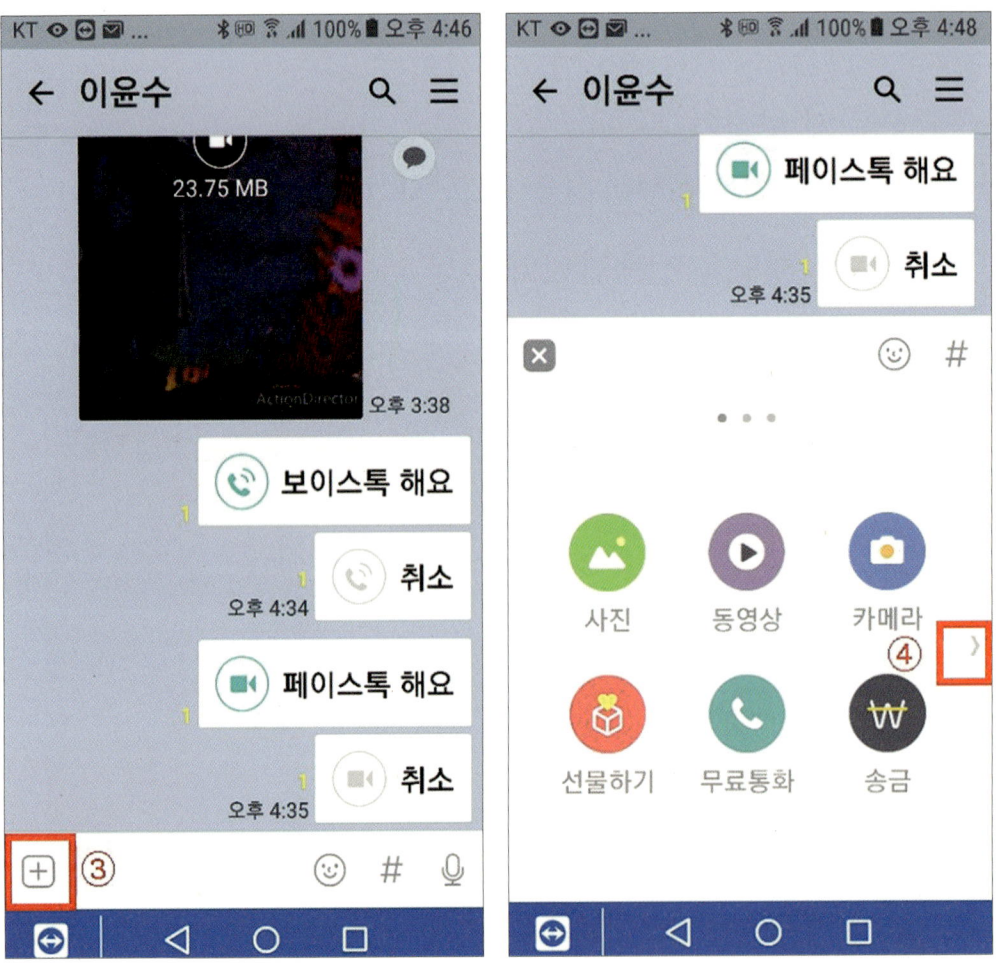

⑤ **연락처**를 선택합니다.

⑥ **연락처 보내기**를 선택합니다.

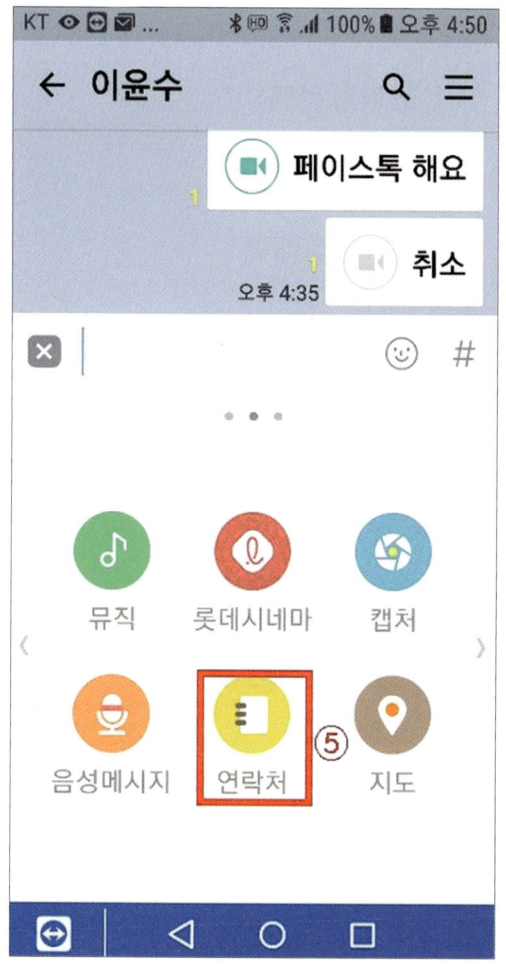 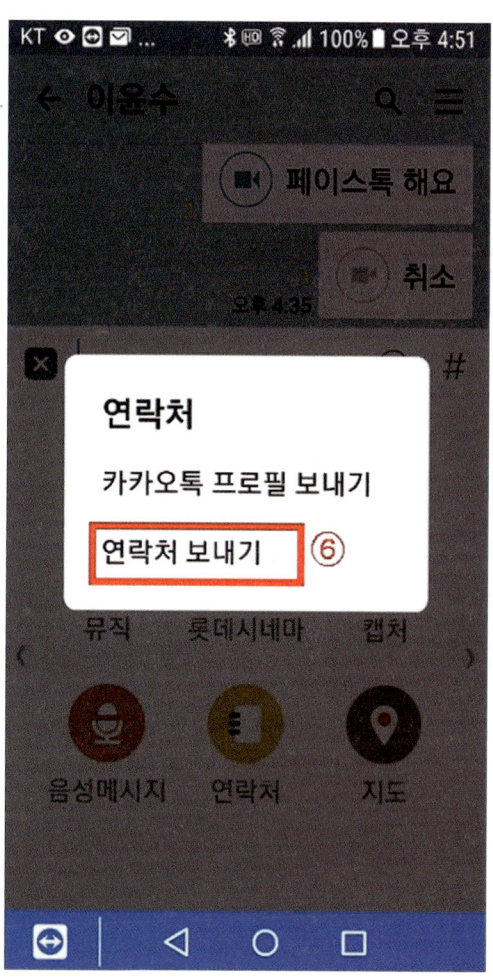

⑦ 친구 목록에서 친구를 **검색**하거나
⑧ 화면을 위·아래로 움직여 **보내줄 친구**를 찾습니다.
⑨ 친구를 **선택**합니다.

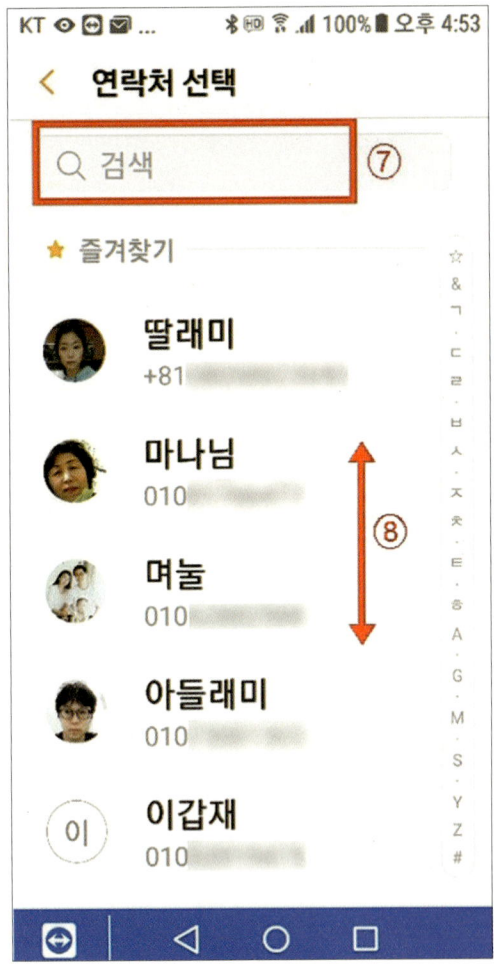
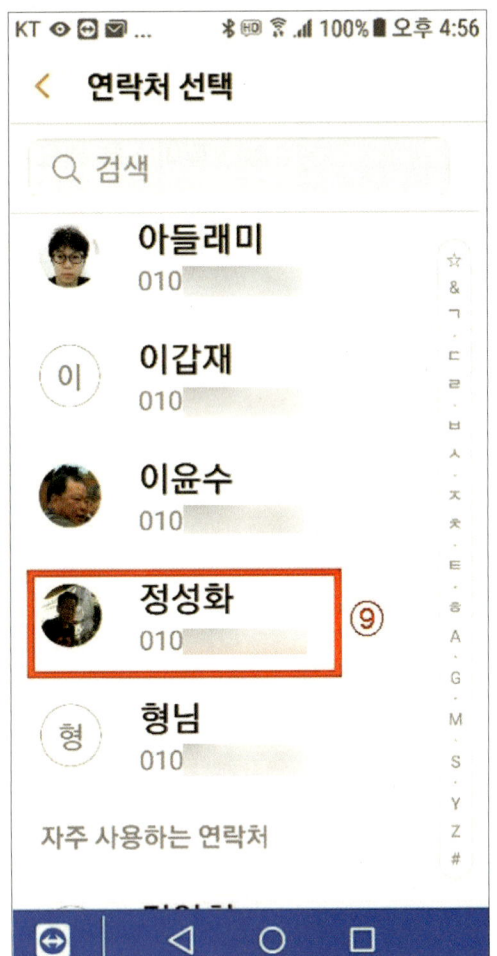

⑩ 친구의 연락처가 보이면 **전송**을 누릅니다.
⑪ **보내진 연락처**가 보입니다.

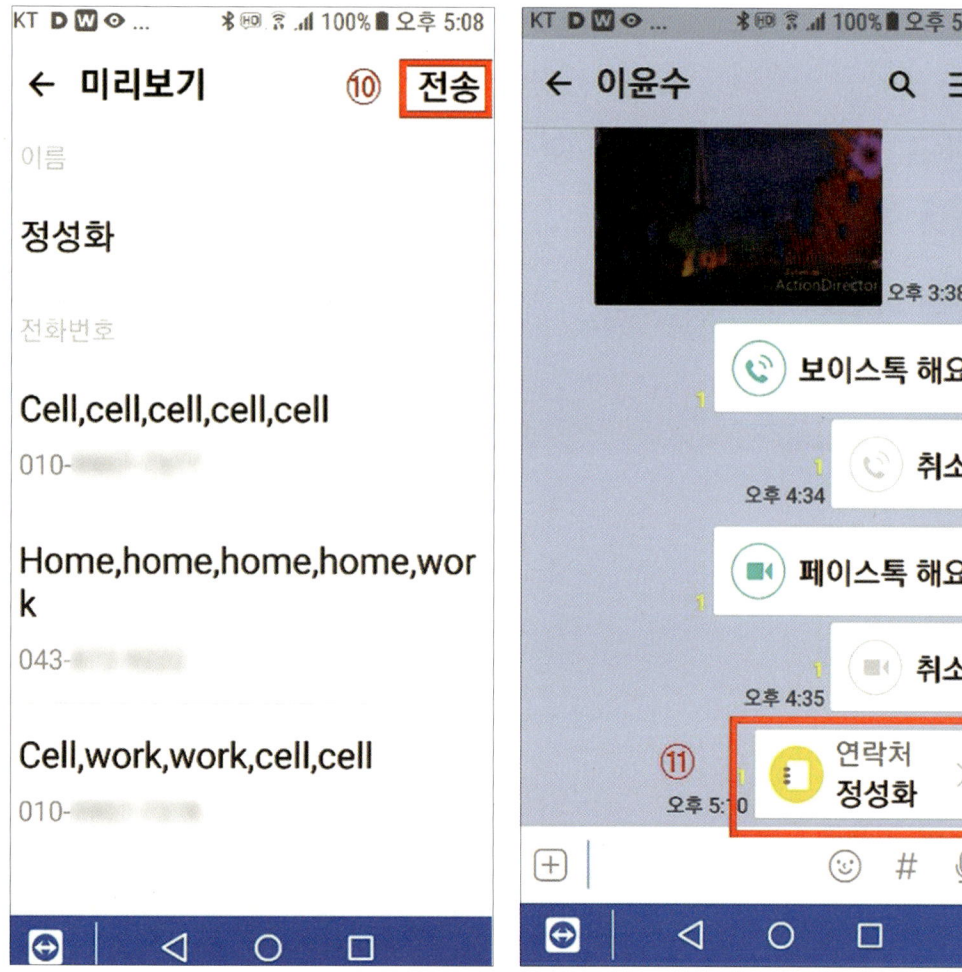

2. 갤러리 사진 공유하기

① 친구 목록에서 **공유할 친구**를 선택합니다.

② 1:1 **채팅**을 선택합니다.

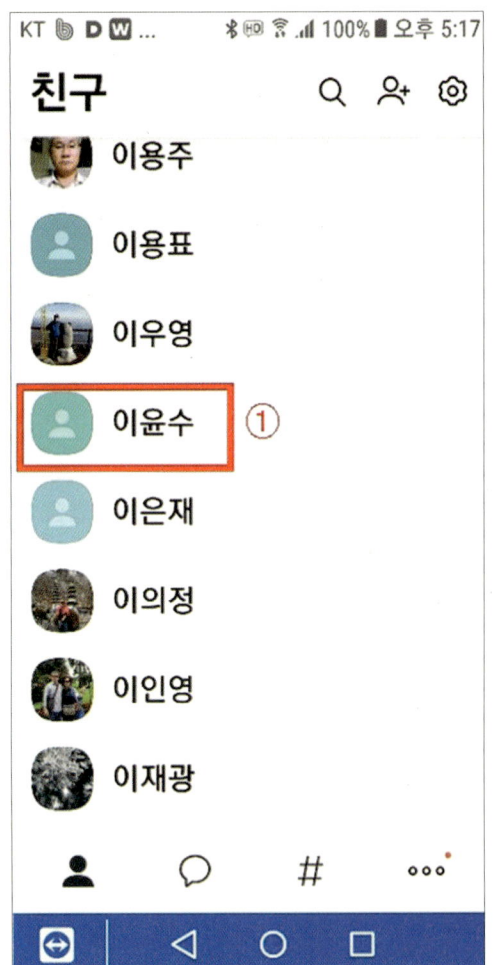 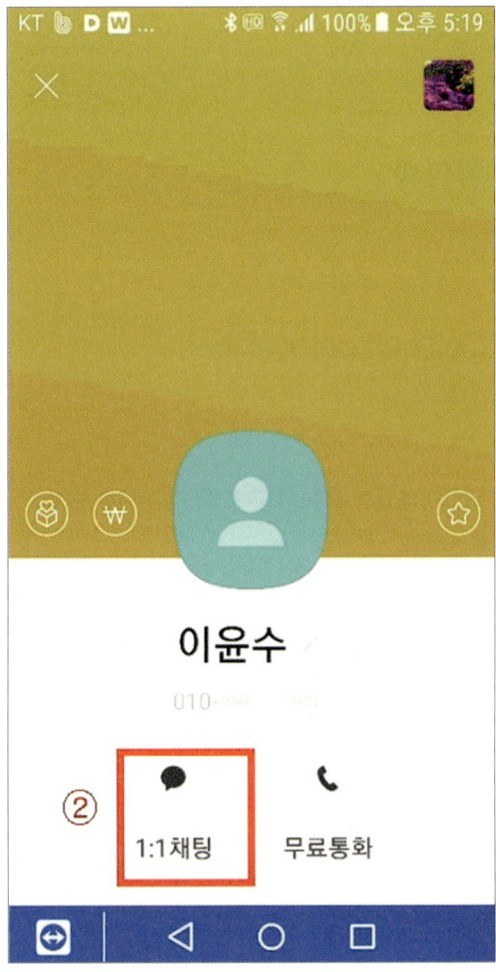

③ 입력란 옆의 + 을 누릅니다.
④ **사진**을 선택합니다.

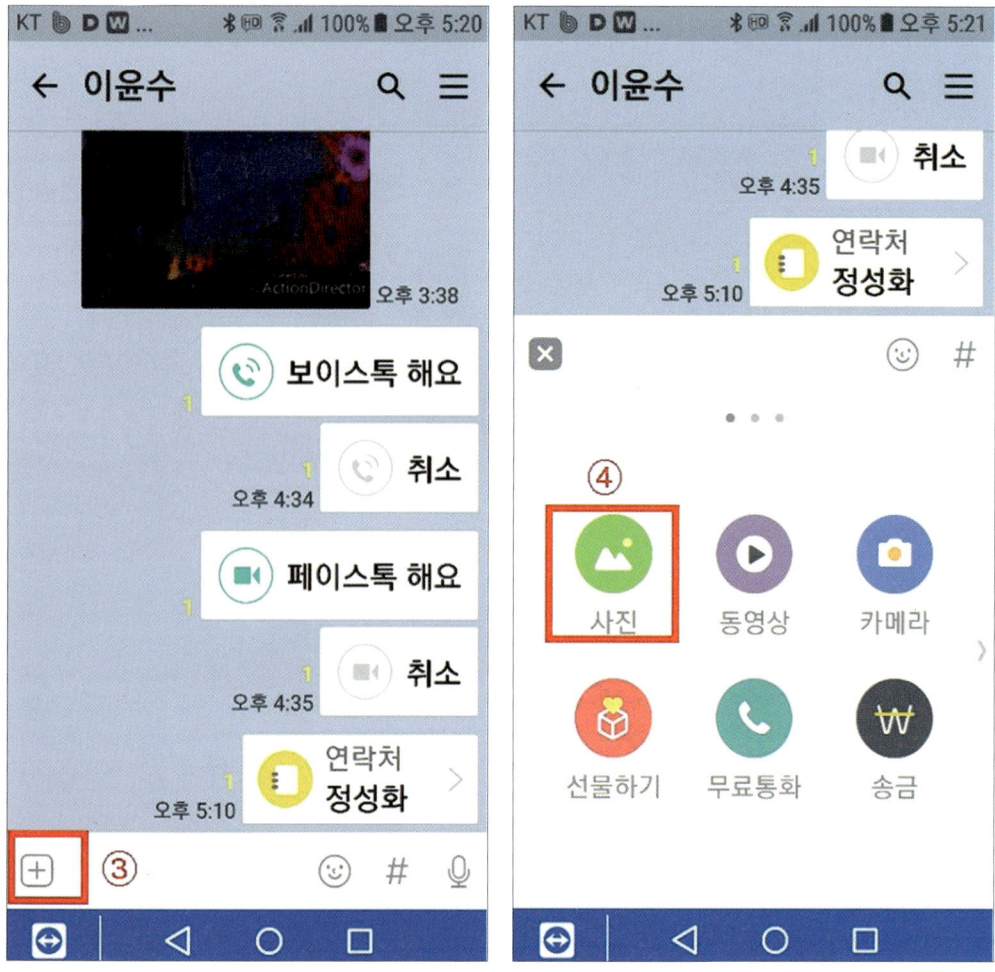

⑤ **전체보기**를 누릅니다.

⑥ **공유할 사진**을 선택합니다.

⑦ **전송**을 누릅니다. 이때 전송 옆에 노란색 숫자는 보낼 사진의 수입니다.

⑧ 공유한 사진이 보입니다.

3. 내 위치 알려주기

① 위치를 **알려줄 친구**를 찾아 선택합니다.

② 1:1 **채팅**을 선택합니다.

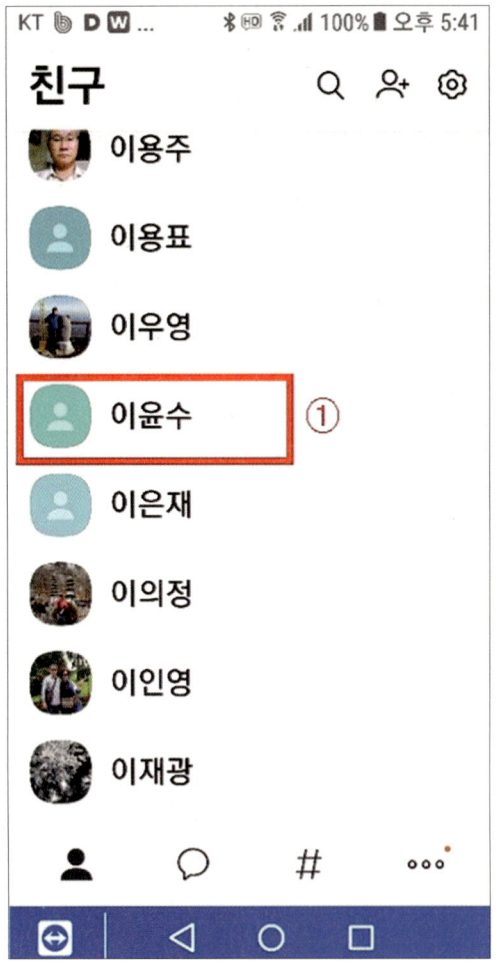

③ 입력란 옆의 +을 누릅니다.

④ 옆의 〉를 누릅니다.

⑤ **지도**를 선택합니다.
⑥ **허용**을 선택합니다.

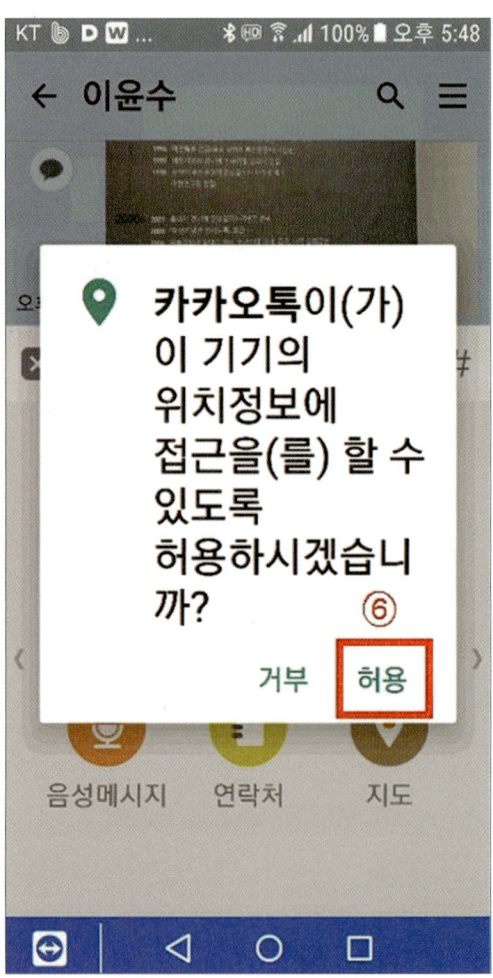

⑦ 지도 위의 **위치정보 보내기**를 누릅니다.

⑧ **위치표시**와 **주소**가 보내진 것을 확인할 수 있습니다.

 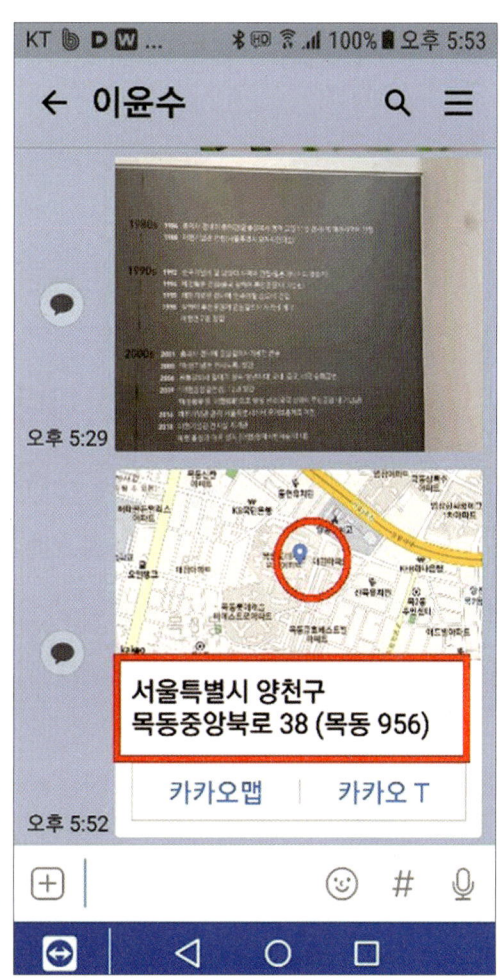

4. 카카오톡 제대로 활용하기

문자 전송 외의 다양한 기능을 활용할 수 있습니다.

1. 사진 묶어 보내기
① 친구 목록에서 사진을 **보내줄 친구**를 찾아 선택합니다.
② 1:1 **채팅**을 선택합니다.

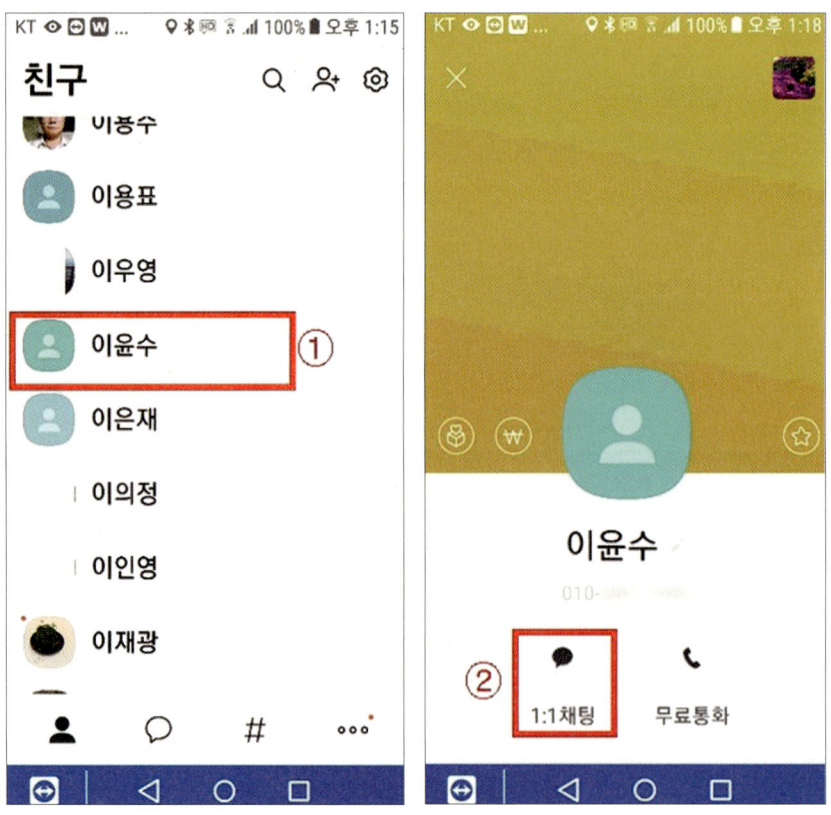

③ 입력란 옆의 + 을 누릅니다.

④ **앨범**을 선택합니다.

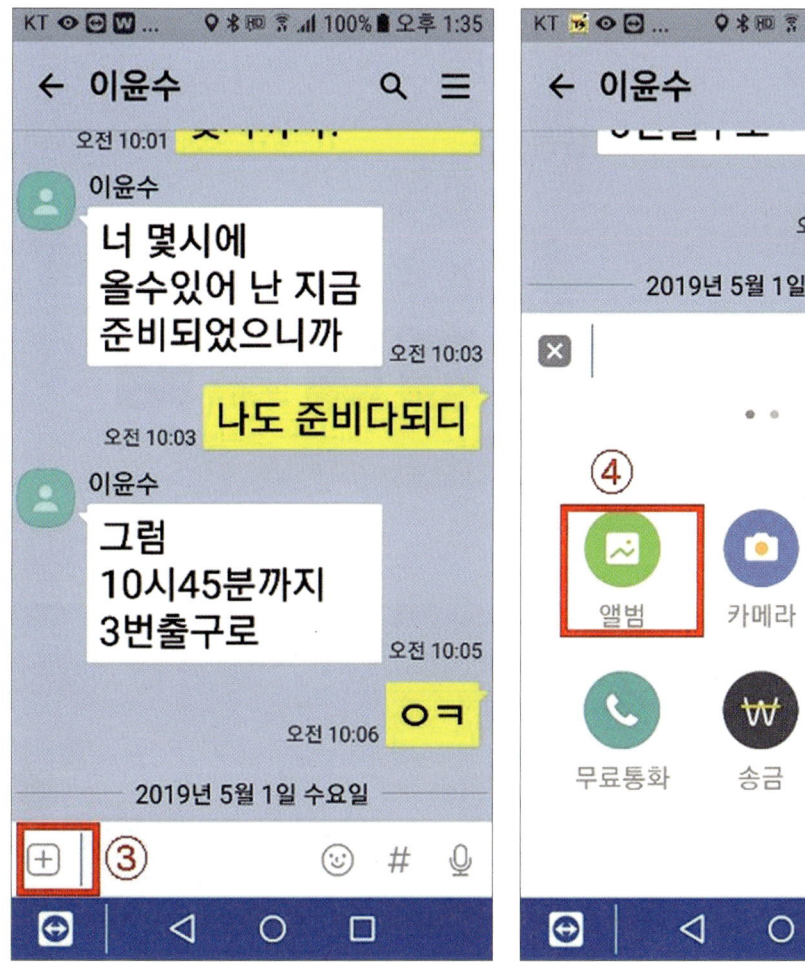

⑤ **전체보기**를 누릅니다.

⑥ 보낼 **사진**을 선택합니다.

⑦ **사진 묶어보내기**를 체크합니다.

⑧ **전송**을 누릅니다. 전송 앞의 노란색 숫자는 보낼 사진의 수를 표시합니다.

⑨ 묶어 보낸 사진을 확인할 수 있습니다.

2. 뉴스 보기

① 검색(#)을 선택합니다.

② 화면을 위·아래로 움직여 **읽을 뉴스를 선택**하거나

③ 검색창에 검색어를 입력합니다.

④ 검색창에 **검색어를 입력**합니다.

⑤ **돋보기 모양**을 누릅니다.

⑥ 뉴스 검색 결과가 보입니다.

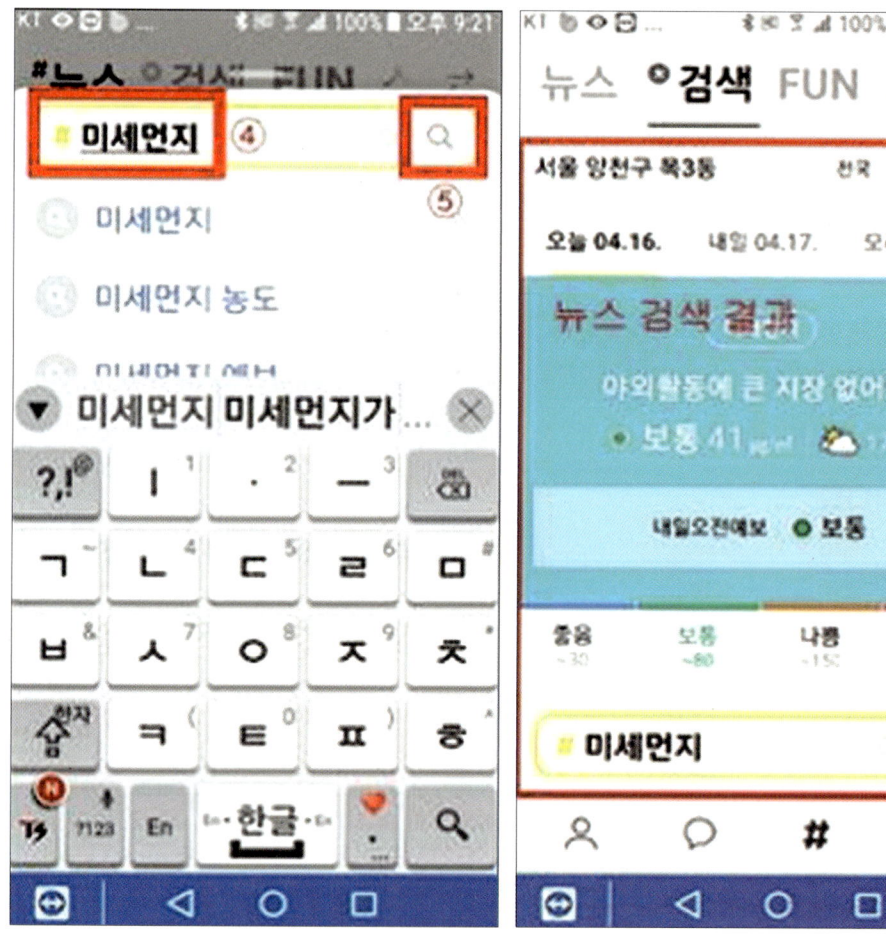

3. 카카오톡으로 지하철 이용하기

① **더보기** 창을 선택합니다.

② **전체 서비스**를 선택합니다.

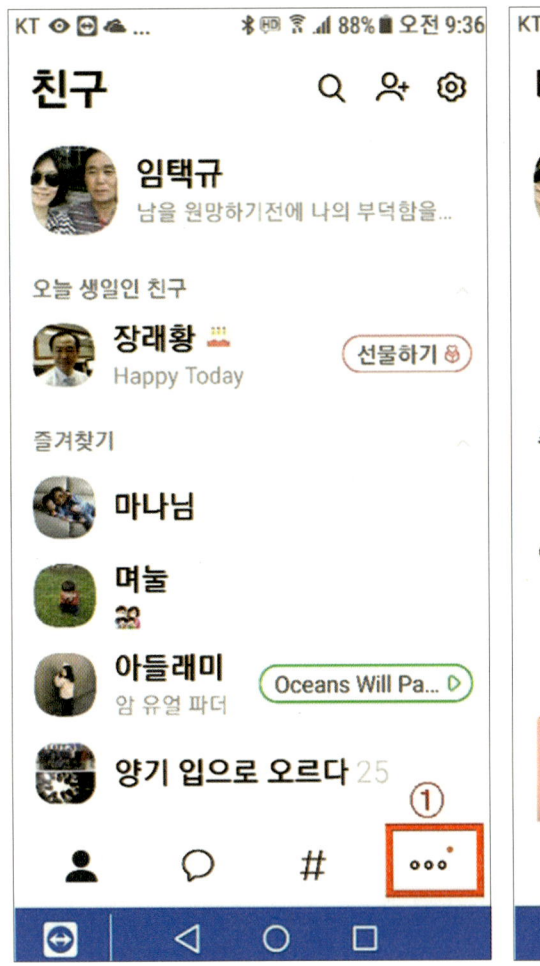

③ 화면을 **위로 올려가며** 카카오 지하철을 찾습니다.

④ **카카오지하철**을 선택합니다.

⑤ 검색란에 **출발할 역**을 적어 넣습니다.

⑥ 출발역이 여러 노선에 있을 경우 **해당 노선의 역**을 선택합니다.

⑦ 선택한 역을 **출발역**으로 지정합니다. 노선도에서 바로 선택할 수 있습니다.

⑧ **도착역**을 설정합니다.

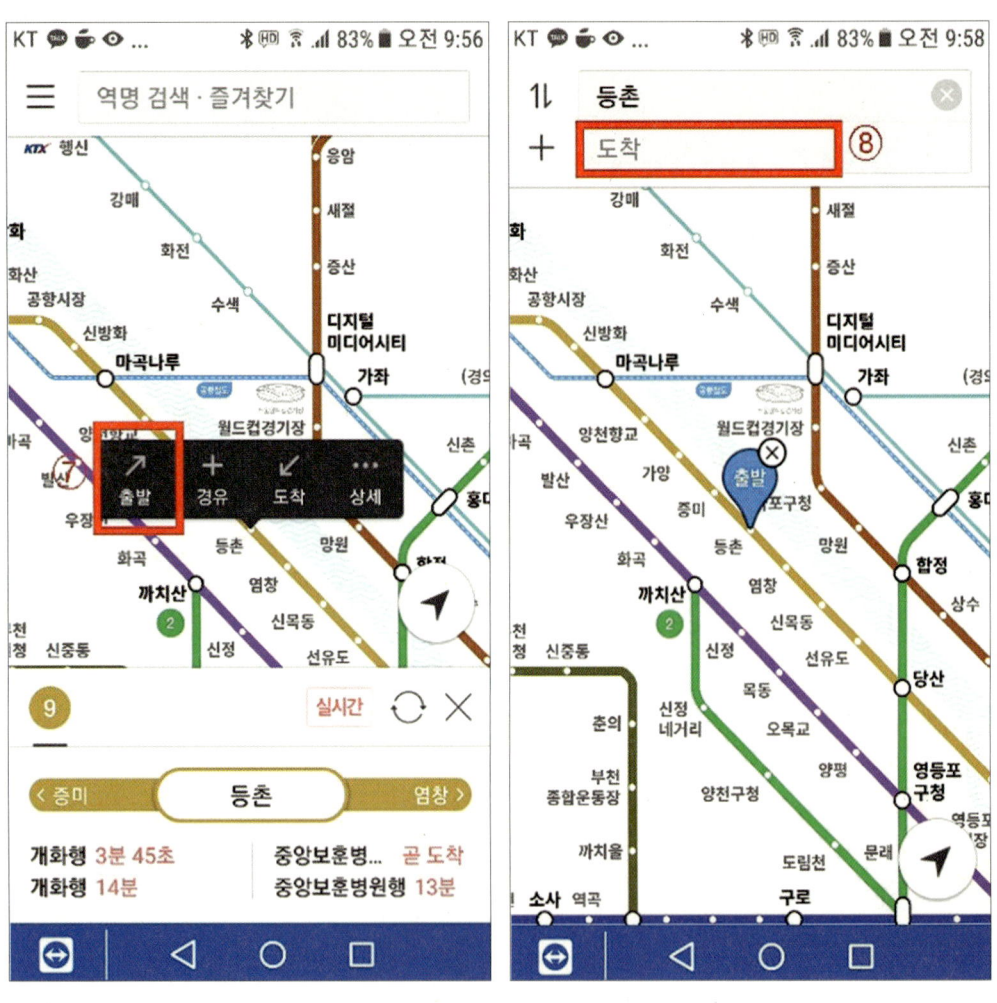

⑨ 노선이 여럿일 경우 **해당 노선**을 선택합니다. 도착 정보가 나타납니다. 소요시간, 환승횟수, 요금, 도착 시간, **빠른 환승**을 위한 차량 위치, 내리는 문 위치 등의 정보를 알 수 있습니다.

⑩ 시계 모양을 선택하여 **알람**을 설정할 수 있으며, 알람기능은 **환승 1개 전 역**에서 진동으로 알려주고, 도착역에서 또 알려줍니다.

⑪ **도착 시간 공유하기**를 눌러 상대방에게 **도착 시간**을 알려줄 수도 있습니다.

 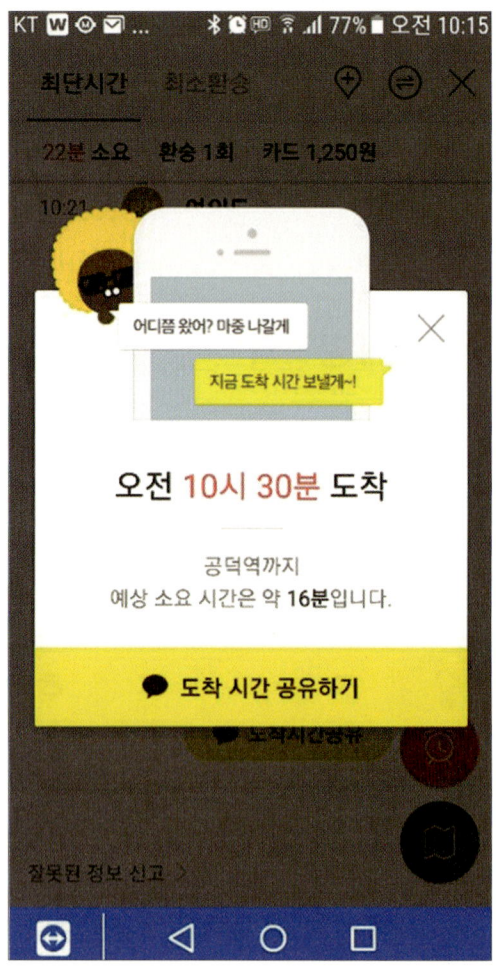

제8장
인터넷 정보 검색하기

네이버

- NAVER = Navigate + er
- 국내 시장 점유율 1위 인터넷 포털 사이트
- 제공 서비스
  검색, 사전, 커뮤니티, 뉴스, 생활, 문화, 쇼핑, 웹툰, 지도
- 대표 서비스 – 지식iN
  사용자가 올린 질문이나 궁금한 내용에 대해 다른 사용자들이 자발적으로 답을 달면서 지식을 주고받는 서비스

〈학습 목표〉

- 일상적인 네이버 정보탐색 기능들을 사용할 수 있고,
- 바로 가기 서비스, 그린닷 등 새로운 네이버 기능을 이해하여,
- 사용자 편의에 맞게 네이버 홈 화면을 변경할 수 있도록 합니다.

1. 홈 화면

스마트폰 홈 화면에서 NAVER 아이콘을 찾아 탭하면 네이버 홈 화면을 접합니다.

* 네이버 홈 화면 – 기본화면

① 네이버 앱 버튼 – 다양한 네이버 앱

② 검색창

③ 그린닷 버튼 – 관심 있는 주제 정보 검색

④ 쇼핑N페이 – 쇼핑은 왼쪽에서

⑤ 뉴스-콘텐츠 – 뉴스는 오른쪽에서

2. 뉴스 보기

① 뉴스는 네이버 홈 화면 오른쪽 하단 '뉴스-콘텐츠'를 탭하거나

② 화면 중앙 부분을 터치하여 길게 왼쪽으로 밀면 신문사 또는 방송사가 직접 편집한 뉴스를 구독할 수 있습니다.

* **구독하기**

① '매체를 선택해서 보세요'를 탭하면 내가 선호하는 신문사 또는 방송사가 직접 편집한 뉴스를 구독할 수 있습니다.

② 언론사 이름 옆 '+' 버튼을 누르면 선택할 수 있습니다.

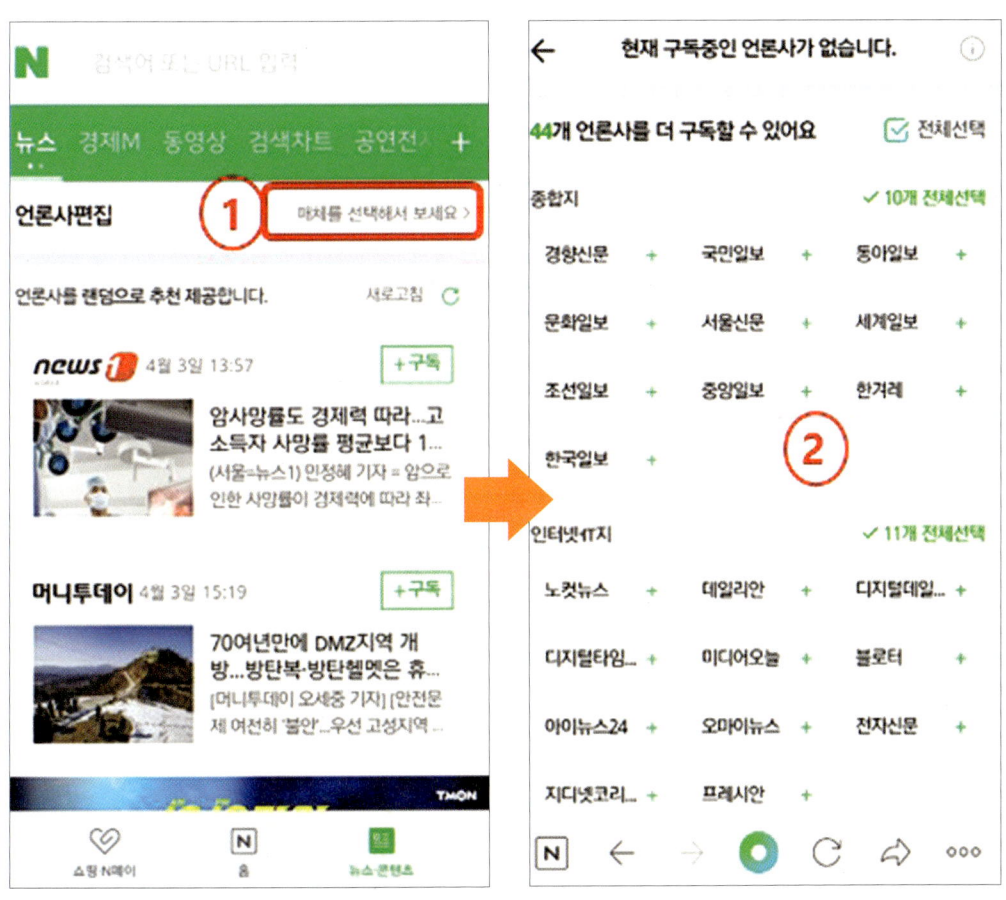

* **구독순서 변경**

① '순서변경'을 이용하면 선택한 언론사별 뉴스를 구독 순서에 따라 화면을 위로 올리면서 확인할 수 있습니다.

② 왼쪽 화면에서 '조선일보' '한겨레' '노컷뉴스' '한국경제'를 선택하였습니다.

③ '노컷뉴스' '한겨레' '조선일보' '한국경제' 차례로 순서 변경하였습니다.

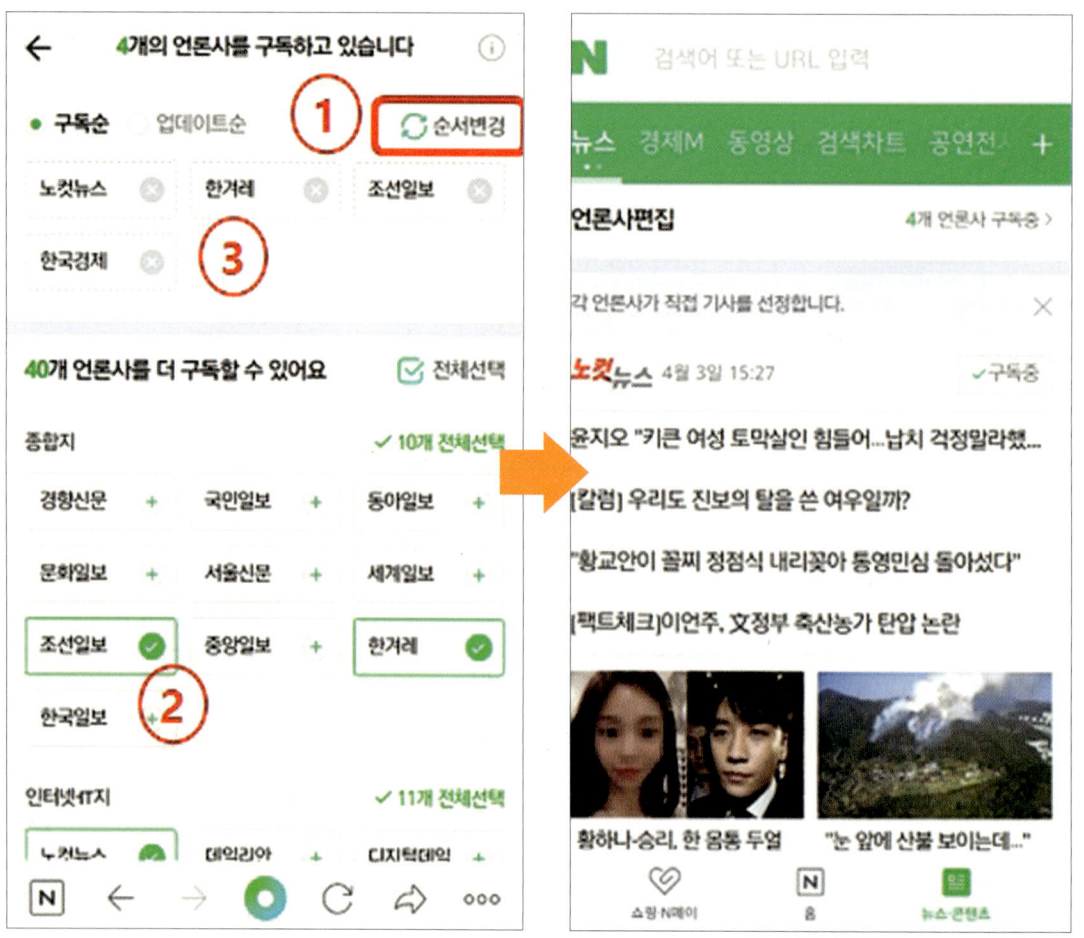

3. 관심 있는 주제만 검색

① 네이버 홈 화면 오른쪽에 하단 '뉴스-콘텐츠'를 탭하거나
② 화면 중앙을 길게 왼쪽으로 누르면
③ 뉴스-콘텐츠 화면에서 '+' 버튼을 눌러 관심 있는 주제를 선택할 수 있습니다.

제8장. 인터넷 정보 검색하기 181

* 왼쪽 화면에 여러 개 보이는 서비스 항목 중에서 관심 있는 주제를 길게 눌러 원하는 위치로 끌어당기면 순서도 바꿀 수 있습니다.

- 오른쪽 화면처럼 원하는 뉴스-콘텐츠를 순서대로 변경할 수 있습니다.

4. 빠르게 검색하기

① 네이버 홈 화면에서 검색창을 터치하면 오른쪽처럼 '검색어 또는 URL 입력' 화면을 만나볼 수 있습니다.
② 검색어를 입력하다 보면 연관 검색어 포함 최근 검색어를 볼 수 있습니다.
③ 음성인식, 이미지인식, 내 주변 정보 검색기능입니다

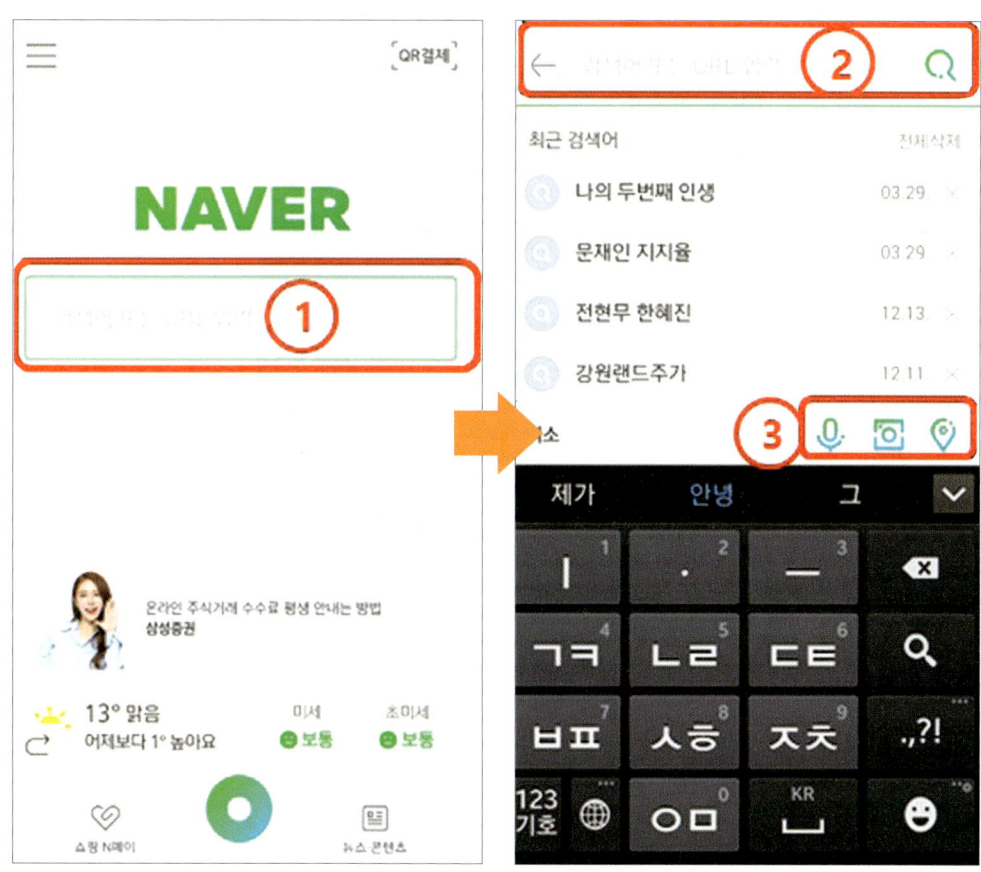

* 검색어 입력화면에서 검색어를 입력할 수 있고, 키보드 변환으로 영어 입력, 숫자 입력도 가능합니다.

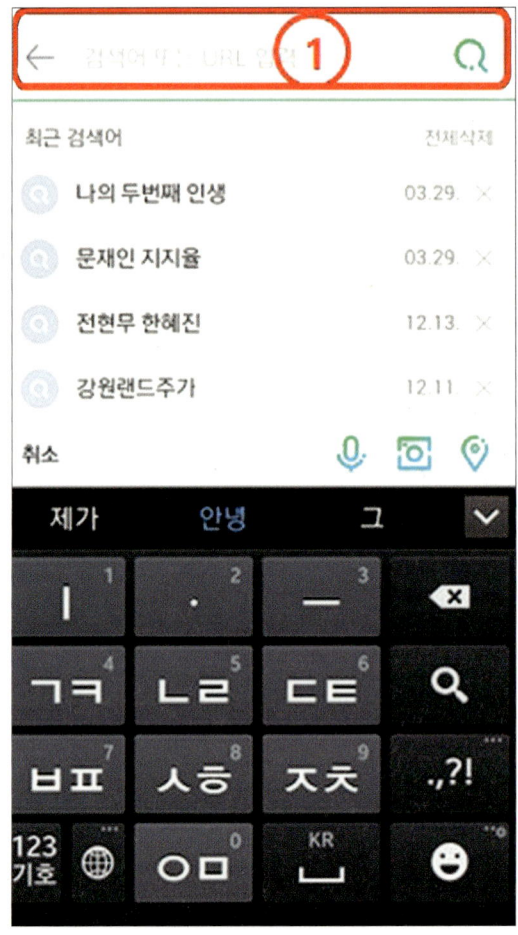

5. 음성인식 검색

① 음성인식 버튼을 탭하면 오른쪽 화면과 같이 음성인식 화면이 등장하고
② '지금 말해주세요' 화면에서 큰 소리로 또박또박 원하는 검색어를 말해 보세요.

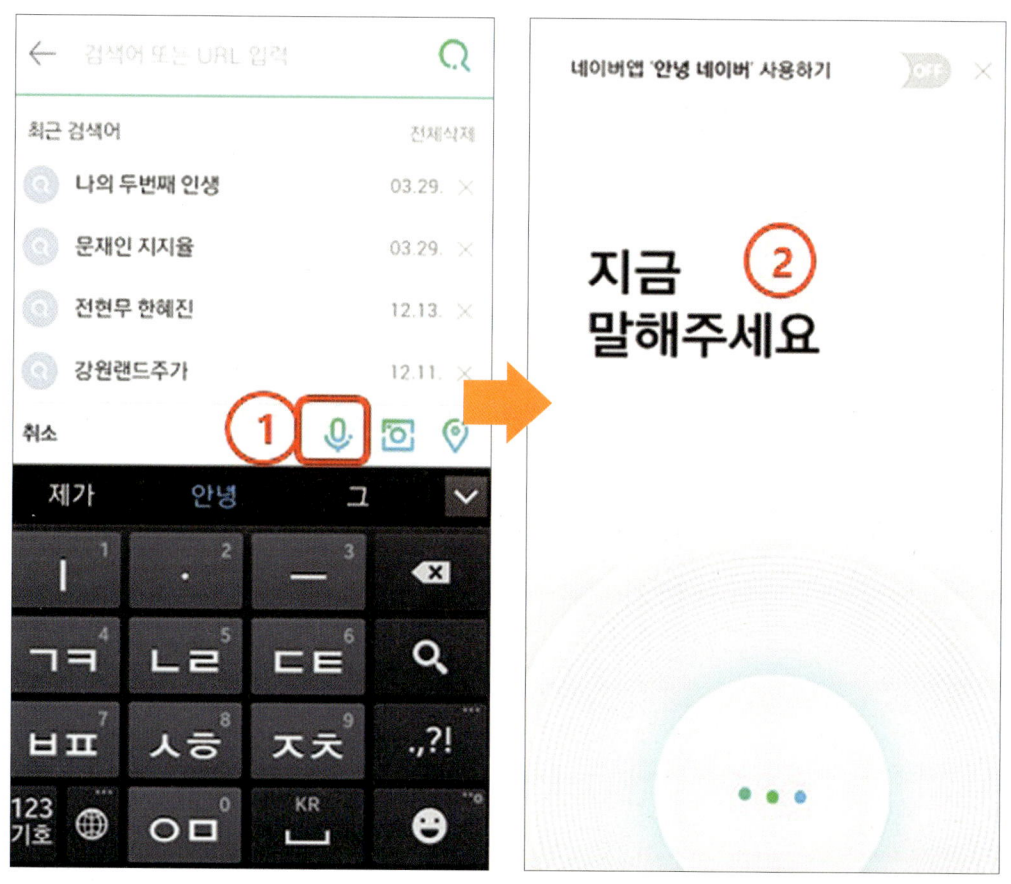

* 네이버 음성인식 검색 – 날씨 정보

① '오늘 날씨'라고 말하면 정확히 인식하여 '오늘 날씨'라고 확인해 줍니다.

② 바로 이어서 날씨 정보를 음성으로 들려줍니다.

'오늘 날씨는 맑아요.'

'어제보다 따뜻해요.'

'미세먼지는 보통수준이에요.'

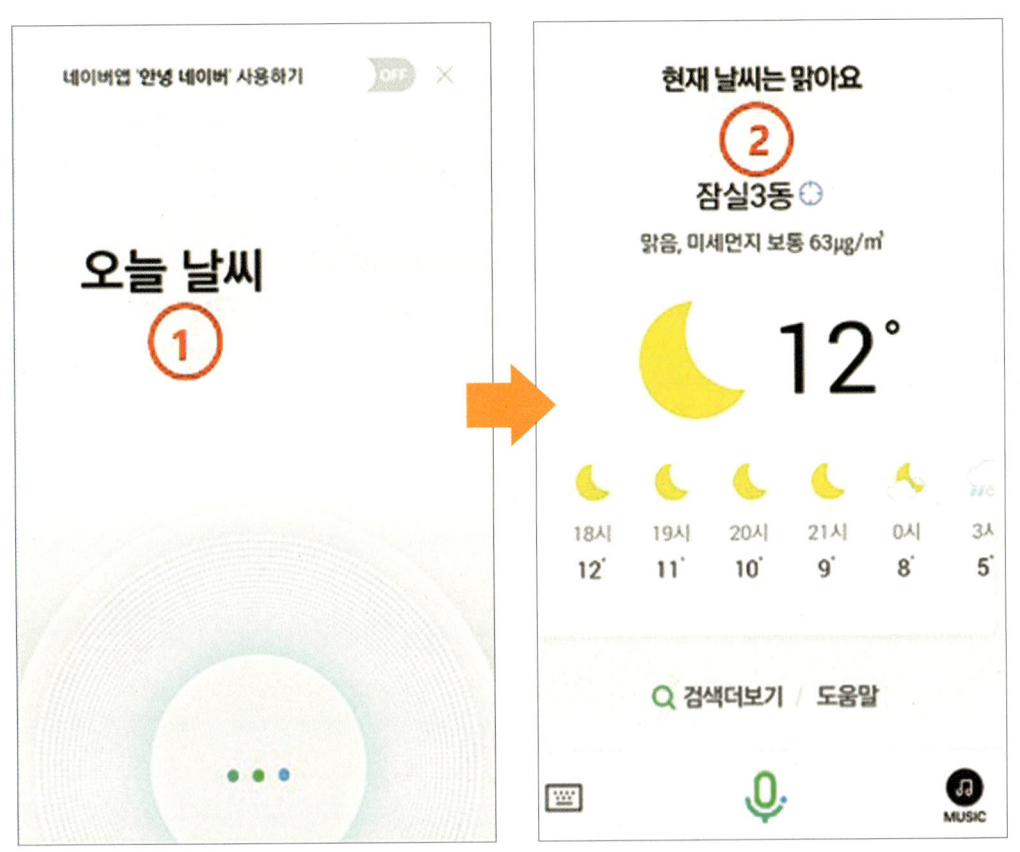

6. 내 주변 검색

① '내 주변' 검색 버튼을 탭하면
② 오른쪽 화면처럼 내 주변 정보를 볼 수 있습니다. 맛집/카페/디저트/술집/바/배달

화면을 위로 올리면서 많은 정보들을 확인해 보세요.

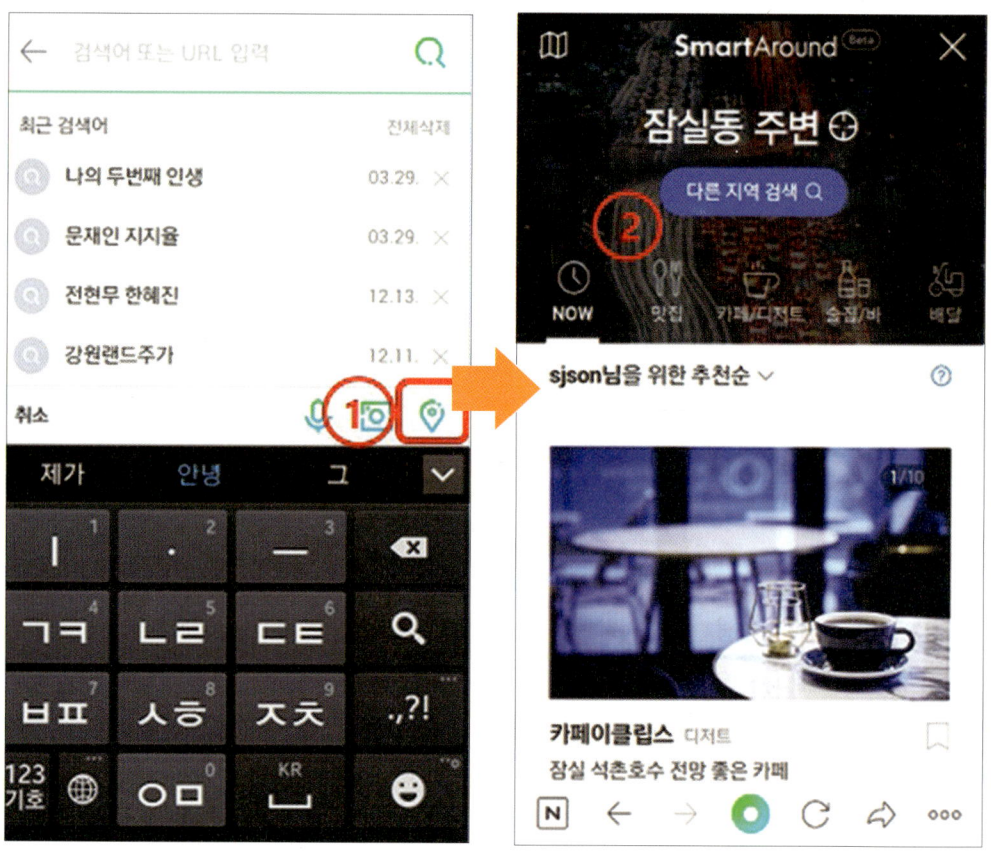

7. 그린닷 버튼

① 스마트폰 홈 화면에서 초록색 버튼 '그린닷'을 탭하면 다양한 검색방법으로 원하는 정보를 찾을 수 있는 화면으로 이동합니다.

바로 가고 싶은 서비스나 페이지로 한 번에 이동할 수 있습니다.

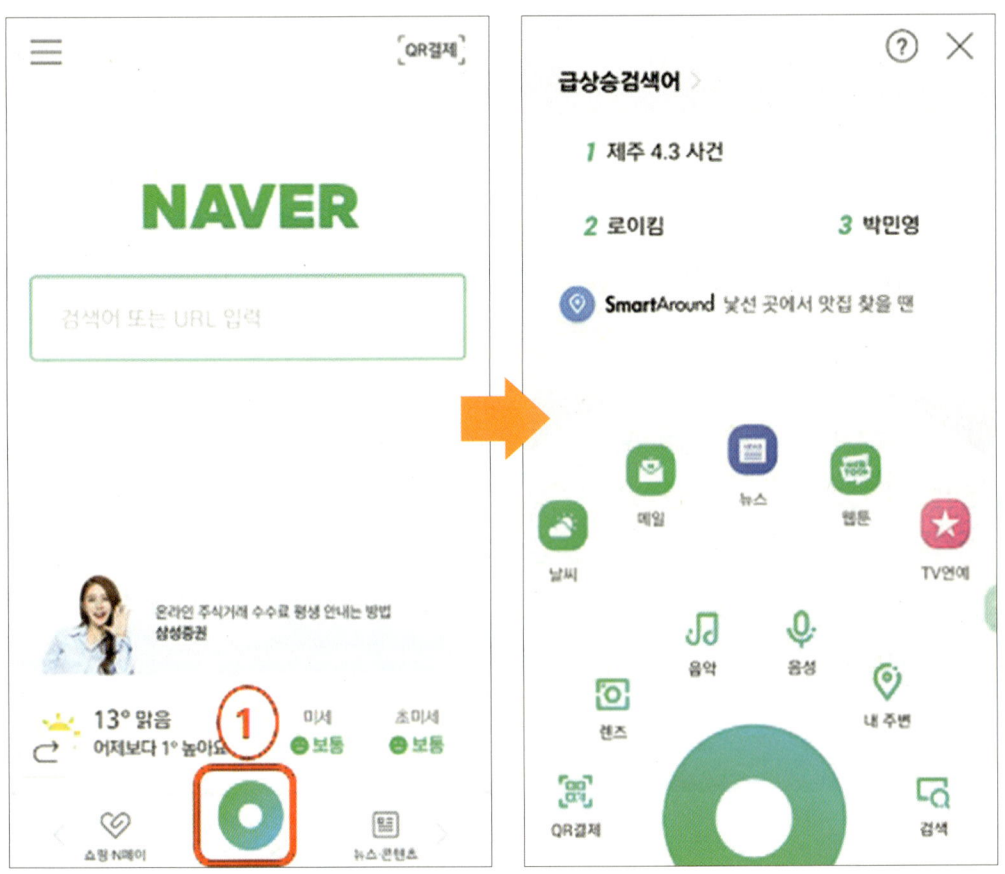

8. 급상승 검색어

① 그린닷 화면 왼쪽 상단 '급상승 검색어'를 탭하면
② 검색차트를 연령, 시간대별로 확인할 수 있습니다.

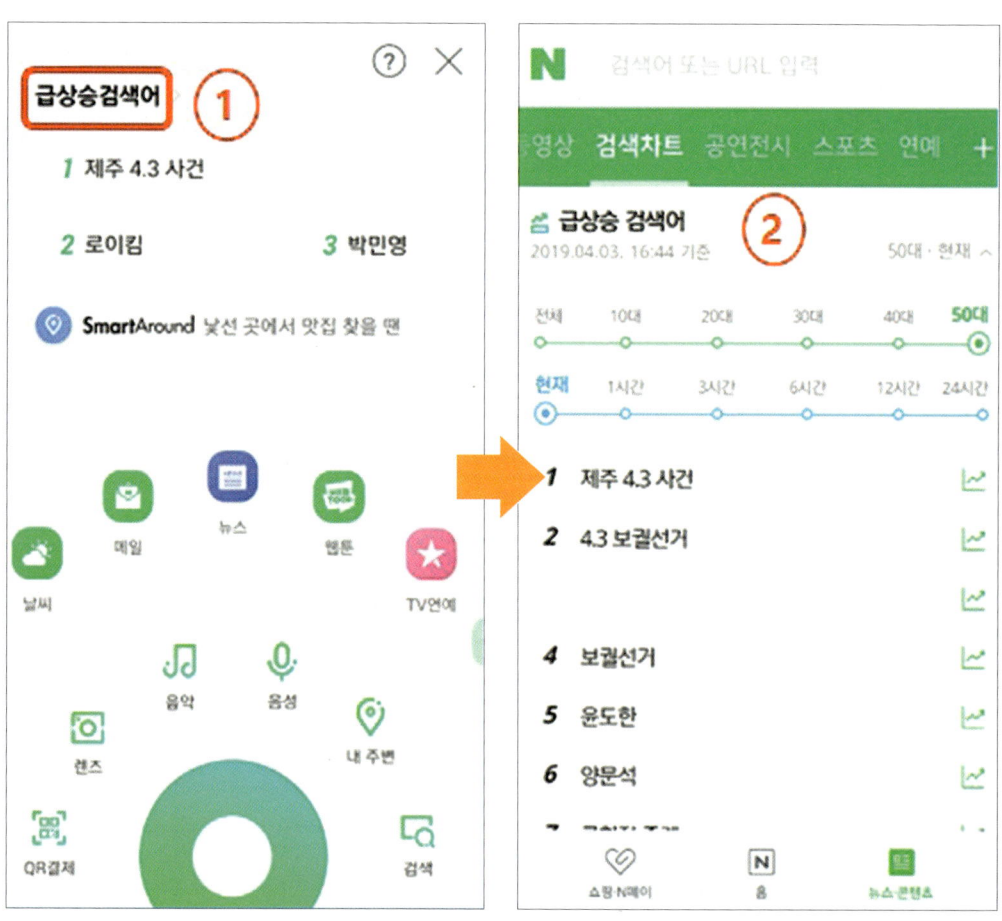

제8장. 인터넷 정보 검색하기

9. 서비스 추가

① 그린닷 서비스 화면에서 '추가' 버튼을 탭하면
② '바로가기 추가' 화면에서 원하는 서비스를 추가할 수 있습니다.

10. 네이버 앱

① 네이버 홈 화면 왼쪽 상단을 누르면 오른쪽 그림과 같이 네이버 앱(App)이 보입니다.

* 네이버 앱 – 전체서비스

① '전체서비스'를 누르면 더 많은 앱을 만날 수 있습니다. 화면을 위로 올리면서 다양한 앱들을 확인해 보세요.

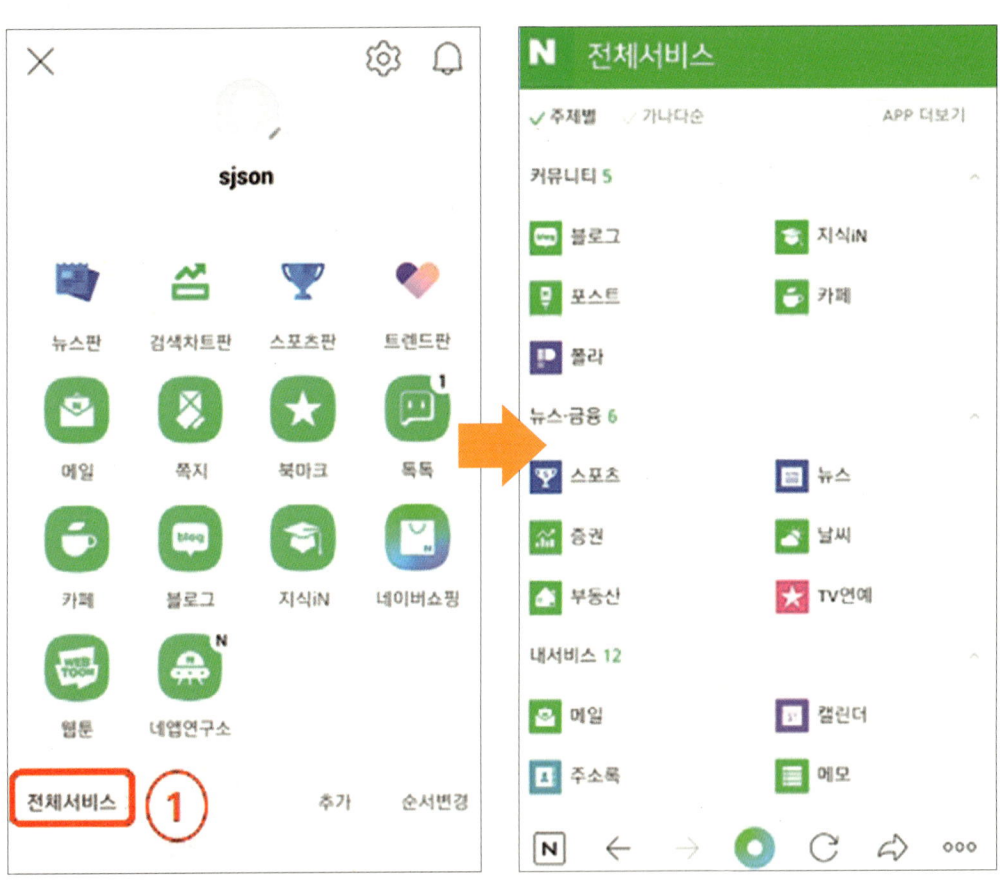

* 네이버 앱 – 추가

① '추가'를 누르면 바로가기 추가를 하실 수 있습니다.

* **네이버 앱 – 순서변경**

① '순서변경'을 누르면 앱을 제거하거나 순서를 변경할 수 있습니다.

제거하고 싶은 앱을 터치하면 없어집니다.
앱을 길게 누르고 원하는 위치로 이동하면 순서를 변경할 수 있습니다.

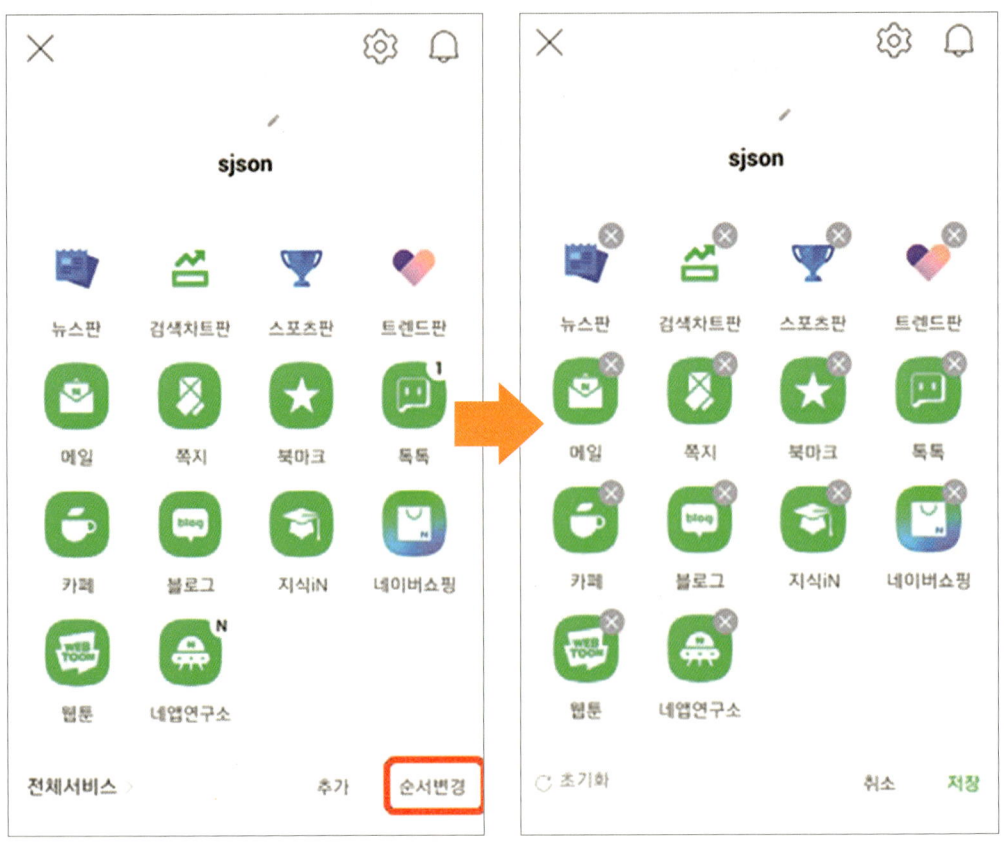

제9장
치매예방 및 건강관리

〈학습 목표〉

쉽고 간편하게 치매 위험체크부터 뇌 건강 트레이닝, 치매 극복을 위한 스마트한 관리까지 치매에 관한 모든 서비스를 한 번에 제공하는 치매체크 앱을 찾아볼 수 있습니다.

병/의원 및 그 밖의 검진기관을 찾을 수 있습니다.

건강관리를 위해 만보기 사용을 익히고 돋보기를 이용하여 일상생활을 개선합니다.

- 병/의원을 찾을 수 있습니다.
- 건강검진 기관을 찾을 수 있습니다.
- 치매관련 정보를 제공하는 곳을 찾을 수 있습니다.
- 만보기를 사용할 수 있습니다.
- 돋보기를 이용하여 글자를 확대하여 볼 수 있습니다.

1. 치매체크 앱 설치하기

　치매에 관련한 여러 가지 앱 중에서도 보다 상세하고 체계적인 정보를 제공하는 곳은 보건지부 산하 중앙 치매센터(https://www.nid.or.kr)라고 할 수 있습니다. 자세한 정보는 치매센터 포탈을 방문하여 알아보기 바랍니다.

또한 구글 플레이 스토어에서 관련 앱을 찾을 수 있습니다.

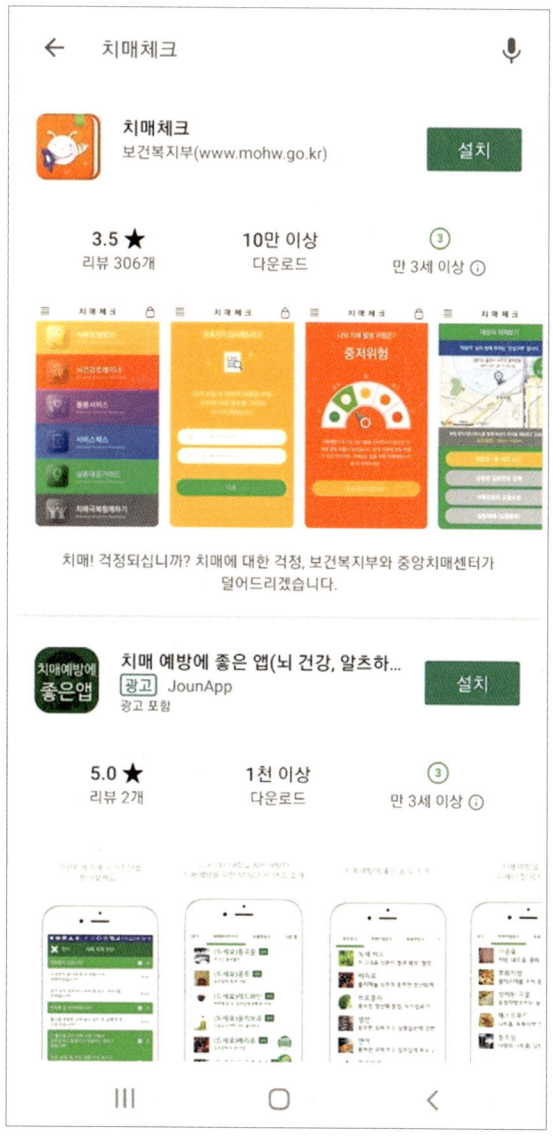

1. 치매체크 앱 화면 소개

치매체크 앱에는 어떤 화면들이 있는지 알아봅니다.

[앱 구성 화면]

[치매 위험 체크 화면]

[뇌 건강 트레이너]

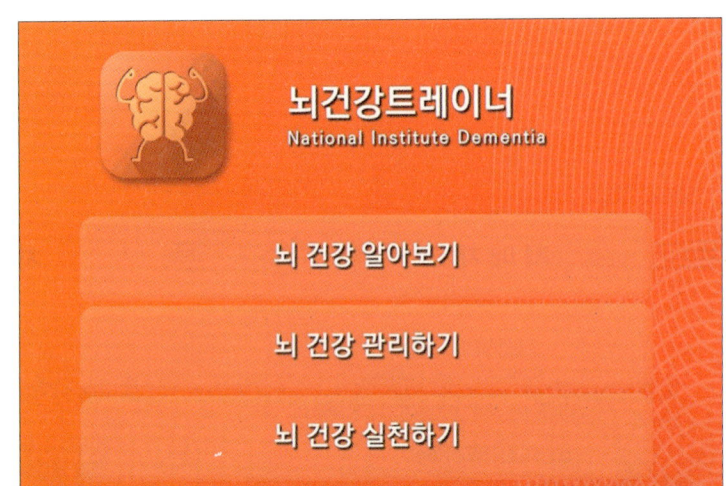

[실종 대응 가이드]

[돌봄 서비스]

[치매극복 함께하기]

[서비스 박스]

2. 병/의원 찾기, 건강정보 알아보기

 국민건강보험공단에서 무료로 제공하는 건강iN(인)을 사용하여 다양한 정보를 검색할 수 있습니다.

1. 건강iN(건강인) 앱 설치하기

① 스마트폰에서 'Play스토어' 버튼을 누릅니다.
② Play스토어 검색창에 '건강인'을 입력합니다.

 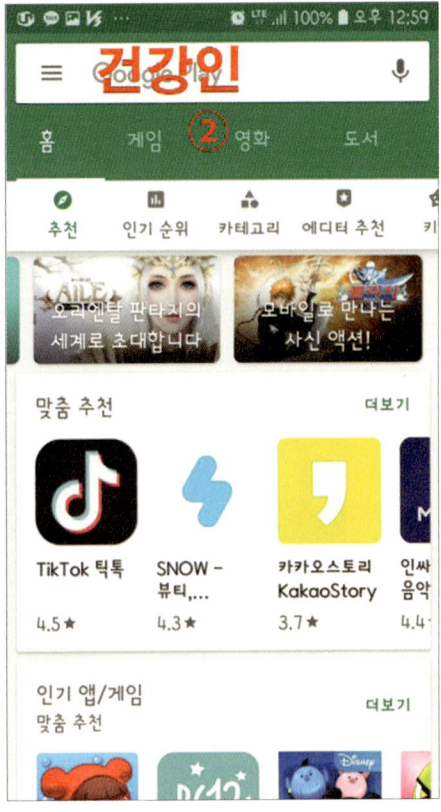

③ 국민건강보험공단에서 제공하는 '건강iN(건강인)' 앱 '설치' 버튼을 누릅니다.

④ 이어서 '열기' 버튼을 누릅니다.

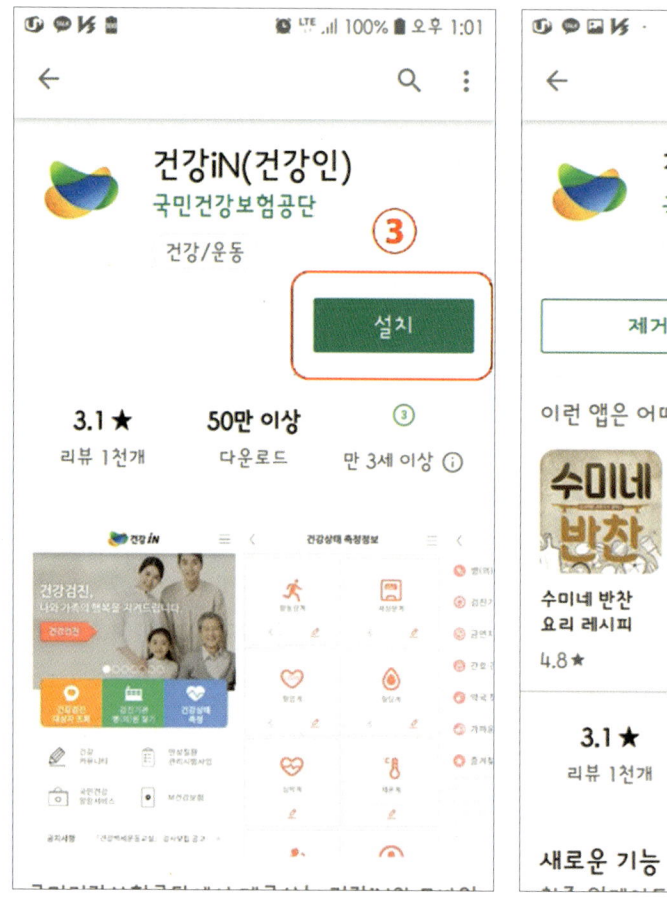

'권한 사용목적 알림' 화면이 나오면 자세히 읽고, '확인' 버튼을 누릅니다.

연속하여 '이 기기의 위치정보 엑세스, 전화걸기 및 관리, 기기 사진, 미디어, 파일 엑세스' 허용 여부를 묻는 화면이 나오면 3번 연속하여 '허용' 버튼을 누릅니다.

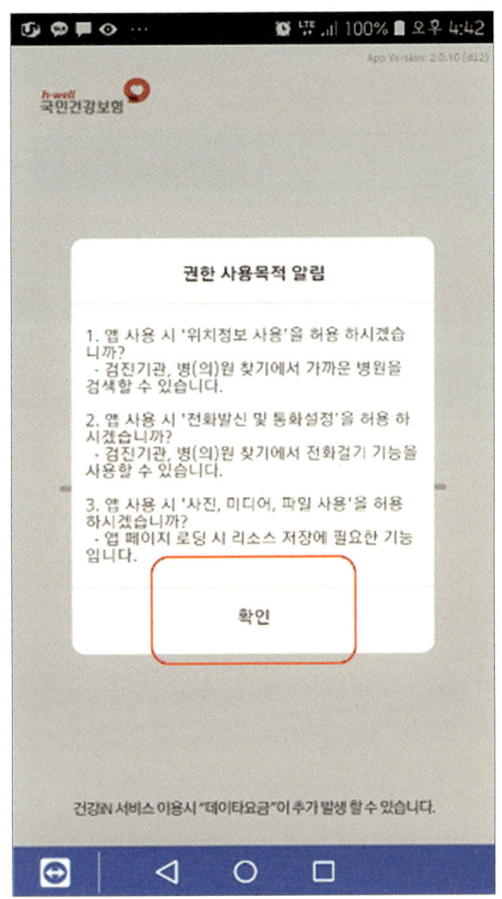
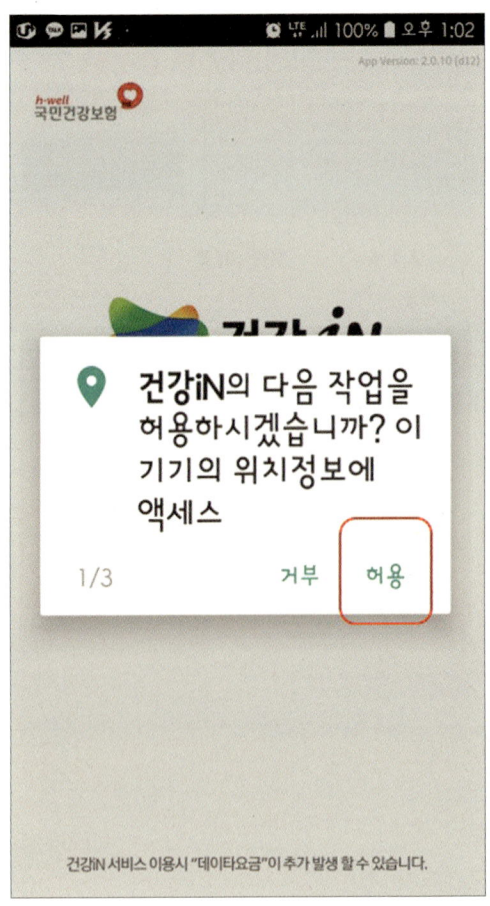

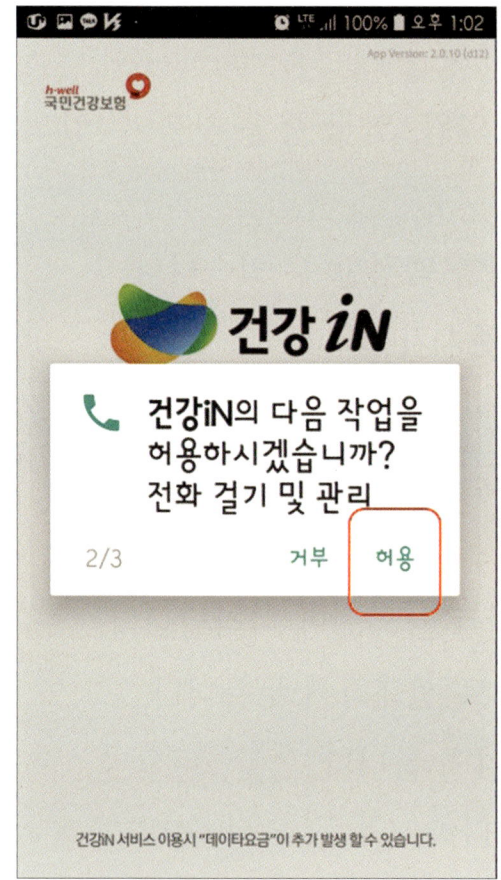 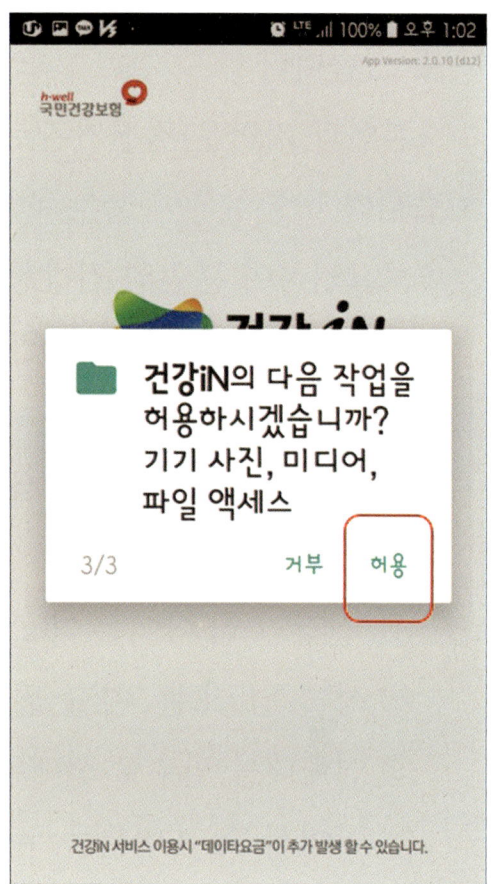

2. 건강iN(건강인) 앱 실행하기

　로그인하여 본인이 건강검진 대상자인지 여부를 알아볼 수 있습니다.
　본인과 가까운 검진기관, 병의원, 약국 등을 찾을 수 있습니다.
　로그인하여 본인의 건강상태를 측정할 수 있습니다.
　※ 로그인하기 위해서는 공인인증서가 필요합니다.

　국민건강보험공단에서 제공하는 '건강iN(건강인)' 앱 '설치'를 하게 되면
　① '건강인 앱 아이콘'이 스마트폰 화면에 나타납니다.
　② 성별 '남' 또는 '여'를 필수로 선택하여 누릅니다.
　③ 연령대를 필수로 선택하여 누릅니다.
　④ 이어서 '확인'버튼을 누릅니다.

3. 검진기관, 병(의원) 찾기

① '검진기관, 병(의원) 찾기' 버튼을 누릅니다.

※ 나머지 '건강검진 대상자 조회, 건강상태 측정, 인공지능 당뇨병 예측' 메뉴는 개인별 '공인인증서'로 로그인해야만 가능하기 때문에 설명은 생략합니다.

② '병(의원) 찾기'를 누릅니다.

※ 나머지 '검진기관 찾기, 약국 찾기 등'은 '병(의원) 찾기' 방법과 비슷하기 때문에 생략합니다.

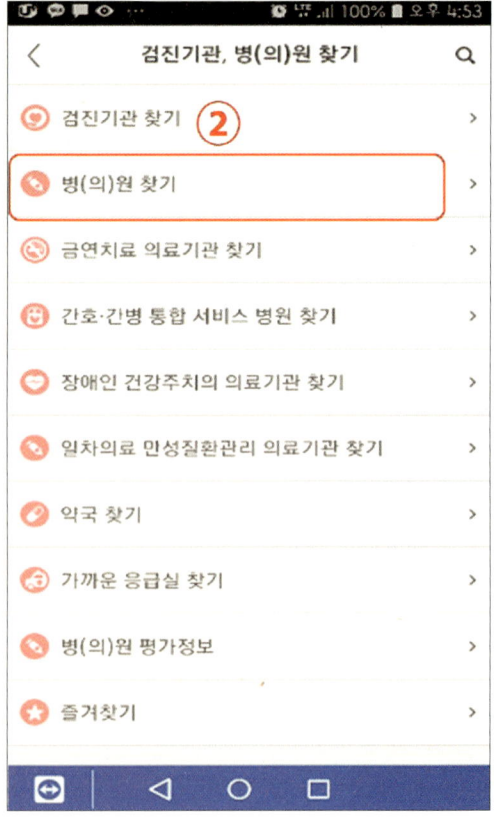

③ '+' 버튼을 누르면 상세내용(③-1)이 나옵니다.

④ '전화걸기'를 누르면 선택한 병의원으로 전화가 걸립니다(상세화면은 생략합니다).

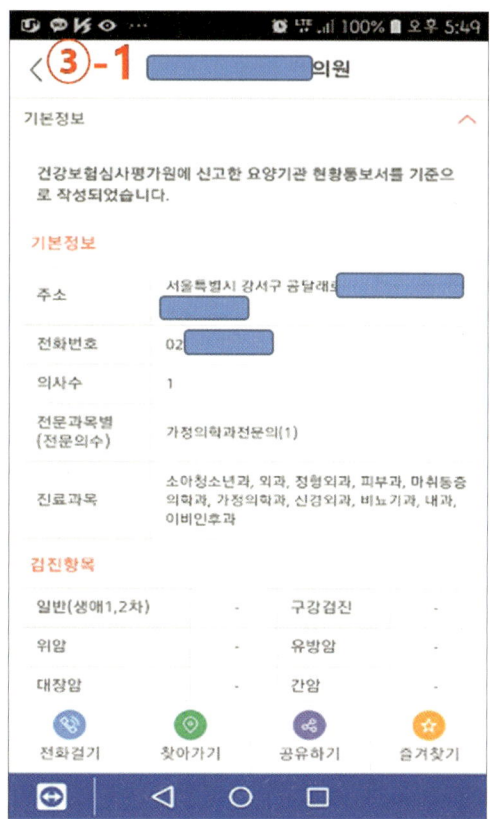

⑤ '찾아가기'를 누르면 출발지, 도착지를 검색화면에 입력하고, 승용차, 대중교통, 도보, 자전거 등 이용 방법을 선택하면 상세 지도가 나옵니다.

⑤-1. '도보' 그림 버튼을 누르면 상세 지도화면이 나옵니다.

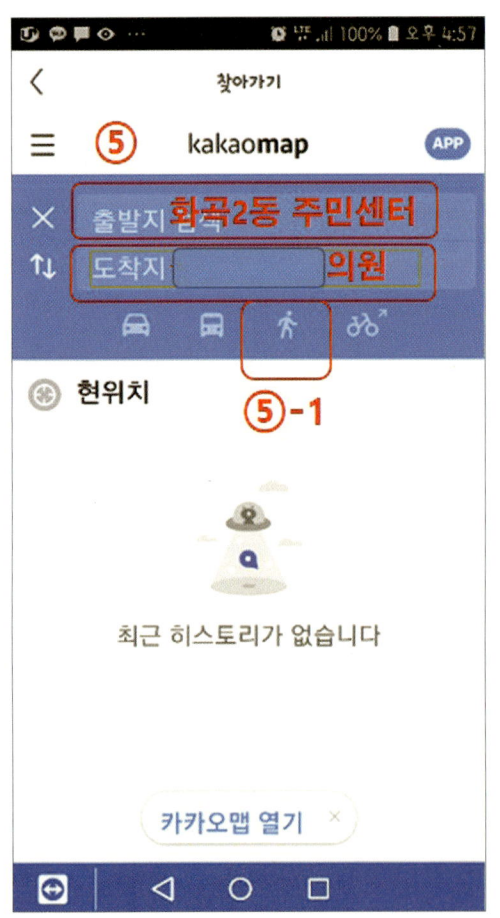 

⑤-2. '도착지' 그림 버튼을 누르면 도보(⑤-1)로 출발지부터 도착지까지 총소요시간, 총거리, 구간별 방향, 구간별 거리 등 상세한 경로화면(⑤-3)이 나옵니다.

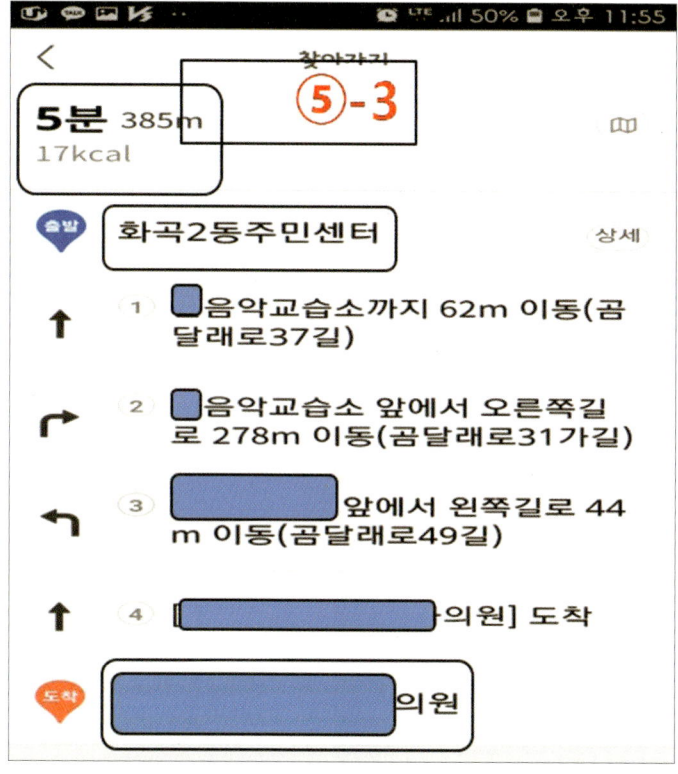

⑥ '공유하기'를 누르면 카카오톡, 문자 메시지 등 6가지 SNS(Social Network Service) 유형이 나오고, 원하는 방법을 선택합니다.

⑥-1. '공유하기' 화면에서 '문자메시지' 버튼을 누르면 '새 메시지' 화면이 나옵니다.

⑥-2. '받는 사람' 성명을 입력합니다.

⑥-3. 'MMS 보내기' 버튼을 누르면 메시지가 전송됩니다.

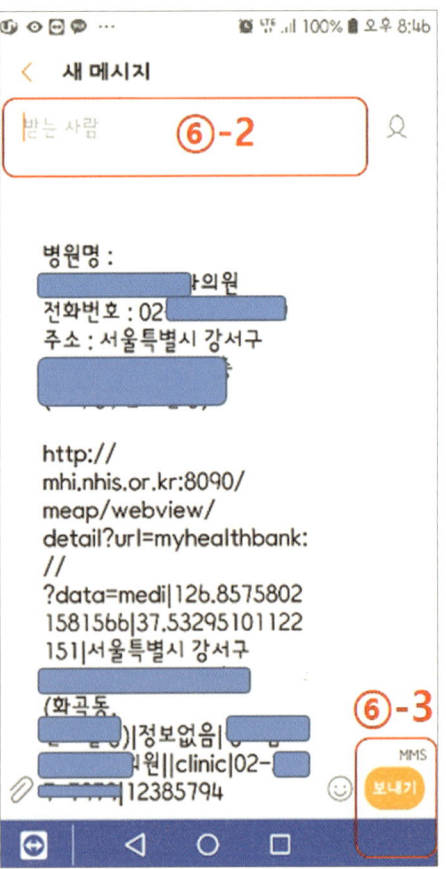

⑥-4. '받는 사람'의 성명을 입력하여 'MMS 보내기' 버튼을 누른 결과로 입력된 '받는 사람'에게 전송된 내용입니다.

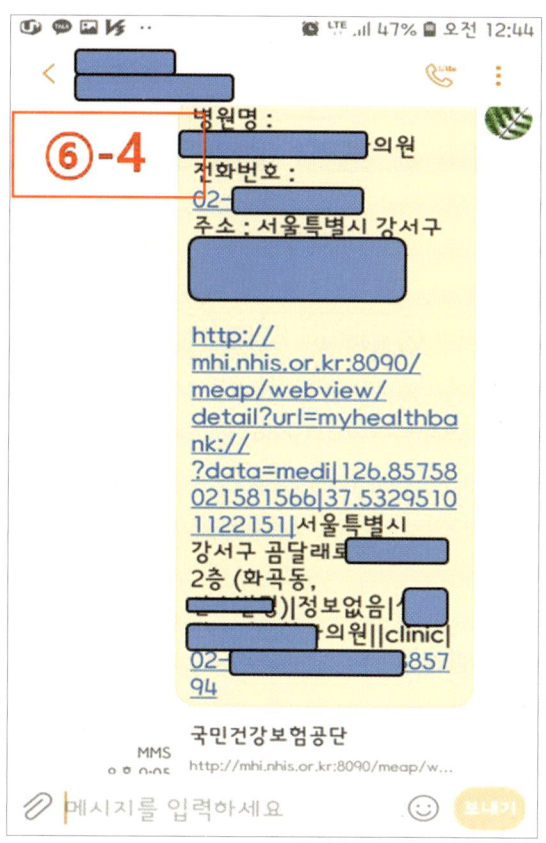

⑦ '즐겨찾기'를 누르면 '검진기관, 병의원 찾기' 화면의 '즐겨찾기' 메뉴에 자동 등록됩니다.

⑦-1. 다시 찾을 경우 '즐겨찾기' 버튼을 누릅니다.

⑦-2. 이미 찾았던 명칭, 전화번호, 주소를 바로 볼 수 있습니다.

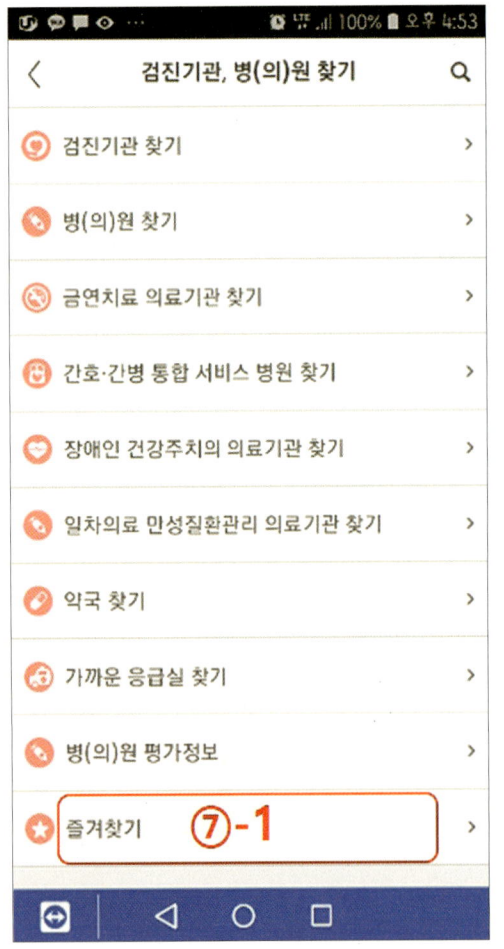 

3. 만보기와 돋보기

만보기와 돋보기를 통하여 일상생활을 개선할 수 있습니다.

<u>1. 만보기</u>

① 플레이스토어(바탕화면)를 클릭합니다.
② 검색창에서 만보기를 입력합니다.

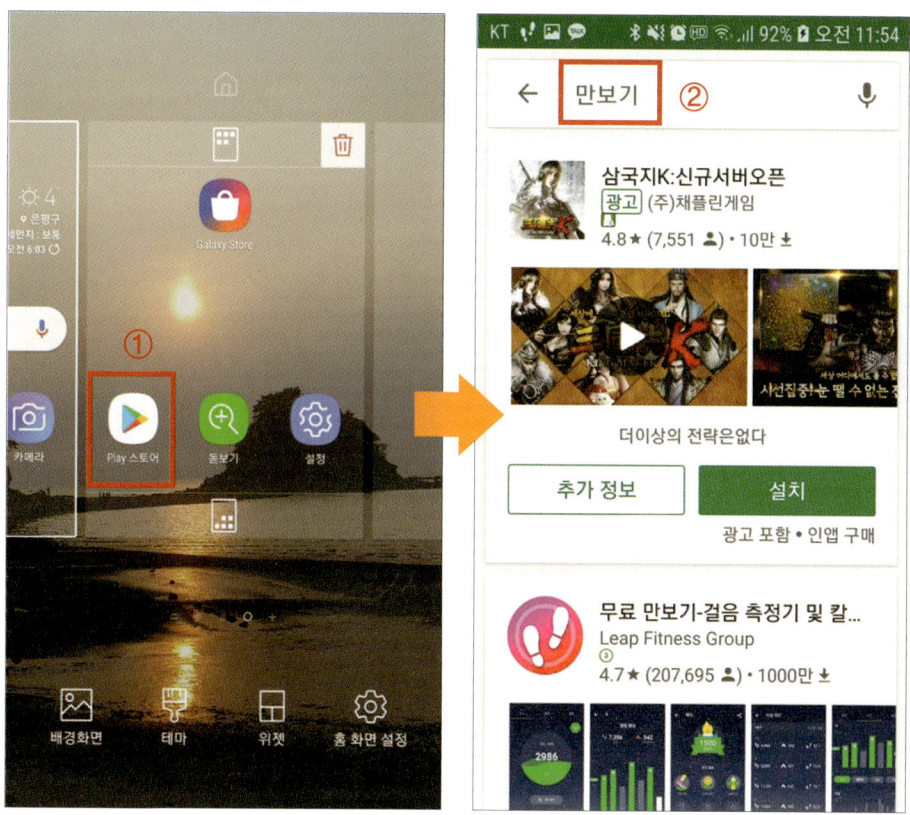

③ 만보기 화면에서 설치를 누릅니다.
④ 신상 프로필을 작성합니다.

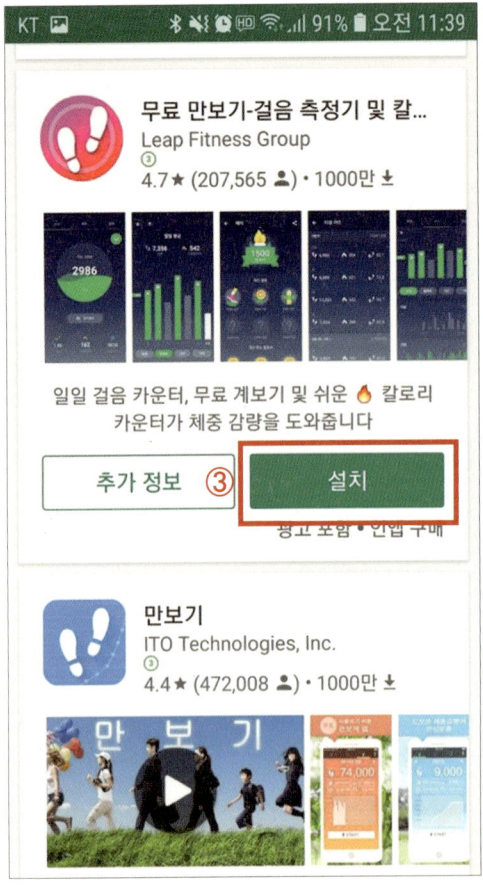 

⑤ 바탕화면의 만보기를 누릅니다.
⑥ 만보기를 실행합니다.

 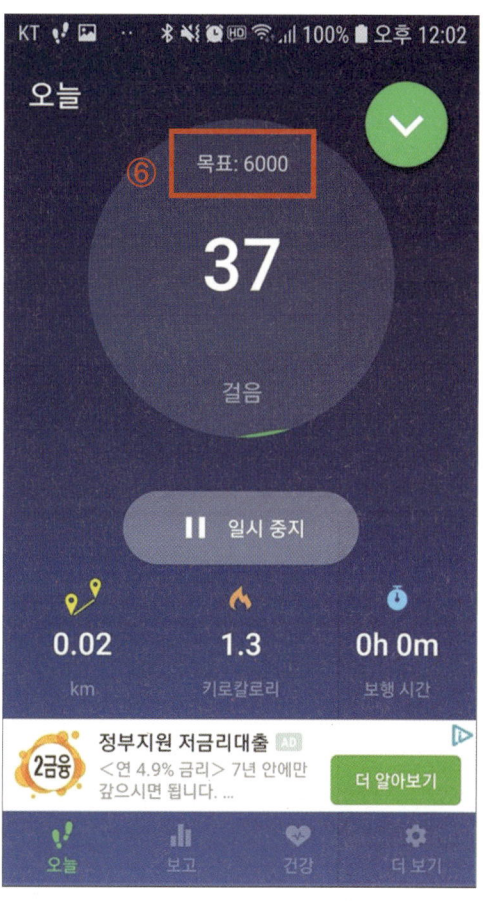

2. 돋보기

① 플레이스토어(바탕화면)를 클릭합니다.

② 돋보기 입력 후 설치를 누릅니다.

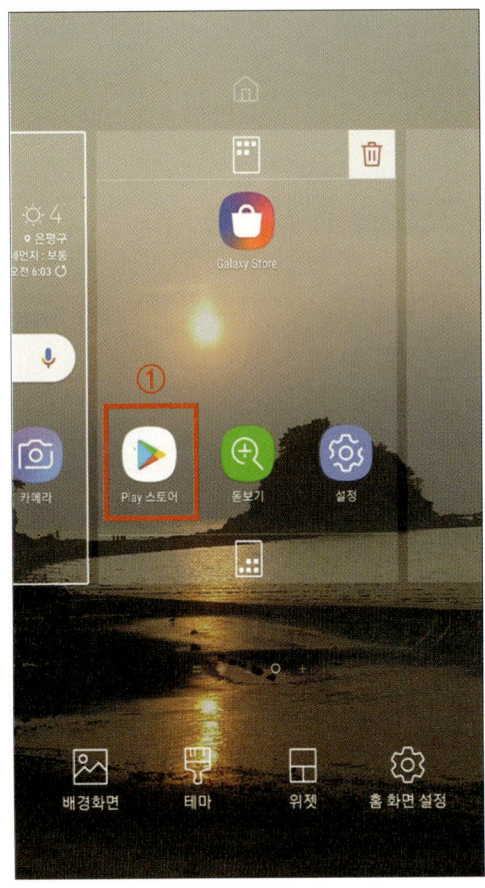 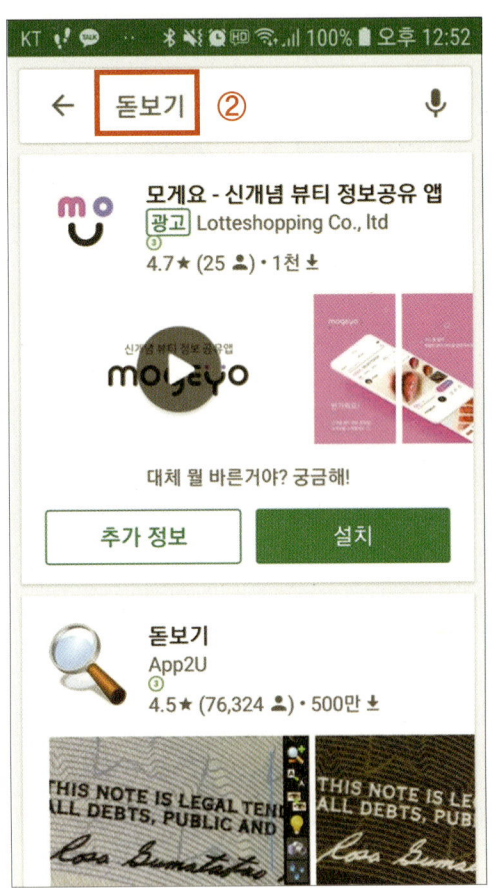

③ 허용 버튼을 눌러 설치작업을 시도합니다.

④ 바탕화면의 돋보기를 실행합니다.

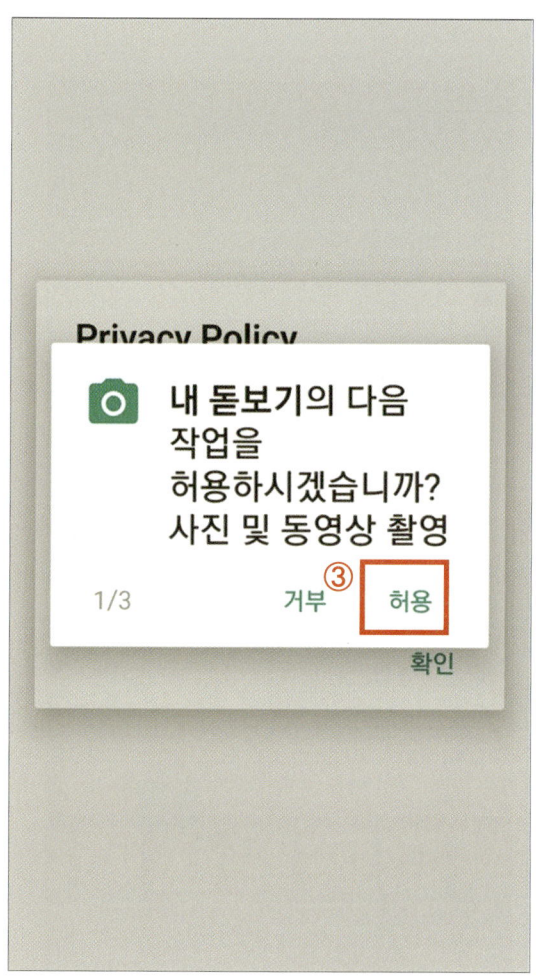

⑤ 돋보기 사용 사례

왼쪽의 "사용상의 주의사항" 부분을 확대해서 오른쪽 화면과 같이 볼 수 있습니다.

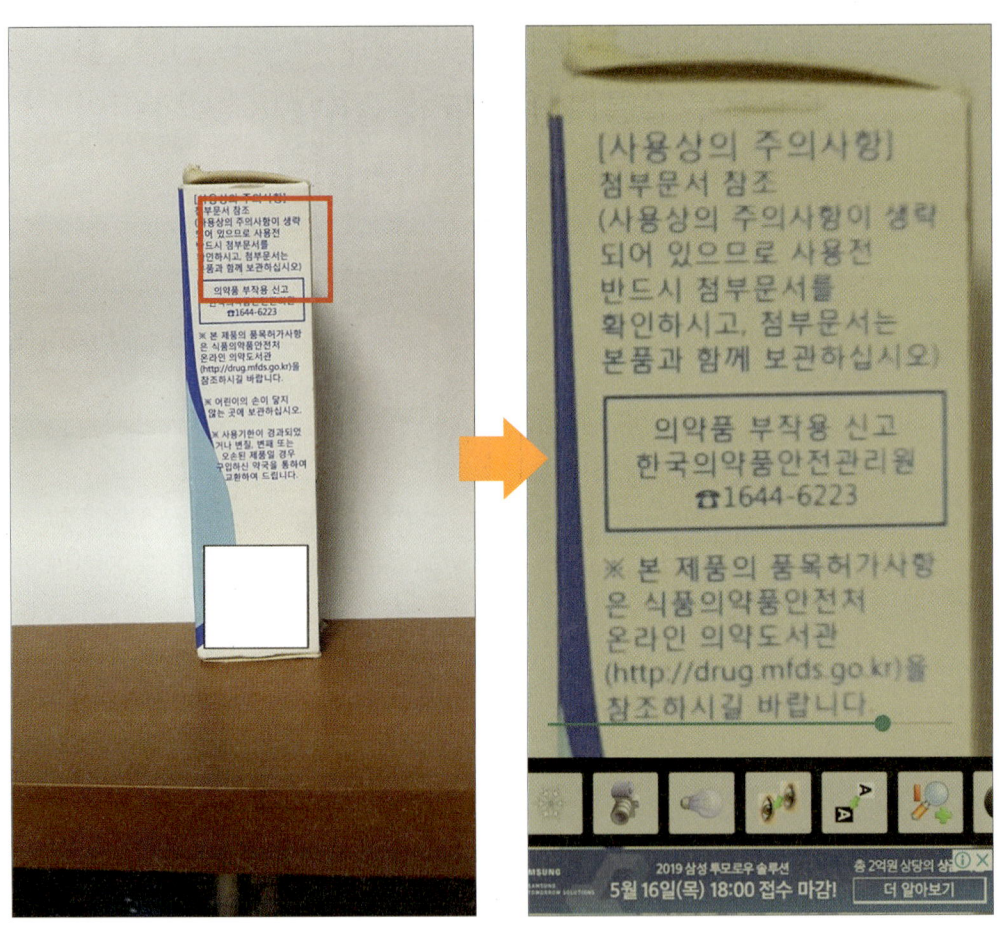

제10장

사진, AR 이모지, 동영상 촬영 및 관리하기

〈학습 목표〉

스마트폰에는 카메라가 최소 2대 이상 장착되어 있습니다. 보통 전면카메라와 후면카메라가 있습니다.

최신 폰에는 3개 이상의 카메라가 들어있습니다. 들고 다니기 무거운 DSLR급 전문카메라보다 기능적으로 떨어지지 않습니다.

내 손에 들고 있는 스마트폰으로 멋진 사진과 동영상을 찍을 수 있습니다. 친구, 가족, 손주의 사진을 찍어서 배경화면으로 저장해 보고 동영상도 찍어봅시다. 또 갤러리 내의 사진을 관리하는 법을 배워봅시다.

- 사진 촬영 시 주의할 점
  : 촬영은 빛이 충분한 곳에서 촬영하세요. 빛이 부족한 실내에서 촬영할 경우 화면이 어두울 수 있습니다. 손이 흔들릴 경우도 화면이 흐려지거나 선명하지 않을 수 있습니다. 그리고 카메라 렌즈를 닦은 후 촬영하세요.
- 촬영 에티켓
  - 타인의 승낙 없이 사진 및 동영상을 촬영하지 마세요.
  - 사진 및 동영상 촬영이 금지된 장소에서 촬영하지 마세요.
  - 타인의 사생활을 침해할 수 있는 곳에서 사진 및 동영상을 촬영하지 마세요.
- 사진을 날짜별로 확인
- 사진을 앨범으로 관리
- 사진 복사와 삭제
- 사진 조절하기 – 사진 일부 저장, 효과, 스티커 넣기, 글씨 쓰기 등
- 앨범 추가하기
- 사진을 다른 앨범으로 이동
- 카톡으로 받은 사진 갤러리에서 찾기
- 밴드에서 저장한 사진 갤러리에서 찾기

1. 사진 및 동영상 촬영하기

카메라를 통해 사진과 동영상을 촬영할 수 있습니다.

1. 카메라 앱 설정과 메뉴

스마트폰 홈 화면에서 카메라 모양의 아이콘을 찾아 선택합니다.

① 카메라 앱을 실행해 보세요.
② 사진 촬영 모드 기본 화면입니다.
– 스마트폰 모델에 따라 메뉴의 위치, 기능들이 다를 수 있습니다.

① 촬영 버튼을 선택하면 촬영이 됩니다.
② 전면 카메라(셀카) 기능으로 한 번 더 선택하면 후면 카메라로 바뀝니다.
③ 사진 및 동영상 모드로 변경 시 좌우로 밀어줍니다.
④ 촬영모드를 설정합니다.
⑤ 플래시 사용을 설정합니다.
⑥ 타이머 시간을 설정합니다.
⑦ 촬영 동영상 비율을 설정합니다.
⑧ 뷰티(필터) 효과를 설정합니다.

- 스마트폰 모델에 따라 기능버튼의 위치가 다를 수 있습니다.

* 촬영모드 설정하기

① 촬영화면에서 촬영모드를 적용합니다.

② 카메라 설정 기능을 확인합니다.

　　– 카메라 기능의 다양한 옵션을 확인해 보고 나만의 설정을 합니다.

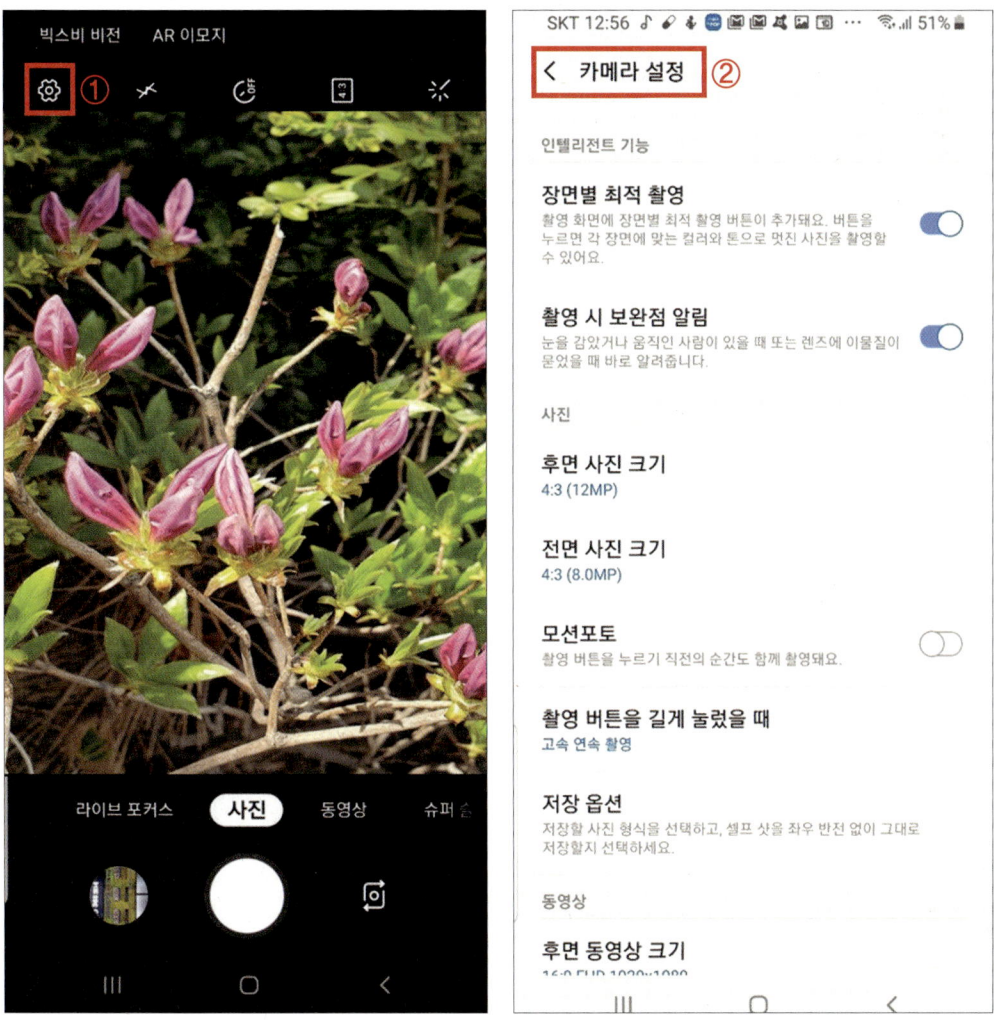

* 사진 크기 설정하기

① 후면/전면 사진 크기를 선택합니다.

② 해상도 크기 16:9를 선택합니다.

　　- 해상도가 높을수록 고화질 사진을 촬영할 수 있습니다.

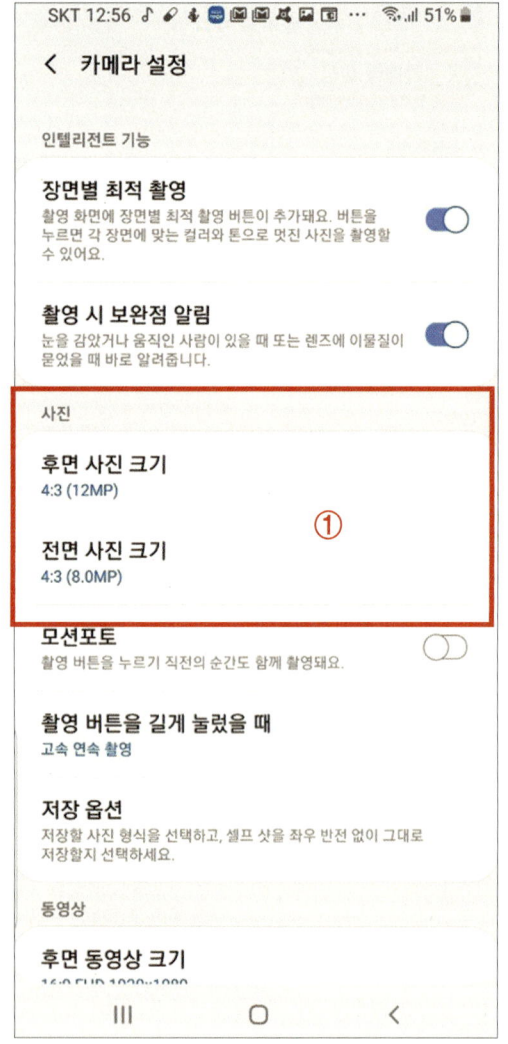

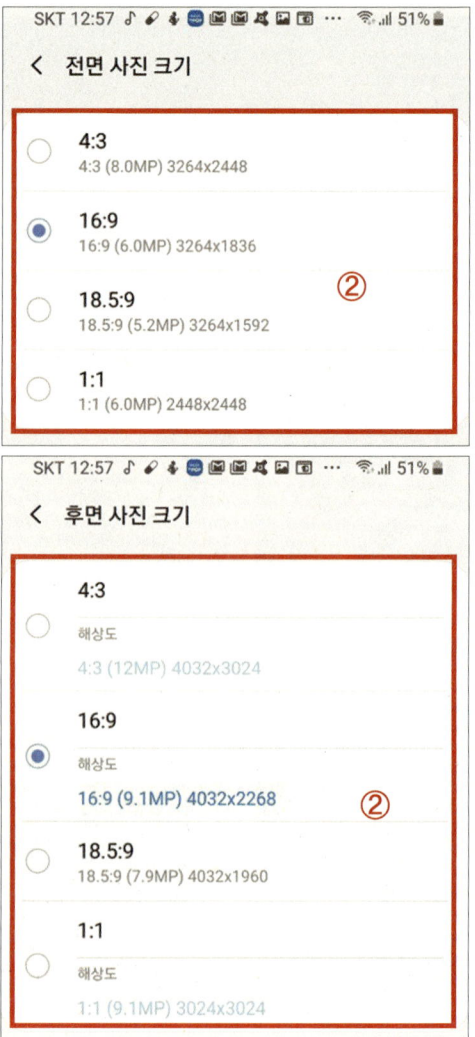

2. 사진 촬영하기

① 사진 모드를 확인 후 촬영 버튼을 선택합니다(길게 누르면 연속 촬영합니다).

② 사진 촬영이 잘되었는지 해당 부분을 누른 후 사진의 상태를 확인합니다.

3. 동영상 촬영하기

① 동영상 모드를 확인 후 촬영버튼을 선택합니다. 다시 선택하면 촬영이 종료됩니다.
② 동영상 촬영이 잘되었는지 해당 부분을 누른 후 재생 버튼을 선택하여 동영상의 상태를 확인합니다.

4. 동영상 재생하기

① 동영상 재생을 선택합니다.
 - 동영상이 플레이됩니다.
② 동영상이 플레이되면 원하는 부분에서 일시 정지 버튼을 눌러 멈출 수 있고 다시 재생 버튼을 누르면 계속 볼 수 있습니다.

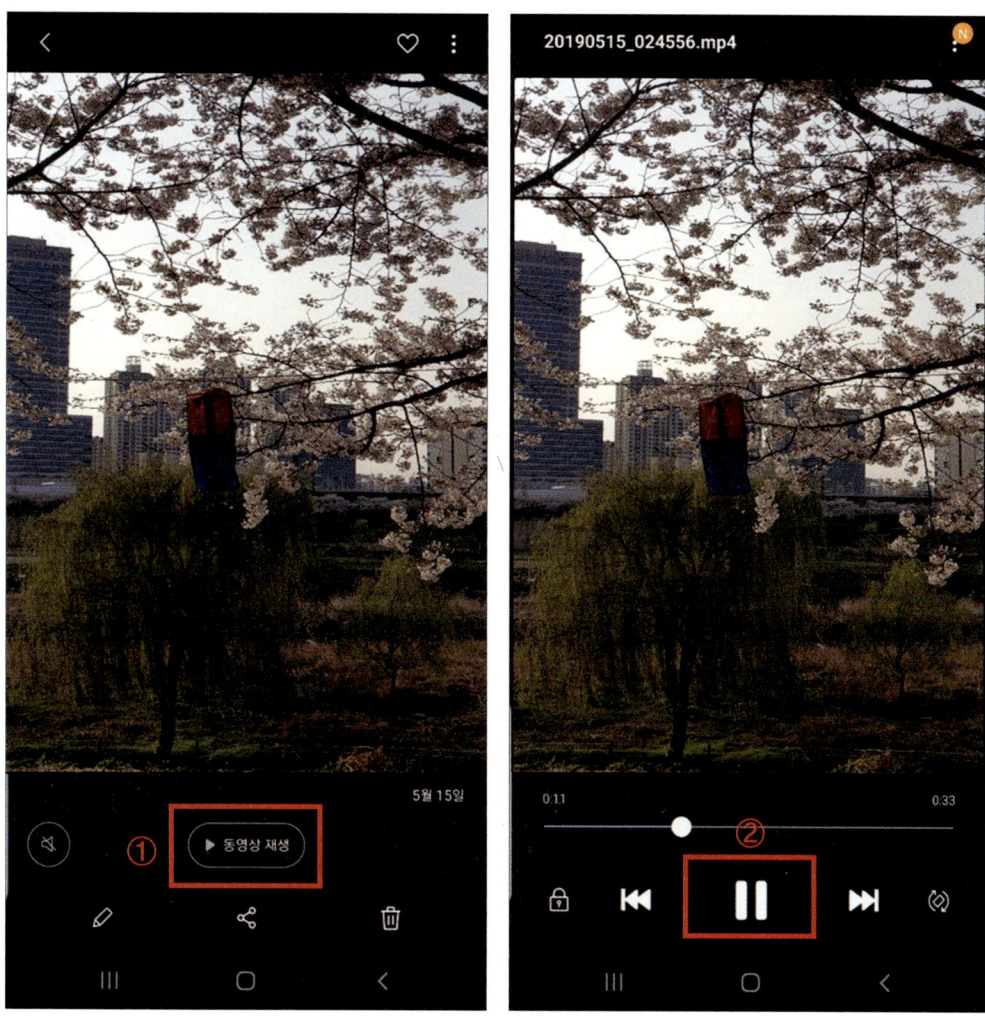

① 동영상 재생 화면을 캡처합니다.
② 모든 버튼을 사용중지(비활성)합니다.
③ 이전 동영상으로 이동합니다.
④ 동영상을 재생합니다.
⑤ 다음 동영상으로 이동합니다.
⑥ 가로화면, 세로화면으로 변경합니다.

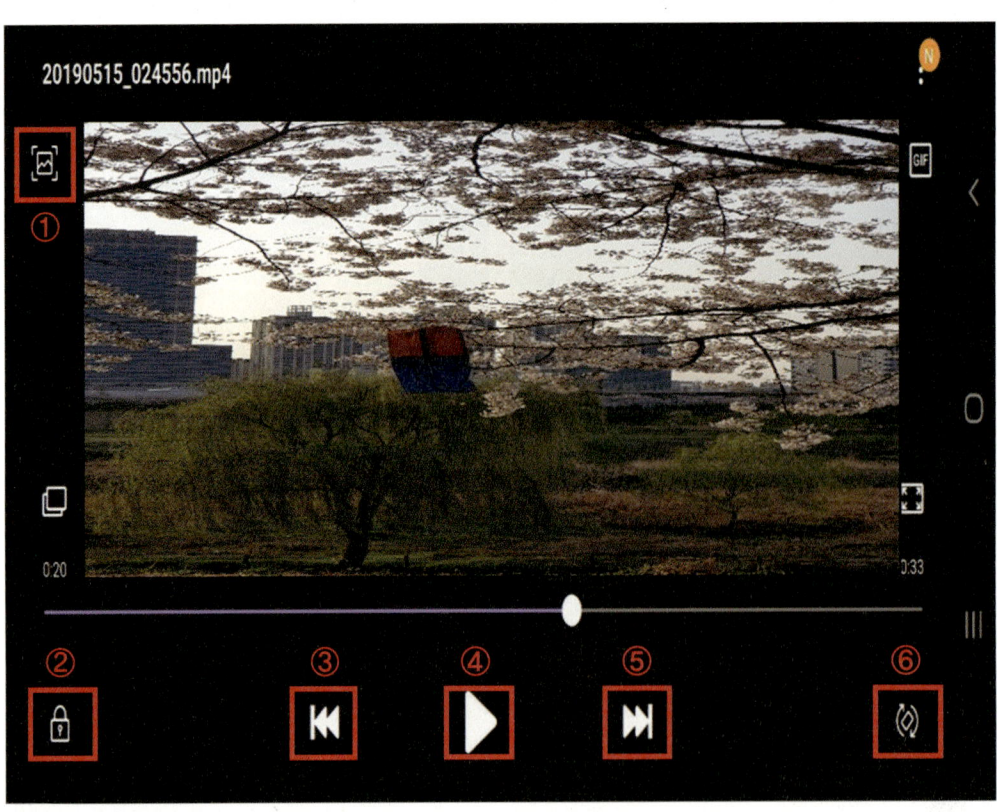

2. AR 이모지

내 표정을 따라 하는 이모지와 다양한 스티커로 재미있는 사진과 동영상을 촬영해 보세요. 나를 닮은 마이 이모지를 만들어 보세요.

다른 사람들과 대화할 때 마이 이모지로 만들어진 스티커로 감정을 보다 재미있게 표현할 수 있습니다.

1. AR 이모지 만들기

① 카메라 앱 화면에서 AR 이모지를 선택합니다.
② 마이 이모지 만들기를 선택합니다.

2. AR 이모지로 내 얼굴 촬영하기

① 촬영화면에 얼굴을 맞춥니다.
  - 안경은 벗고, 이마까지 잘 보이게 촬영해 주세요.
    이가 보이지 않도록 입은 살짝 다물어주세요.
② 촬영버튼을 눌러줍니다.
③ 마이 이모지 성별을 선택 후 다음을 누르거나 다시 촬영합니다.

 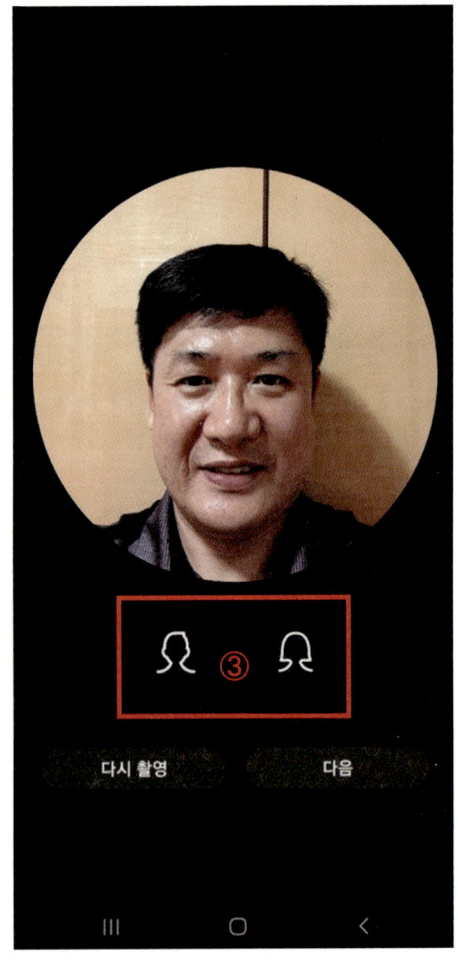

3. 마이 이모지 캐릭터 얼굴 만들기

① 마이 이모지를 만드는 중입니다.
   - 다시 촬영하거나 만들기가 끝나면 머리모양, 액세서리로 꾸밀 수 있습니다.
② 피부톤을 조정합니다.
③ 피부톤이 다른 캐릭터를 선택합니다.
④ 얼굴, 머리카락, 안경, 옷, 배경 등을 선택해서 캐릭터를 만들어갑니다.

4. 마이 이모지 머리카락, 안경 적용하기

① 머리카락 버튼을 선택합니다.

② 다양한 머리카락 모양을 선택합니다.

③ 안경 버튼을 선택합니다.

④ 안경모양을 선택해서 캐릭터를 만들어갑니다.

5. 마이 이모지 옷, 배경 적용하기

① 옷 버튼을 선택합니다.

② 다양한 옷 스타일을 선택합니다.

③ 배경 버튼을 선택합니다.

④ 다양한 배경을 선택합니다.

⑤ 캐릭터타입 얼굴 부분을 변경합니다.

⑥ 마이 이모지를 갤러리에 저장합니다.

6. 마이 이모지 갤러리 저장하기

① 마이 이모지를 갤러리에 저장합니다.

체크 시 52가지의 다양한 캐릭터가 생성됩니다.(GIF 파일로 저장)

갤러리 앱에서 마이 이모지 스티커를 확인할 수 있습니다.

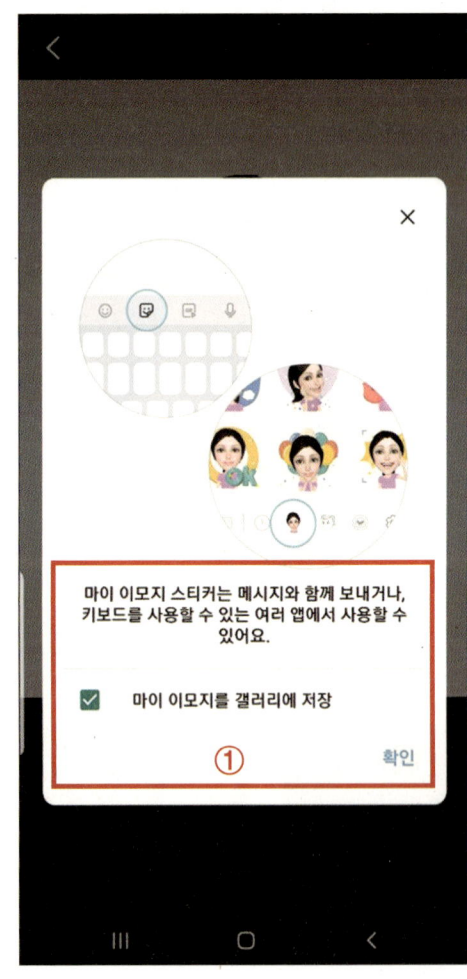

7. 마이 이모지로 재미있게 촬영하기

① 각 기능별 버튼을 선택 후 카메라에 자신의 모습을 비추면 캐릭터가 실시간으로 반영됩니다.

마이 이모지와 라이브 스티커 등 내 표정을 따라 하는 AR 이모지로 사진 및 동영상을 촬영할 수 있습니다.

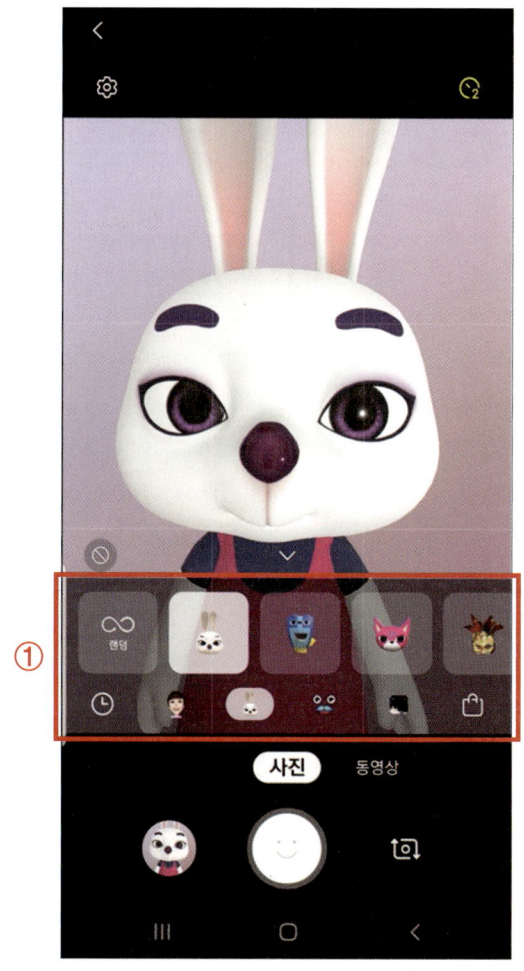

8. 마이 이모지 기타 기능

① 나를 닮은 마이 이모지를 선택 후 카메라에 내 모습을 비추면 캐릭터 이모지가 나타납니다.

② 나를 따라 하는 캐릭터 이모지를 선택 후 카메라에 내 모습을 비추면 캐릭터, 안경, 모자 등 다양한 기능을 선택할 수 있습니다.

③ 내 모습을 비추고 손가락으로 하트를 만들면 다양한 배경과 하트모양이 나타납니다.

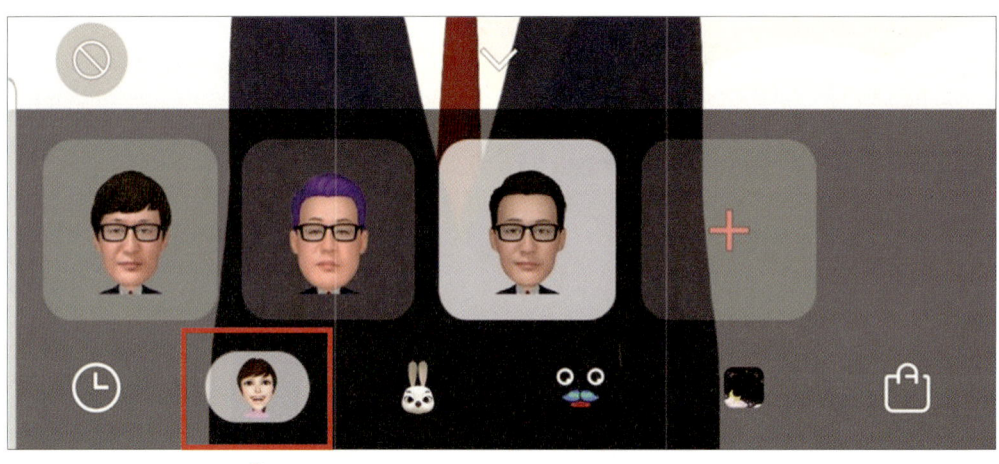

②

③

3. 갤러리 앱으로 사진관리

* 사용 앱: 갤러리

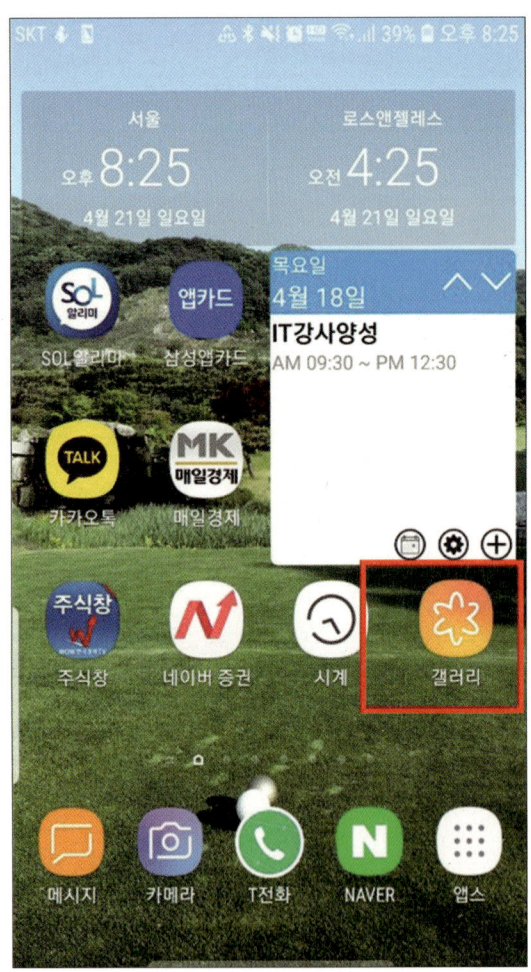

1. 갤러리 앱 시작 - 사진메뉴

① 스마트폰에서 "갤러리" 앱을 실행하여 메뉴를 확인합니다.
  - 사진, 앨범, 스토리, 공유 메뉴가 나옵니다.
② 사진을 선택 후 화면 우측 상단 메뉴를 선택하면 사진 세부메뉴가 표시됩니다.

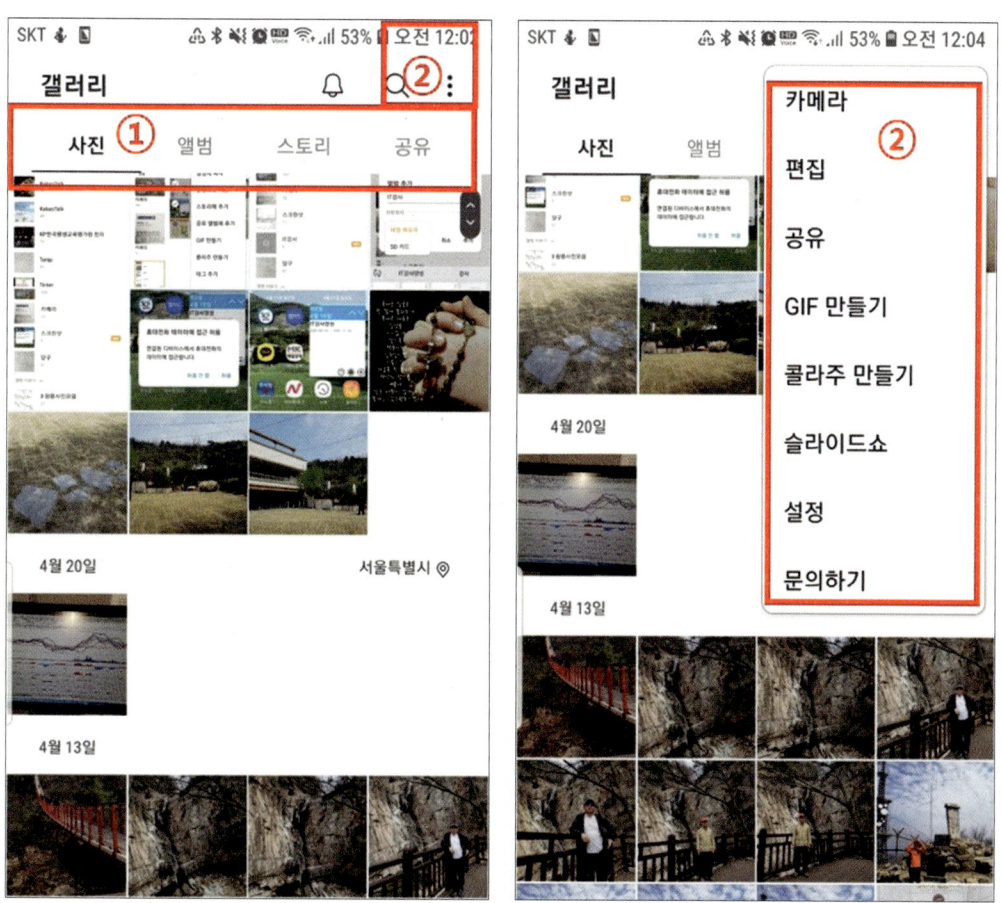

③ 앨범을 선택하면 앨범들이 표시됩니다.

④ 앨범을 선택 후 화면 우측상단 메뉴를 선택하면 앨범 세부메뉴가 표시됩니다.

⑤ 우측 상단메뉴 중 "설정"을 선택합니다.

⑥ 갤러리 설정 상세 메뉴가 표시됩니다.
- 클라우드 사용 선택버튼
- 자동으로 스토리 만들기 선택버튼
- 공유 앨범 선택버튼
- 위치정보 표시 선택버튼
- 웹사이트로 이동 선택버튼

제10장. 사진, AR 이모지, 동영상 촬영 및 관리하기 243

2. 사진 복사하기

① 사진선택

- 사진을 길게 누르면 사진 왼쪽 위에 선택 표시가 나타납니다.
- 여기를 눌러 여러 장을 동시에 선택하는 것이 가능합니다.

② 화면 우측 상단 메뉴를 선택하면

- 여러 메뉴가 나타납니다.
- 이 중 원하는 메뉴를 선택합니다.
  : 복사, 이동 등등

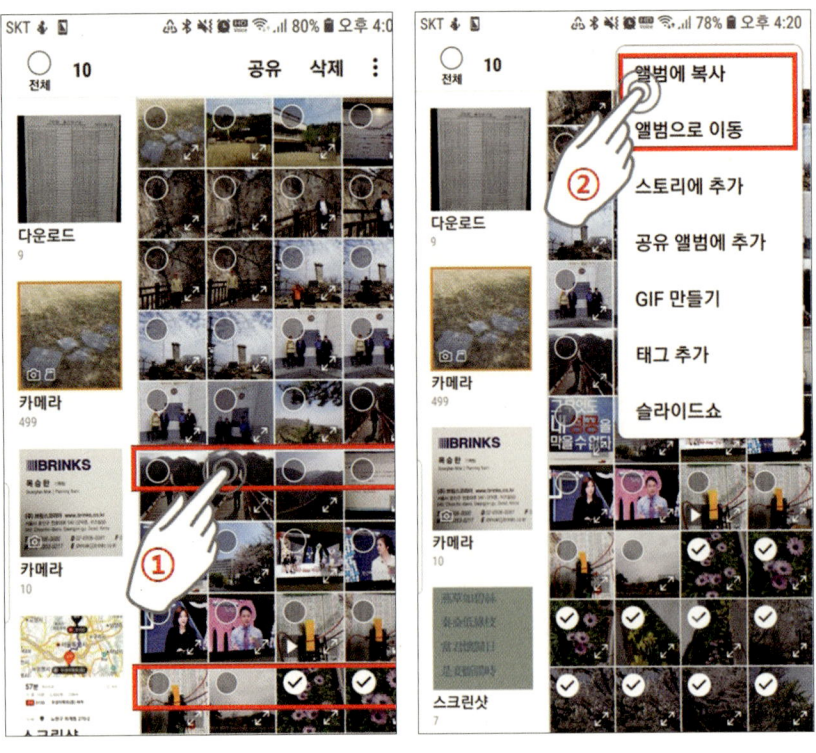

③ "복사가 끝났습니다"라는 메시지가 표시됩니다.

④ 지정한 앨범에 복사된 것을 확인할 수 있습니다.

예〉 "카메라" 앨범에서 "IT강사" 앨범으로 복사합니다.

제10장. 사진, AR 이모지, 동영상 촬영 및 관리하기

3. 사진 삭제하기

*** 여러 장 동시 삭제하기**

① 사진 선택

② 사진 선택 후 삭제 메뉴를 실행합니다.

*** 한 장씩 확인하며 삭제하기**

③ 사진 보기를 실행한 후

④ 삭제 버튼을 누릅니다.

4. 사진에서 일부만 저장하기

① 사진 보기를 실행하면 화면 아래에 사진 조작메뉴가 표시됩니다.

② 이 중 첫째 버튼(일부 선택가능)을 선택합니다.

③ 크기 조절기능을 이용하여 원하는 부분만 선택합니다.

④ 우측 상단의 저장 메뉴를 실행합니다.

⑤ 원본 사진의 앨범에 사진이 새로 저장되었음을 확인할 수 있습니다(원본 사진에서 선택한 일부만 다른 사진으로 저장됩니다).

5. 사진 꾸미기 – 효과 적용하기

① 사진보기에서 화면을 누릅니다.

② 사진 조작 메뉴가 화면 아래 표시됩니다.

　　주〉 다시 누르면 메뉴가 없어짐

* 사진 효과 적용하기

③ 둘째 메뉴를 선택하면

④ 효과 없음, 자동, 바닐라, 깊이 있게, 숲 속에서 등의 효과 적용이 가능합니다.

⑤ 효과 적용 후 우측 상단의 "저장" 메뉴를 통해 앨범에 저장합니다.

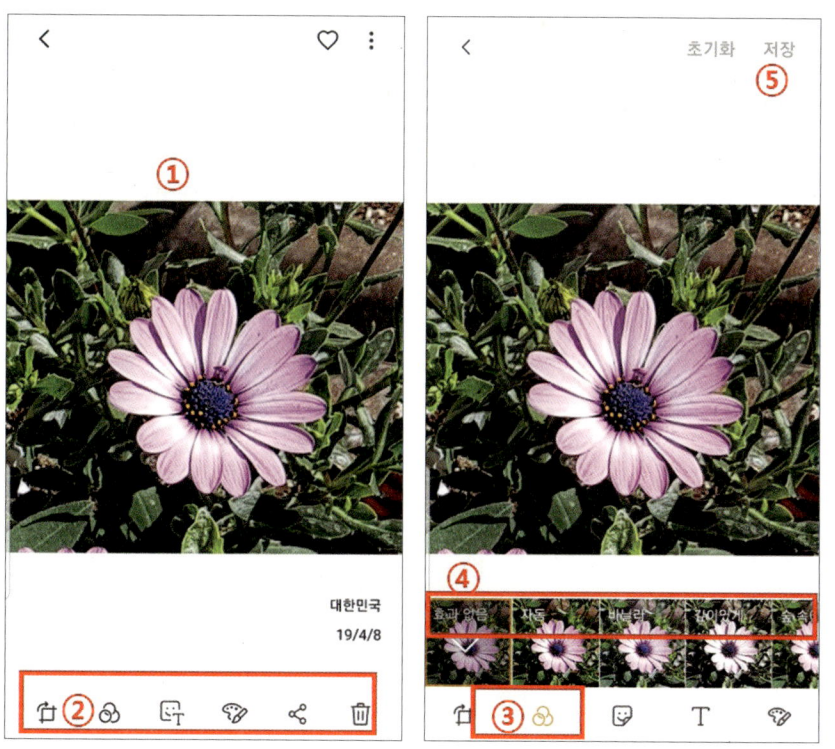

6. 사진 꾸미기 – 스티커 꾸미기

① 조작 메뉴의 셋째 메뉴를 선택하면

② 추가 메뉴가 윗줄에 표시됩니다.

③ 스티커 상세메뉴에서 원하는 스티커를 선택합니다.

④ 글씨 스티커 상세메뉴입니다.

⑤, ⑥ 원하는 스티커를 선택하여 크기와 위치를 지정합니다.

⑦ 스티커를 지우려면, 해당 스티커를 선택하여 마이너스 표시를 선택합니다.

⑧ 꾸미기 완료 후 저장 버튼을 눌러 저장합니다.

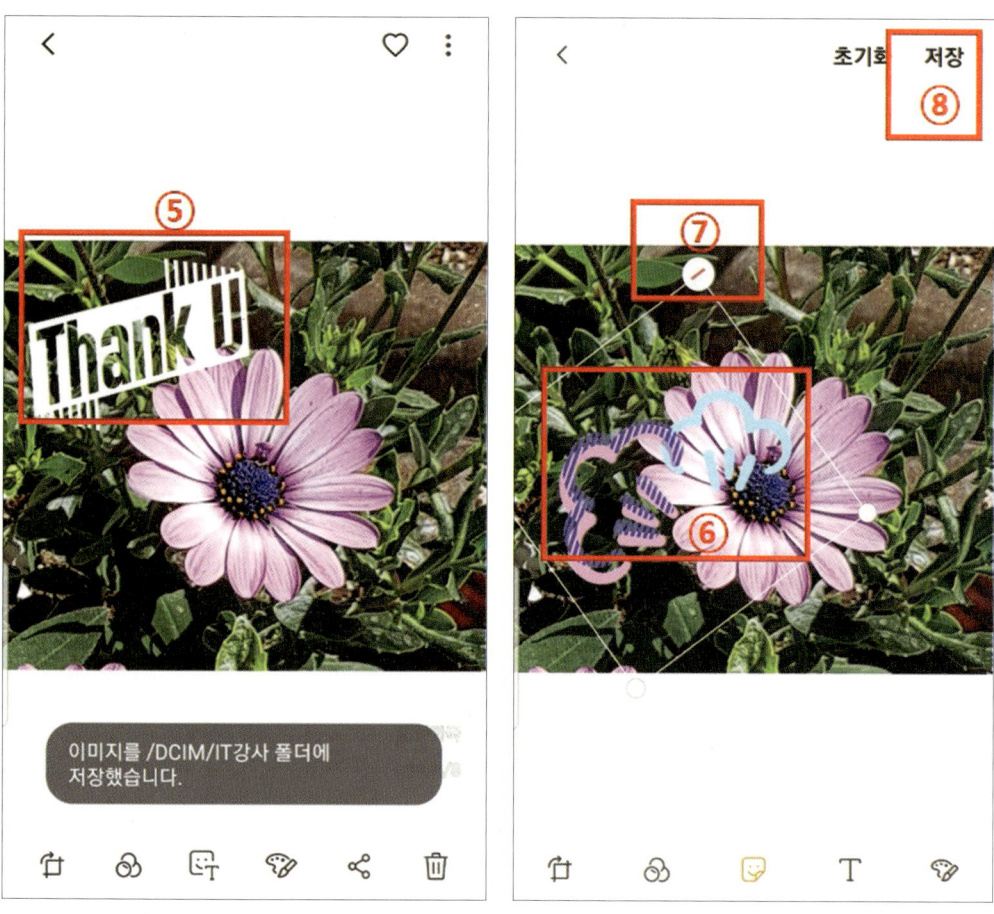

7. 사진 꾸미기 - 글씨 쓰기

① 꾸미기 메뉴에서 "T" 메뉴를 선택합니다.

② 문자 창에 원하는 글씨를 입력합니다.

③ 글씨 위치, 크기를 지정합니다.

④ 저장 버튼을 이용하여 앨범에 저장합니다.

8. 사진 상세정보 보기

① 우측 상단의 메뉴를 실행하면, 선택 메뉴가 보입니다.
② 상세정보 메뉴를 실행합니다.

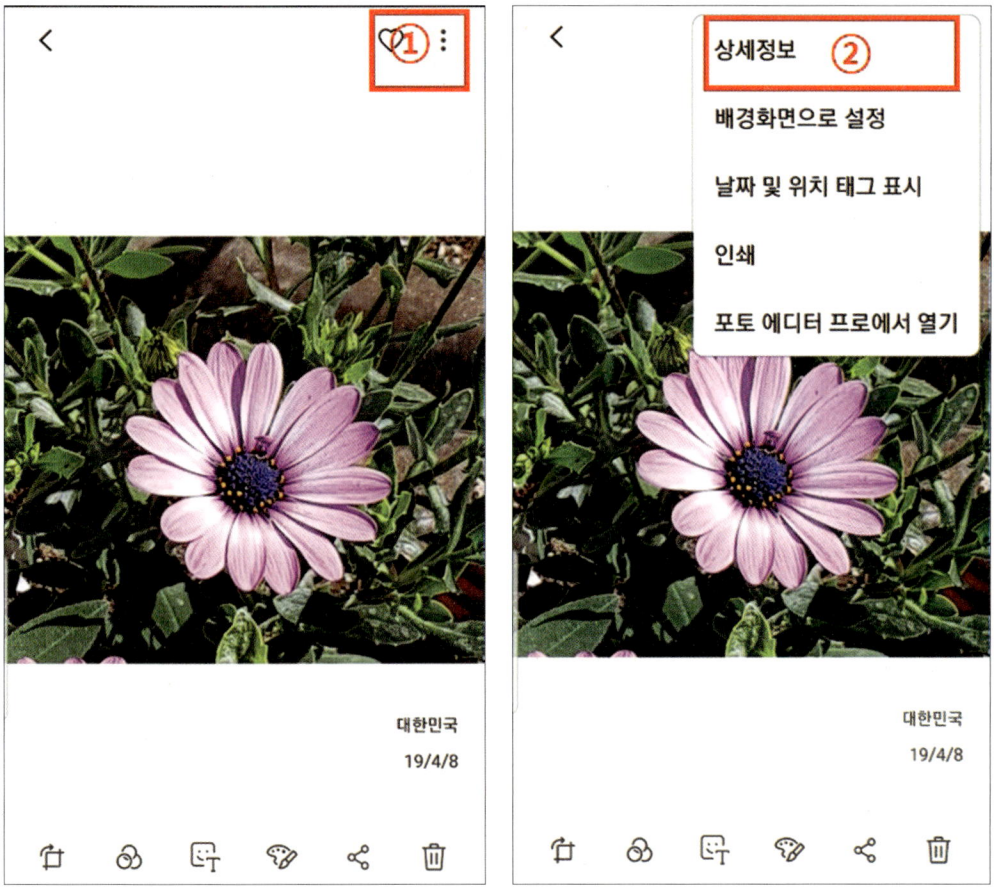

③ 사진 상세정보 표시
- 촬영 일시
- 크기, 해상도
- 저장 위치
- 제목
- 촬영위치(주소)
- 카메라 촬영정보 등이 표시됩니다.

9. 앨범 추가

① 갤러리 앨범 메뉴가 선택된 상태에서 화면의 우측 상단 메뉴를 선택합니다.

② 갤러리 메뉴에서 앨범추가를 선택합니다.

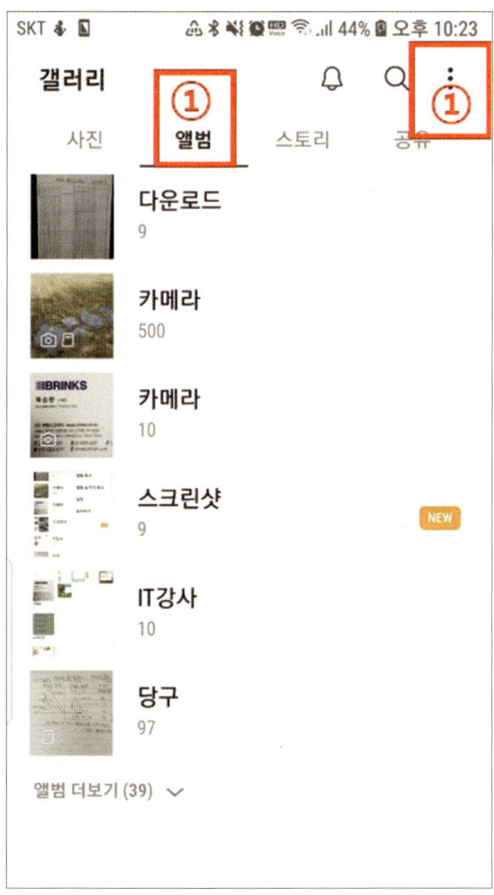 

③ 앨범 이름을 입력합니다.
- 예) "IT강사" 입력합니다.

④ 저장 위치 확인한 후,
- 예) "내장메모리" 선택

⑤ 추가 버튼을 누릅니다.

⑥ 새로운 앨범이 추가된 것을 확인합니다.
"IT강사" 앨범을 확인할 수 있습니다.
아직 사진은 없어 "0" 이 표시됩니다.

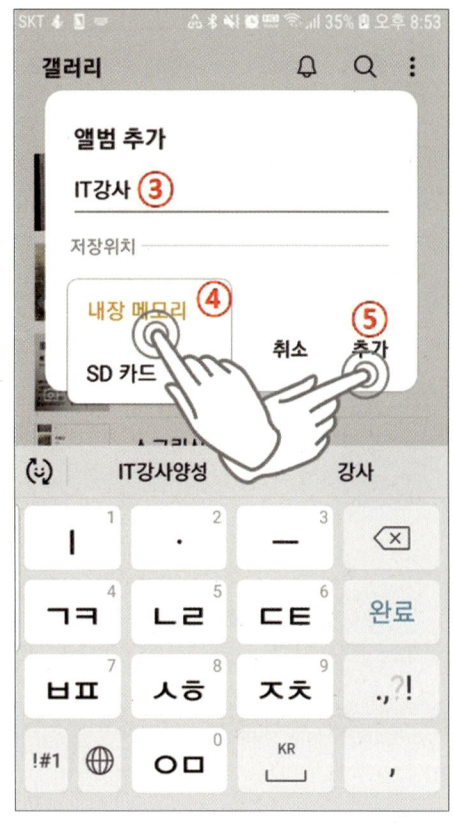
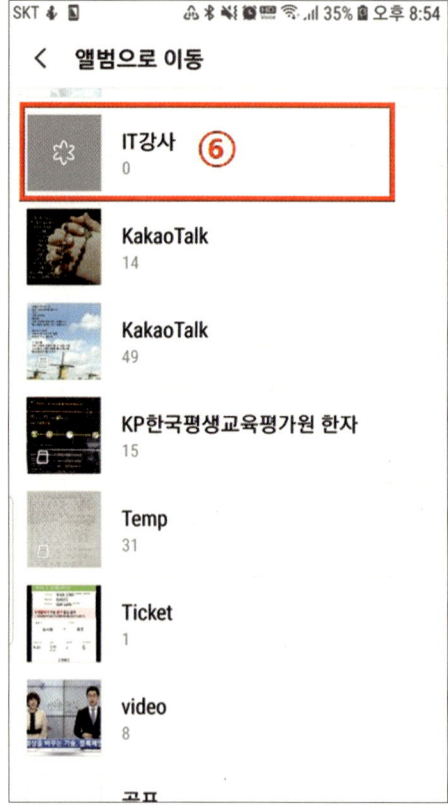

10. 앨범 간 사진 이동하기

① 앨범에서 이동할 사진을 선택합니다.

예) "스크린샷" 앨범 현재 사진 수: 20장

예) 이동할 사진을 선택함: 13장

② 우측 메뉴버튼을 누르면 메뉴가 표시됩니다.

③ 메뉴에서 "앨범으로 이동"을 선택합니다.

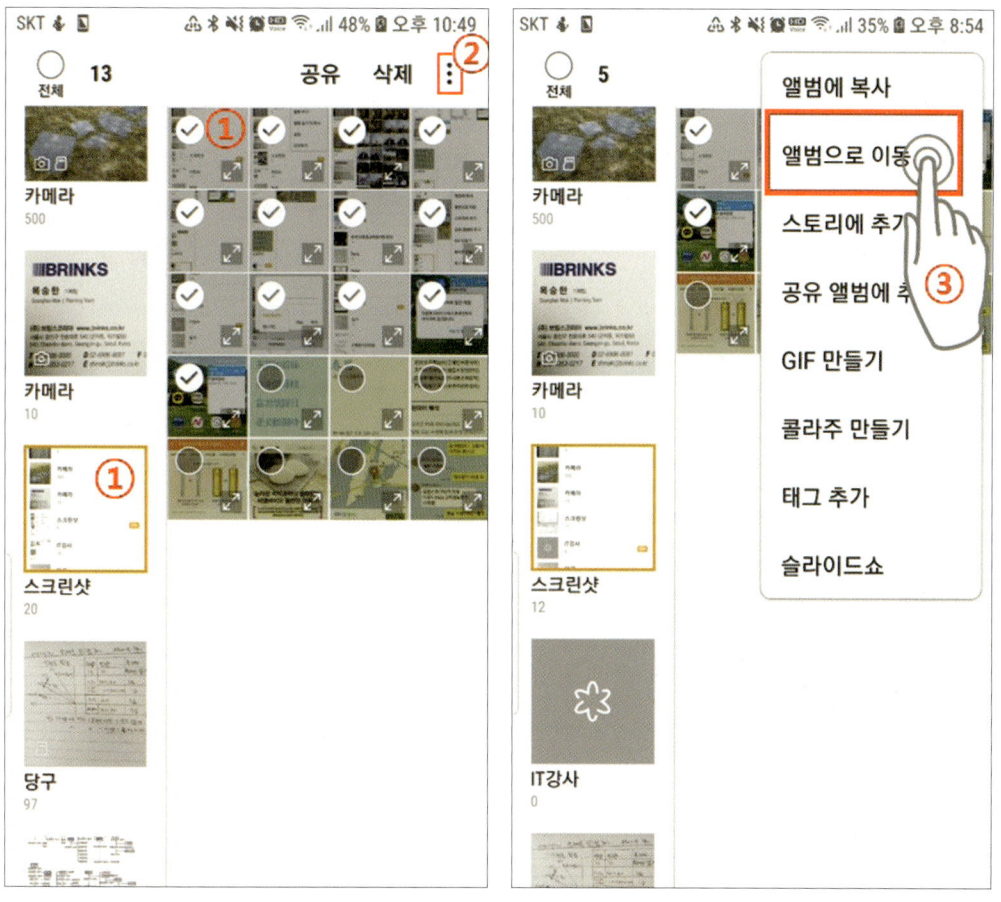

④ 표시된 앨범에서 이동할 곳의 앨범이름을 선택합니다.
  - 예) "IT강사"
⑤ "이동했습니다."라는 메시지가 표시됩니다.
⑥ 앨범의 사진 수를 확인합니다.
  "스크린샷" 앨범 사진 수: 감소
  "IT강사" 앨범 사진 수: 증가
  주> 사진 이동 시 원래 앨범의 사진은 삭제됩니다.

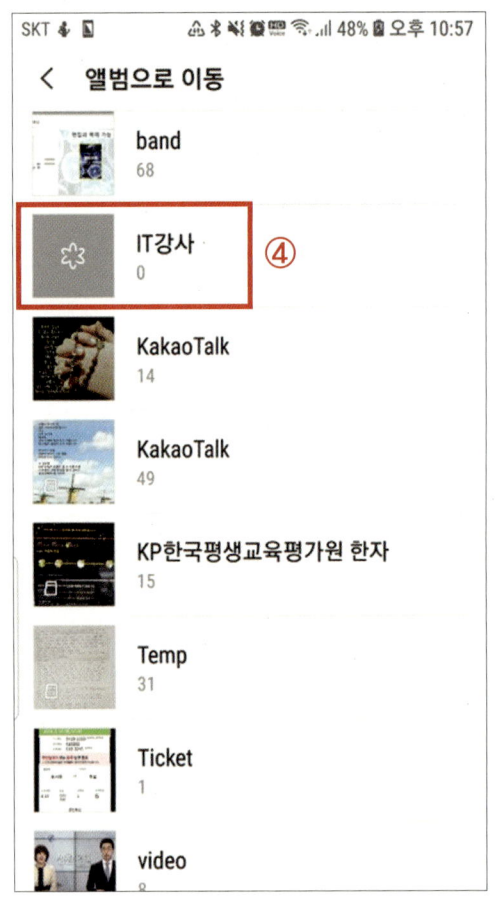
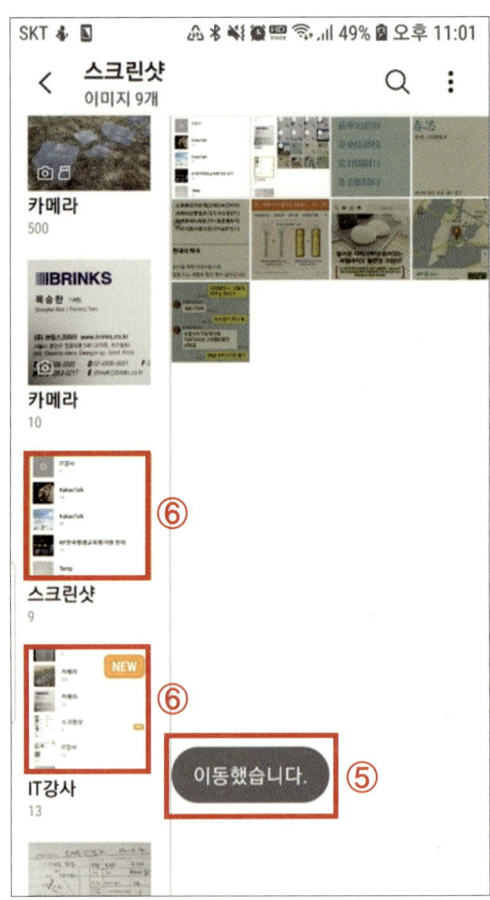

11. 카톡으로 받은 사진 관리

① 카카오톡으로 받은 사진 확인
　- 카톡에서 사진을 저장합니다.
② 스마트폰의 저장 위치는?
　- 갤러리의 "KakaoTalk" 앨범에 저장됩니다.
　- 갤러리 앱을 실행하여 확인합니다.

③ 갤러리 앱에서 "KakaoTalk" 앨범을 누르면 사진이 추가된 것을 확인할 수 있습니다.

④ 사진을 선택하여 볼 수 있고, 다른 앨범으로 이동하여 저장할 수도 있습니다.

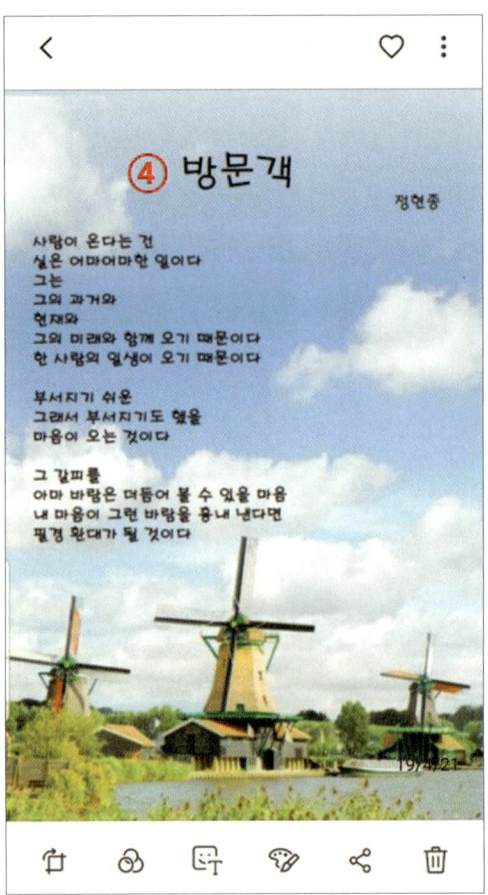

12. 밴드(Band)에서 사진 저장

① 밴드에서 사진을 선택하여 스마트폰에 저장하면,
② 스마트폰 갤러리의 "band" 앨범에 저장됩니다.
  * 참고: 밴드(Band)는 네이버의 밴드입니다.

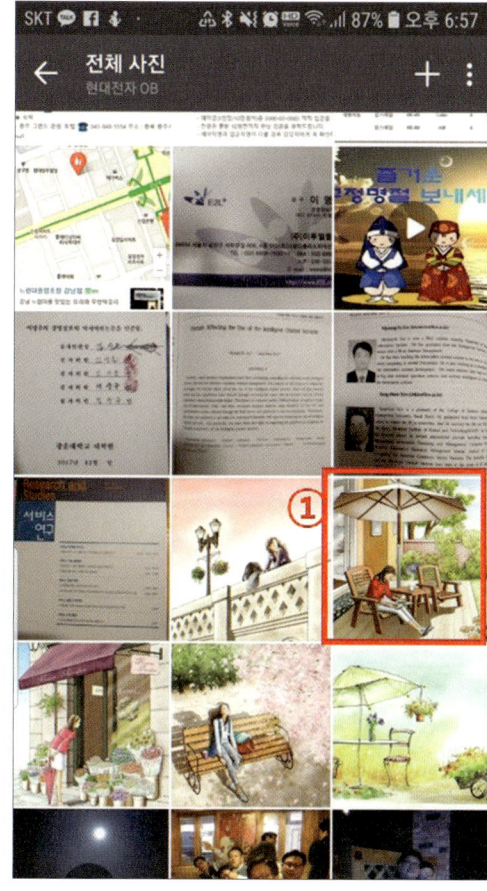

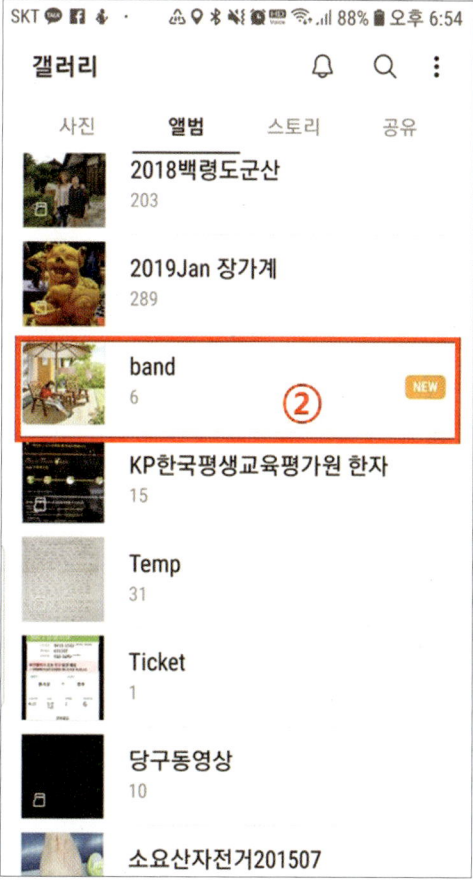

13. 스크린(화면) 저장하기

① 스마트폰의 스크린 저장

　- 스크린샷 버튼으로 스크린샷을 저장합니다.

　　예〉 홈버튼 ①과 전원버튼 ②을 동시에 눌러 현재 스마트폰 화면을 저장합니다.(삼성폰 s7 edge의 경우이며 폰 기종마다 다를 수 있음)

③ 저장 위치(스마트폰에서)

　- 갤러리 앨범 "스크린샷"에 저장됩니다.

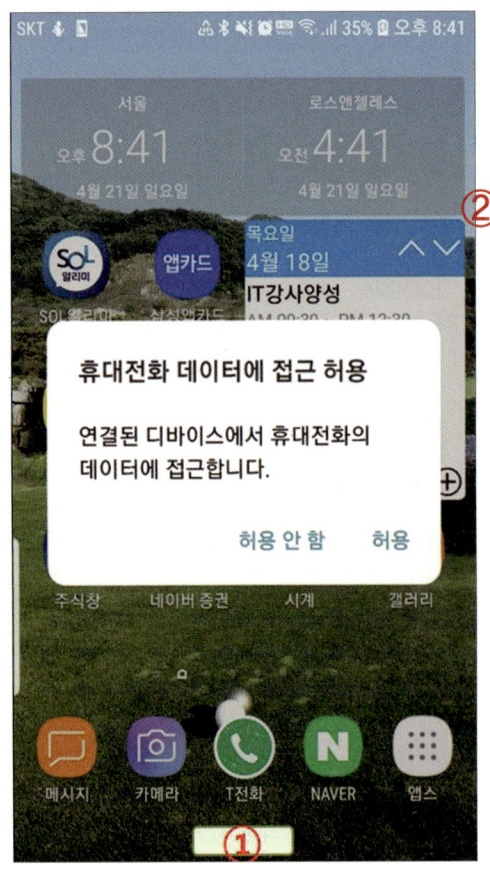

- 앨범 이름 옆 숫자는 현재 저장된 사진 수입니다.

참고〉 스마트폰과 PC 연결 후 PC에서는

: 컴퓨터₩Samsung Galaxy S7 edge₩Phone ₩DCIM₩Screenshots 폴더에서 확인할 수 있습니다.(Samsung Galaxy S7 edge: PC에 연결된 '해당 폰 기종 이름')

④ 파일 탐색기에서 위의 폴더의 파일을 선택하여

⑤ 윈도우 사진뷰어 프로그램에서 볼 수 있습니다.

유튜브
- 구글이 운영하는 동영상 공유 서비스
- 사용자가 동영상을 업로드하고 시청하며 공유
- 당신(You)과 브라운관(Tube, 텔레비전) 단어의 합성어
- 세계 최대의 동영상 사이트(http://www.youtube.com)

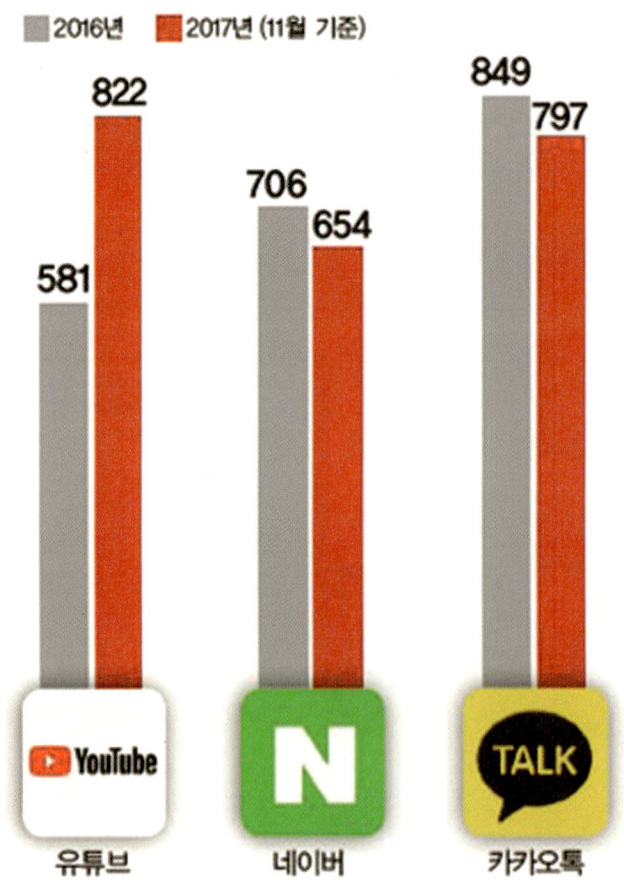

제11장

유튜브 동영상 이용하기

〈학습 목표〉

- 마음에 드는 동영상과 음악을 감상하고,
- 직접 만든 콘텐츠를 업로드하여
- 친구, 가족뿐 아니라 다양한 사람들과 콘텐츠를 공유할 수 있도록 합니다.

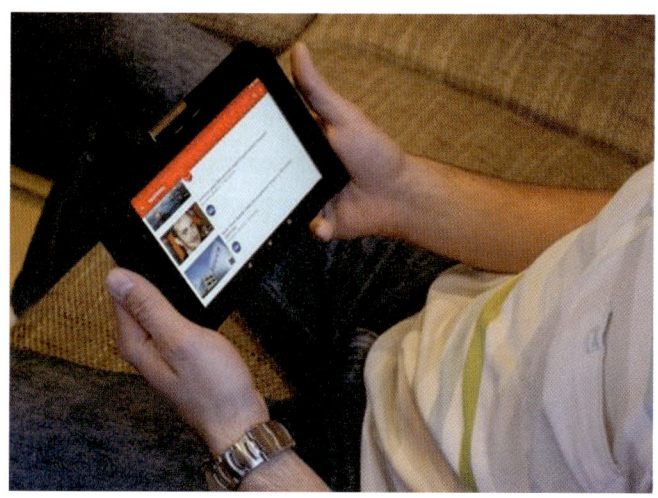

1. 유튜브 로그인

- 로그인 여부에 따라 유튜브 탐색 방법은 달라집니다. 휴대전화에서 계정을 탭하여 로그인 여부를 확인할 수 있습니다.
- 로그인한 경우 실명 또는 사용자 이름이 표시되며, 로그인하지 않은 경우 로그인 요청 메시지가 표시됩니다.

* 유튜브 로그인 – 계정 확인

- 유튜브 로그인을 하면 구독정보, 재생목록, 업로드한 동영상, 구매한 동영상, 기록 등을 이용할 수 있습니다.
- Google 계정 만드는 방법을 알아보세요.

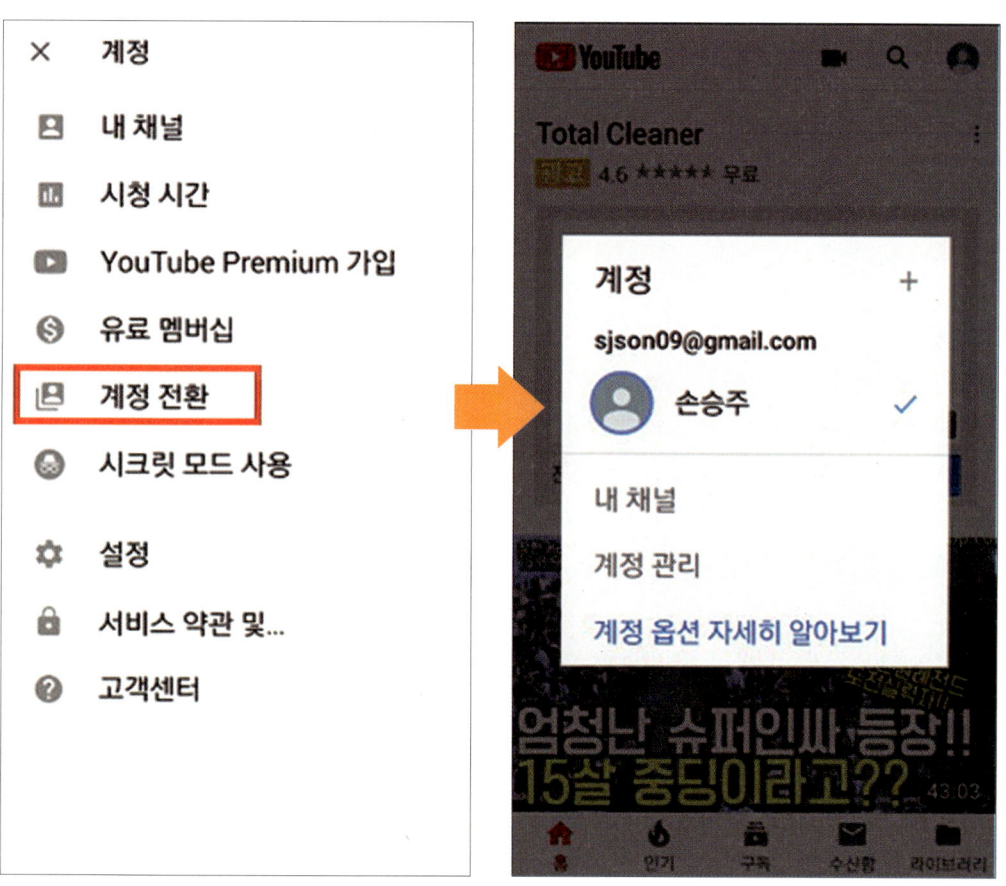

2. 유튜브 홈 화면

- 스마트폰 화면에서 유튜브 아이콘을 찾아 탭하면 오른쪽 유튜브 홈 화면을 만날 수 있습니다.
- 유튜브 아이콘이 없으면 'Play 스토어'를 통해 유튜브 앱을 설치하여야 합니다.

- 유튜브에 들어가면 하단에 홈, 인기, 구독, 수신함, 라이브러리를 선택할 수 있습니다.
- 홈에서 구독 채널의 최근 업로드 동영상 및 맞춤 동영상을 확인할 수 있습니다.

3. 유튜브 검색

- 검색 아이콘을 탭하여 검색할 항목을 입력한 후 동영상, 채널 또는 재생목록별로 검색결과를 필터링할 수 있습니다.
- 내 유튜브 환경설정 및 활동이 검색결과에 영향을 미칠 수 있습니다.

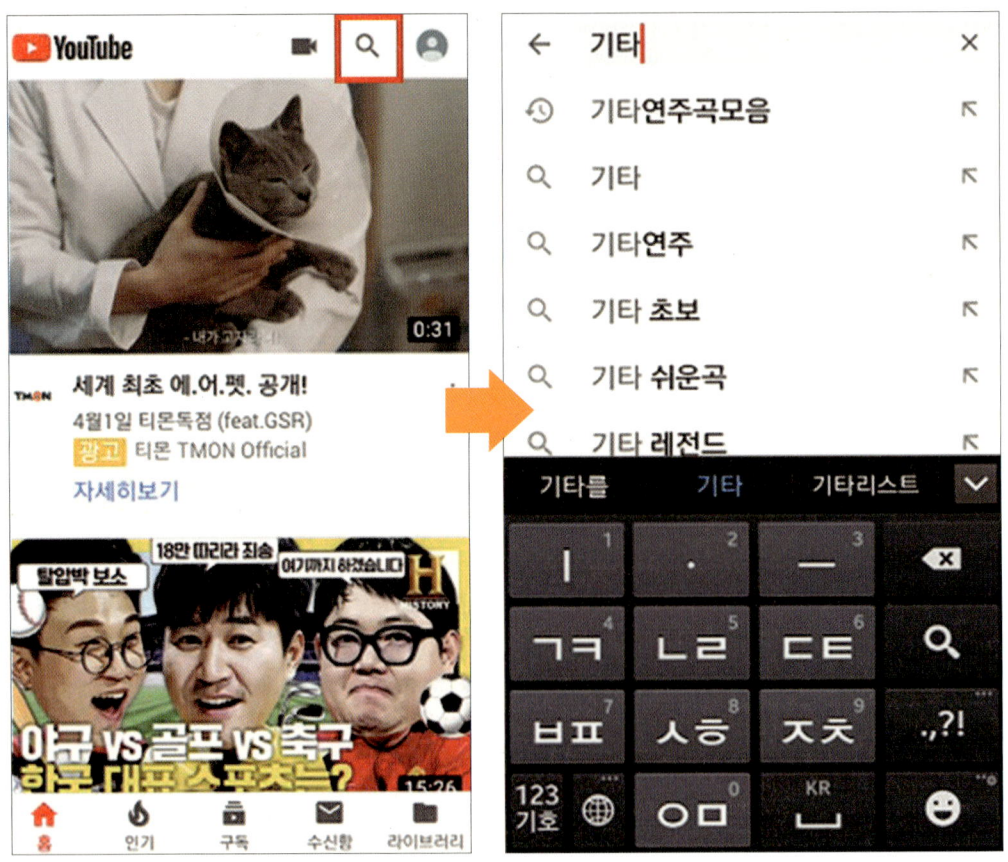

① 유튜브 홈 화면에서 인기를 탭하면 현재 인기를 얻고 있는 다양한 장르의 동영상이 표시됩니다.
② 전체 동영상 목록을 스크롤하거나 특정 카테고리(예: 음악, 게임, 영화)를 선택하여 원하는 주제의 동영상만 볼 수 있습니다.

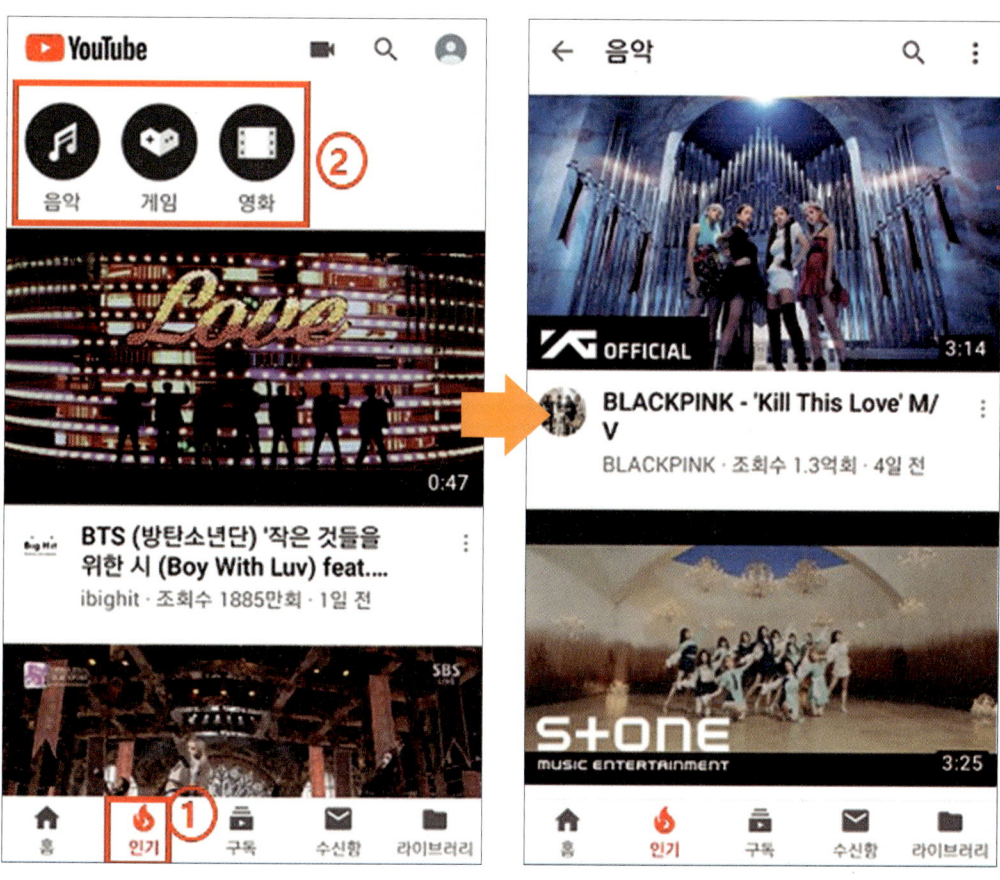

4. 유튜브 구독

① 유튜브 홈 화면에서 구독을 탭하면 구독한 채널의 동영상만 확인할 수 있습니다.
② 상단에서 구독 중인 채널의 목록을 확인할 수도 있습니다.
③ 채널 아트워크를 탭하면 해당 채널로 이동합니다.

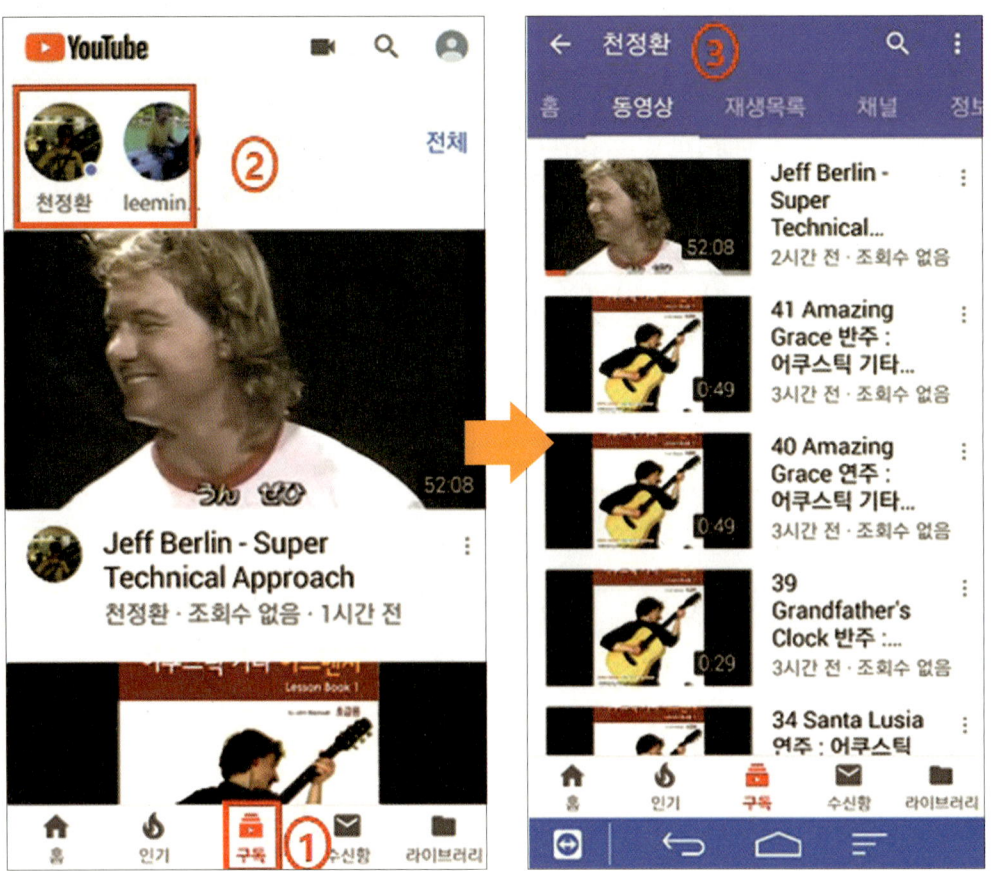

5. 유튜브 메시지 수신함

① 유튜브 홈 화면에서 수신함을 탭하면 메시지를 주고받을 수 있는 수신함 화면을 만날 수 있습니다.
② 유튜브에서 친구와 동영상을 공유하고 채팅할 수 있습니다.

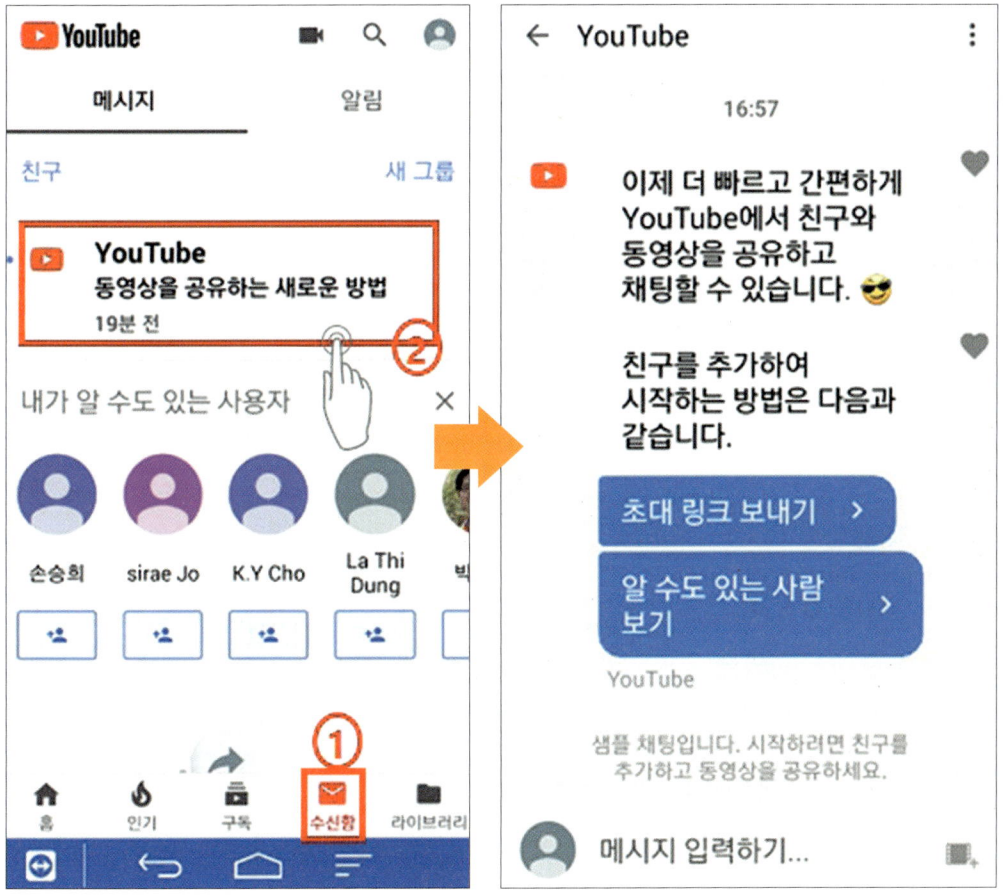

6. 유튜브 라이브러리

① 유튜브 홈 화면에서 라이브러리를 탭하면 시청 기록, 업로드 동영상, 구입한 동영상, 재생 목록을 확인할 수 있습니다
② 내 동영상을 탭하여 동영상을 업로드하고 공유할 수도 있습니다.

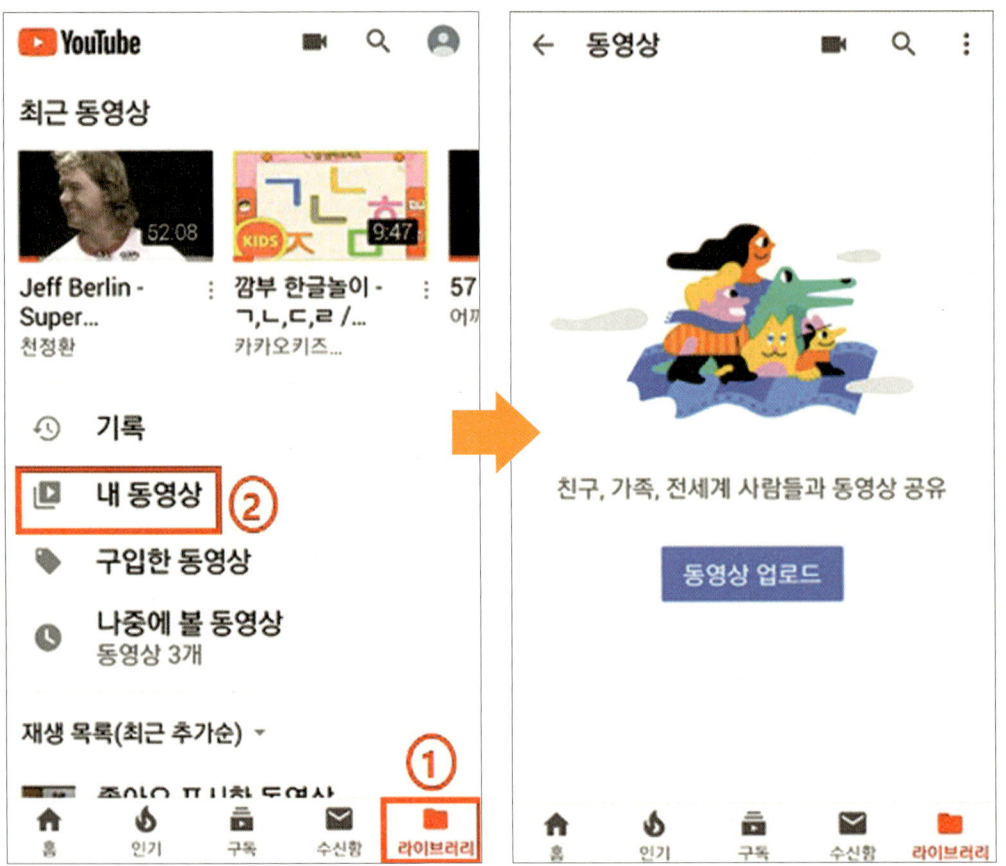

7. 유튜브 크리에이터

인터넷 무료 동영상 공유 사이트 유튜브에서 활동하는 개인 업로더들을 지칭.
- 크리에이터
- 유튜버
- 1인 방송국
- 1인 미디어

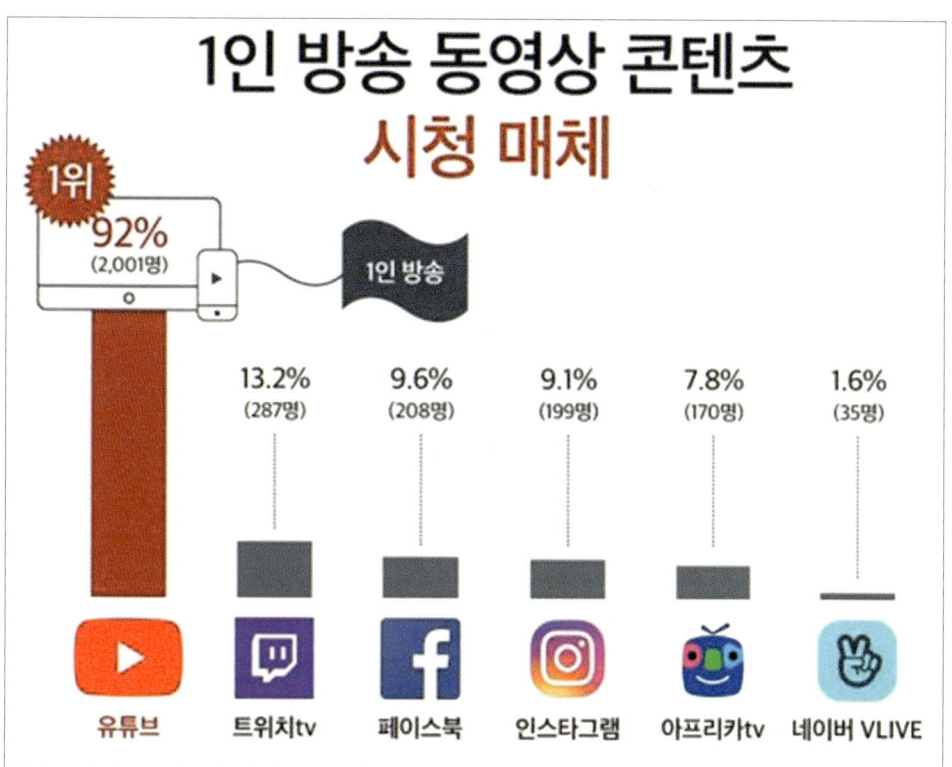

* 스마트폰만 있으면 누구나 '유튜브 크리에이터'가 될 수 있다.

● 카센터에 다니는 유튜버는 자동차 고치는 장면을 영상으로 찍고 유튜브에 올려서 15만 명의 구독자를 모았고 구독자들과 라이브 방송으로 소통하기도 합니다.
● 중요한 것은 콘텐츠이며 촬영 및 편집기술은 부차적인 문제입니다.

제12장

대중교통, 날씨, 미세먼지, 사전 사용하기

〈학습 목표〉

대중교통(버스, 지하철)을 편리하게 이용하기 위한 방법을 학습합니다.
- 출발지에서 목적지까지 버스, 지하철 등의 경로 찾기
- 도착시간, 총소요시간, 거리, 요금, 환승 정보
- 지하철 환승 시 최적 환승 칸 번호
- 지하철 시간표, 첫차/막차 시간
- 이동 중 지도상의 위치
- 버스 이용 시 버스 도착시간
- 출발지 또는 하차 지점에서 최종 목적지까지 걷기 경로 표시
- 하차 알림 사용

일상생활에 밀접한 날씨, 미세먼지 앱의 이용방법을 학습합니다.
- 관심지역 오늘, 내일 날씨
- 산악지역 날씨
- 관심지역 미세먼지 농도
- 전국 미세먼지 농도
- 관심지역 관리

일상생활에 필요한 외국어, 한자 등을 찾아볼 수 있는 사전앱 이용방법을 학습합니다.
- 영어, 한자 뜻
- 한글을 영어로, 영어에서 한글로
- 외국어 사전 추가하기
- 한자 필기체로 뜻 찾기
- 사전에 즐겨찾기 이용하기

1. 대중교통 앱 이용하기

* 사용 앱: Tmap 대중교통(Play스토어에서 앱을 설치합니다)

1. 대중교통 앱 – 버스, 지하철

초기화면에 최근 이용, 출근, 퇴근 경로가 표시됩니다.
① 현재위치(출발지)와 목적지 입력창

① 현 위치(또는 출발지)와 목적지를 입력합니다.
② 추천 경로 표시(기본)
③ 버스, 지하철 경로 표시
　- 노선별 총소요시간, 요금, 걷는 시간, 도착시간, 좌석 수 등 표시

주) 각 교통수단 옆의 숫자는 가능한 경로 개수를 나타냅니다.

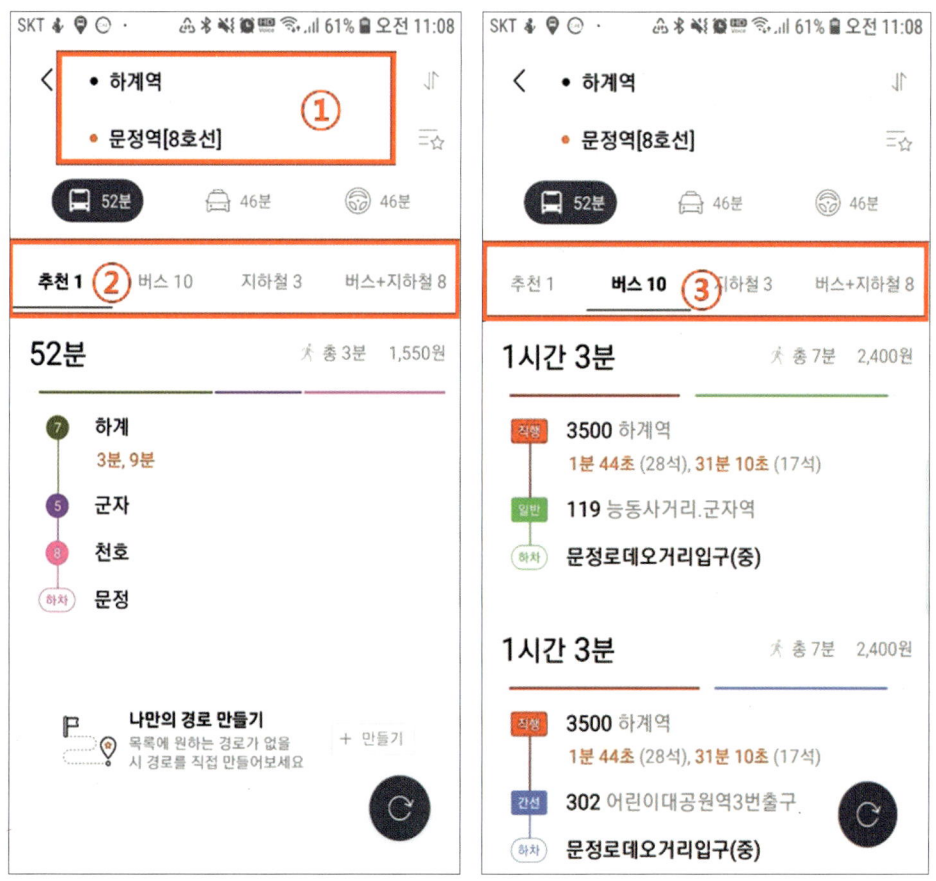

④ 경로 즐겨찾기에 추가

　　별표(☆)를 눌러 자주 사용하는 경로를 추가합니다.

⑤ 현 즐겨찾기 경로를 표시

　　– 다시 별표(☆)를 선택하면 오른쪽 화면과 같이 현재 즐겨찾기에 등록되어 있는 경로를 보여줍니다.

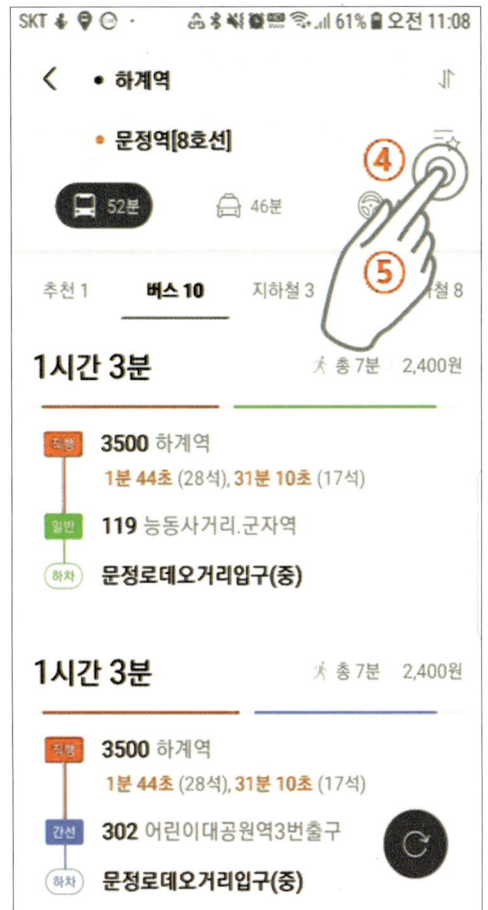 

⑥ 경로 즐겨찾기에서 "편집"을 선택합니다.

⑦ 경로 즐겨찾기 편집화면에서 경로를 선택 후 삭제가 가능합니다.

 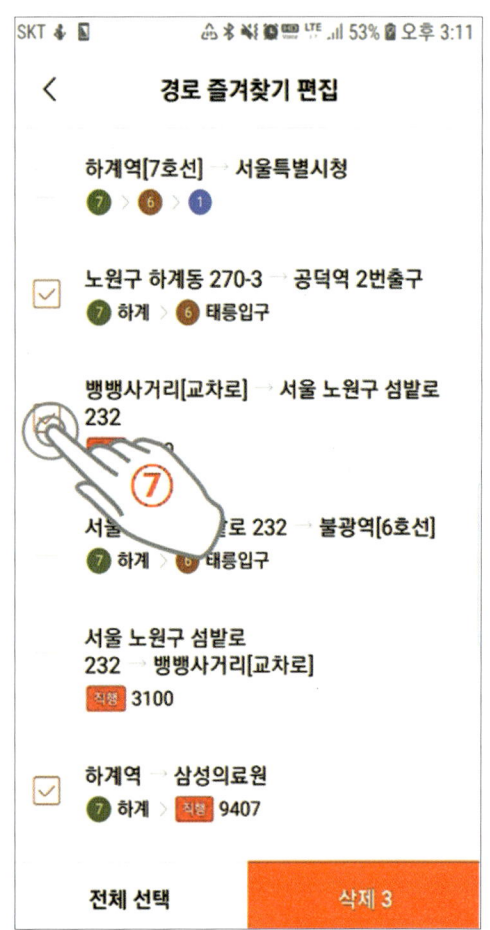

2. 대중교통 앱 - 지하철 이용

① 지하철 선택

　- 숫자 3은 가능 경로 수

② 경로 선택

　- 총소요시간, 거리, 요금, 걷는 시간, 열차도착시간, 빠른 환승 표시

③ 화면에 지도 표시(확대 가능) 및

④ 세부경로 표시(스크롤 가능)

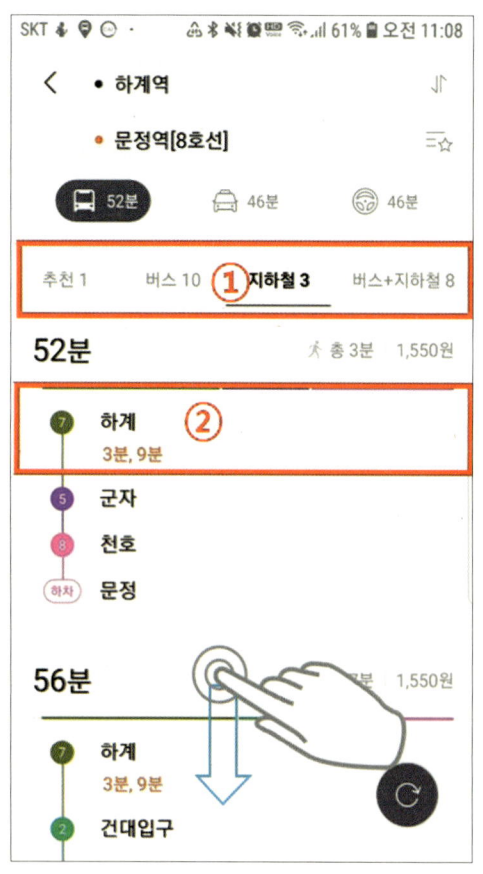

⑤ 하차 알림 아이콘 선택

⑥ 하차 알림 메시지가 표시됩니다.

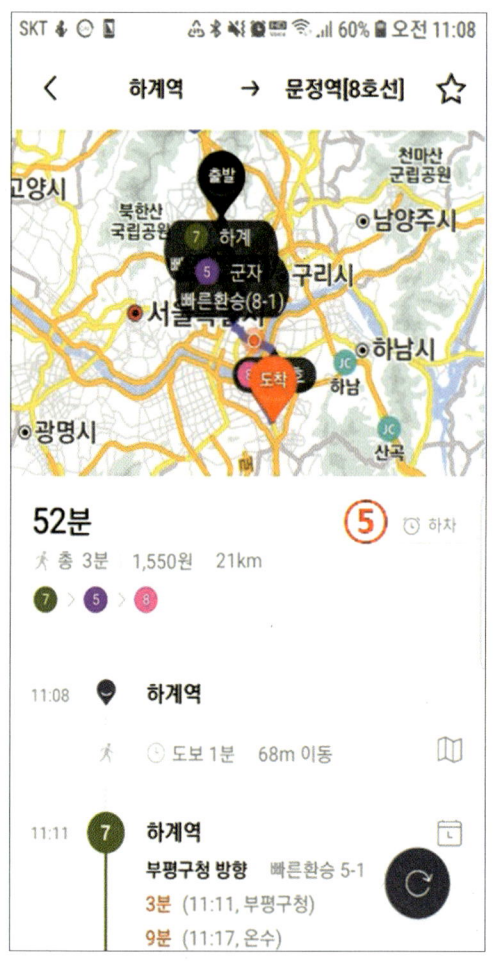

⑦ 초기 화면에서도 확인 가능함. 선택하면 상세내용이 표시됩니다.

즉, 사용자가 이동하는 경로에 대하여 "하차알림"을 설정한 경우에, "Tmap 대중교통" 앱 화면으로 들어가지 않고, 스마트폰의 초기 화면에서 그림과 같이 화면 가운데 == 표시된 부분(스마트폰 기종마다 ==표시가 다를 수 있음)을 위에서 아래로 터치를 하면 현재 하차 알림 중인 것에 대한 정보를 보여줍니다.

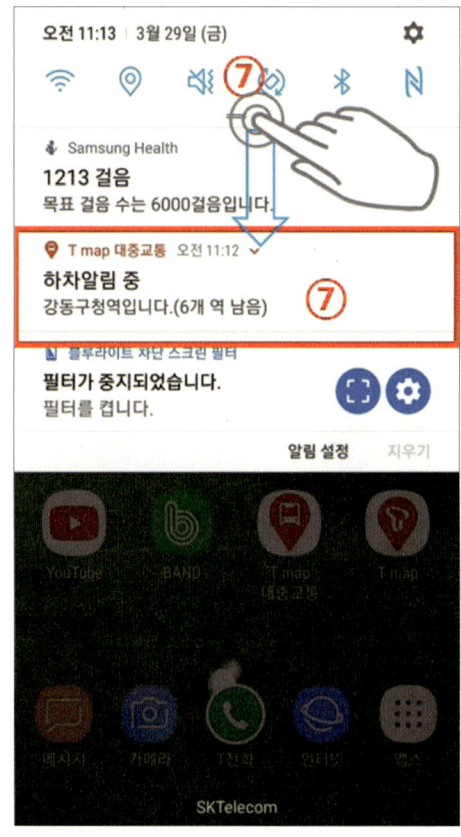

3. 대중교통 앱 - 지하철 역, 첫차/막차 표시

*** 지하철 역 위치**

① 지하철 노선에서 물결무늬를 선택하면
② 현재 위치에서 지하철역까지 걷기 경로를 표시합니다.

*** 지하철 첫차/막차 시간표시**

③ 지하철 노선에서 시계표시를 선택하면

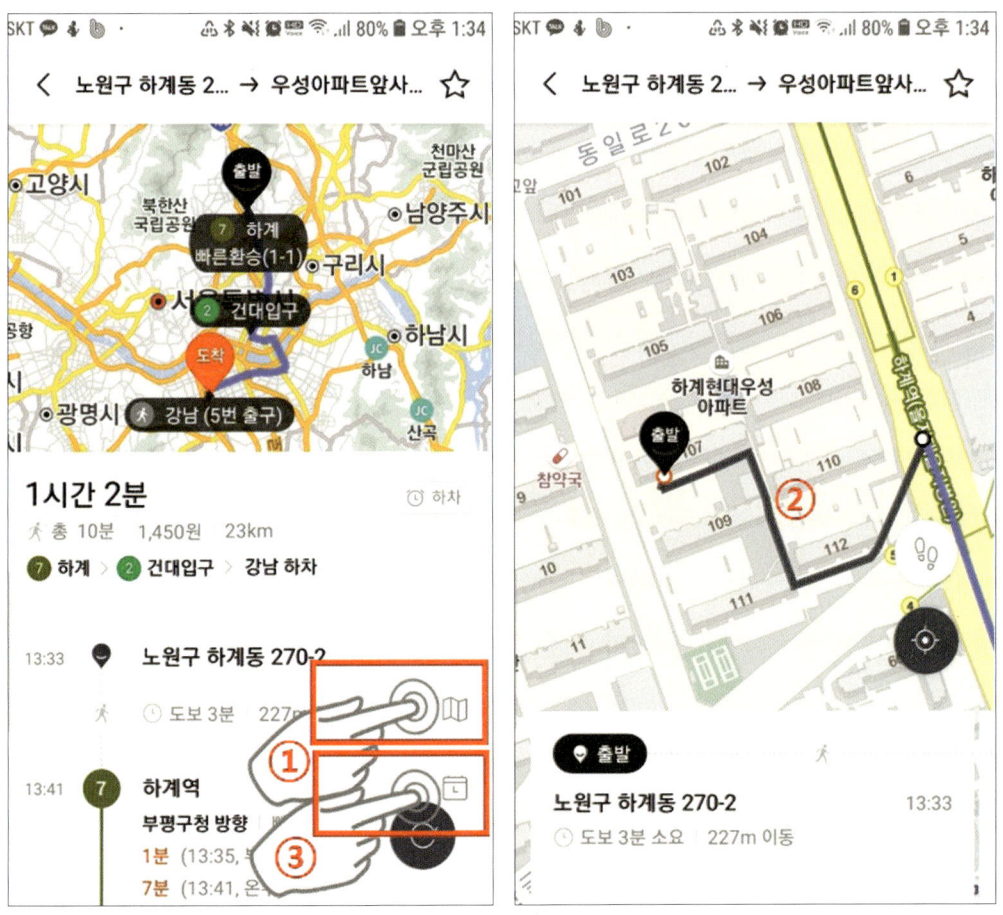

④ 지하철 역의 전체시간표를 표시합니다.
⑤ 첫차/막차 시간표를 표시합니다.

4. 대중교통 앱 - 지하철 노선도 이용

① 지하철 선택 및 지역 확인

- 노선도가 표시됩니다.

② 노선도에서 출발역 "하계역"을 선택합니다.

③ 도착역 "문정역"을 선택합니다.

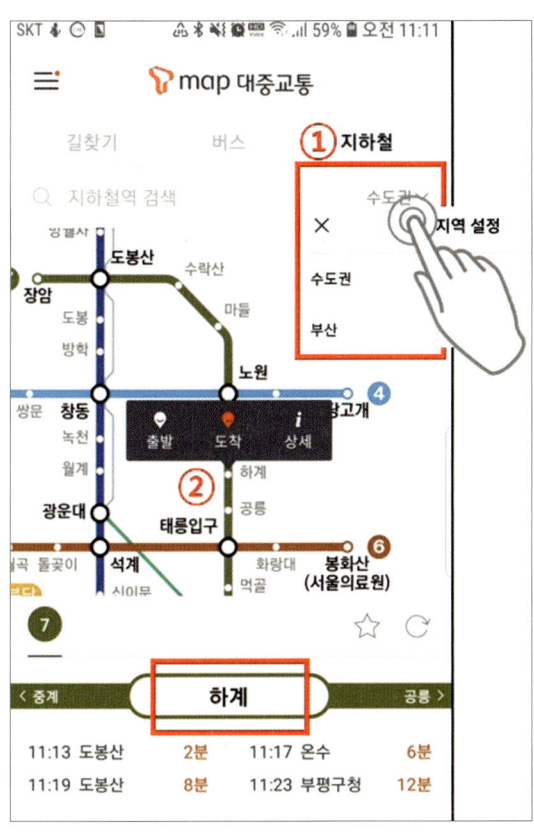 

④ 최단시간, 최소환승, 막차 정보가 표시됩니다.
⑤ 원하는 경로를 선택하면
　도착시간, 빠른 환승칸 번호(5-1),
　환승까지 소요시간과 역 수 등이 표시됩니다.
⑥ 하차 버튼을 눌러 하차 알림을 설정합니다.
　주) 하차 알림
　- 2 정거장 앞에서 알림(진동, 음성)

5. 대중교통 앱 - 버스 이용

① 현 위치와 목적지를 입력합니다.

② 버스를 선택합니다.

③ 선호하는 노선을 선택합니다.

④ 상세 노선이 표시됩니다.(스크롤)

⑤ 하차 알림이 가능합니다.

주) 하차 알림
- 2정거장 전에 음성, 진동

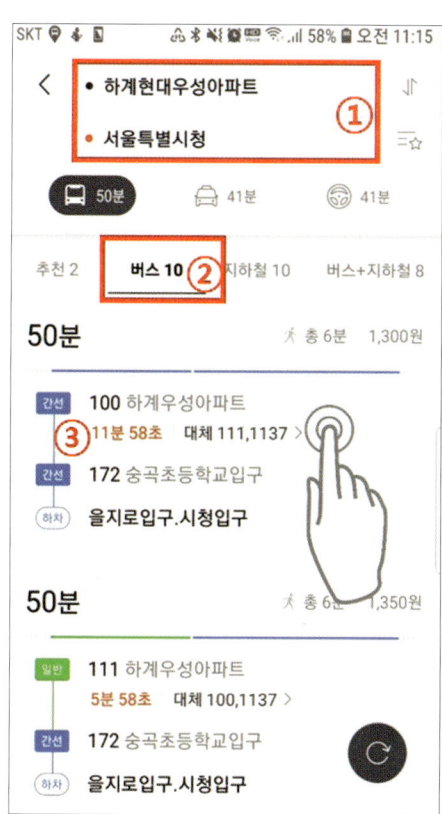
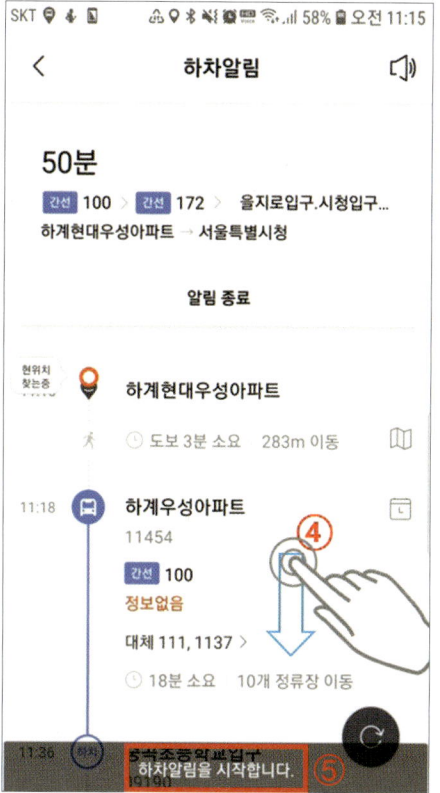

⑥ 이동 중 현 위치를 지도에서 확인합니다.
   - 하차 알림에서 확인 가능
⑦ 노선 중 검색하고픈 지역명을 선택합니다.
   ex) 지하철 2호선 강남역
⑧ ⑦번에 해당하는 지역이 지도에 표시됩니다.
⑨ 현 위치(빨간점)를 지도에 표시합니다.

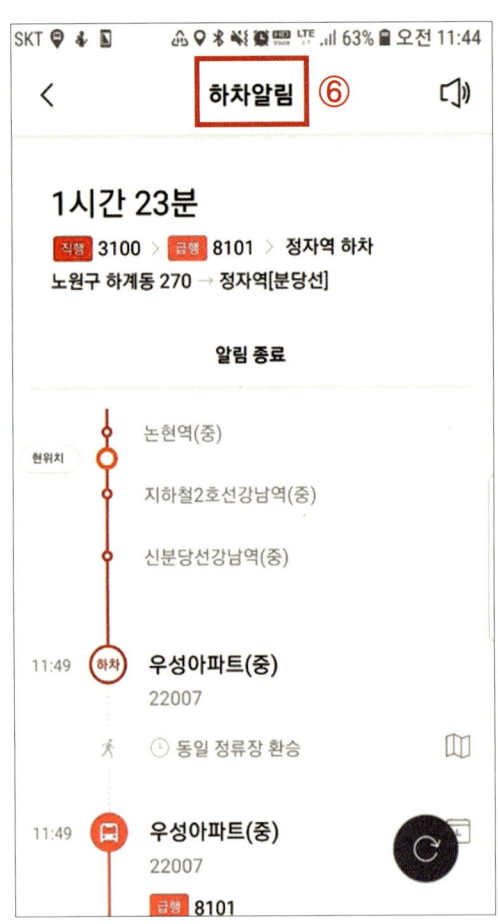
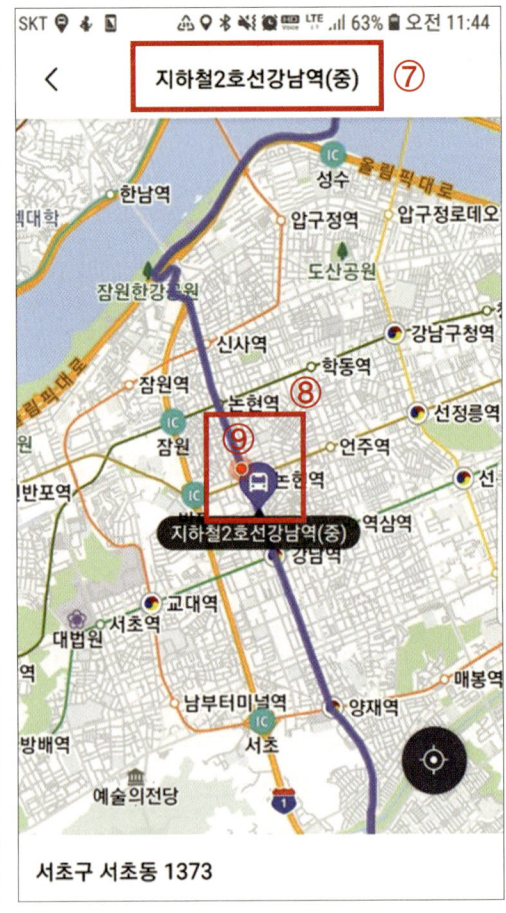

⑩ 하차 후 목적지까지 도보 이동 시,

⑪ 화면 오른쪽 아래 발자국을 선택하면,

⑫ 발자국 표시가 빨간색으로 변경되고,

⑬ 지도상에 빨간 점으로 걸어가는 이동 경로가 표시됩니다.

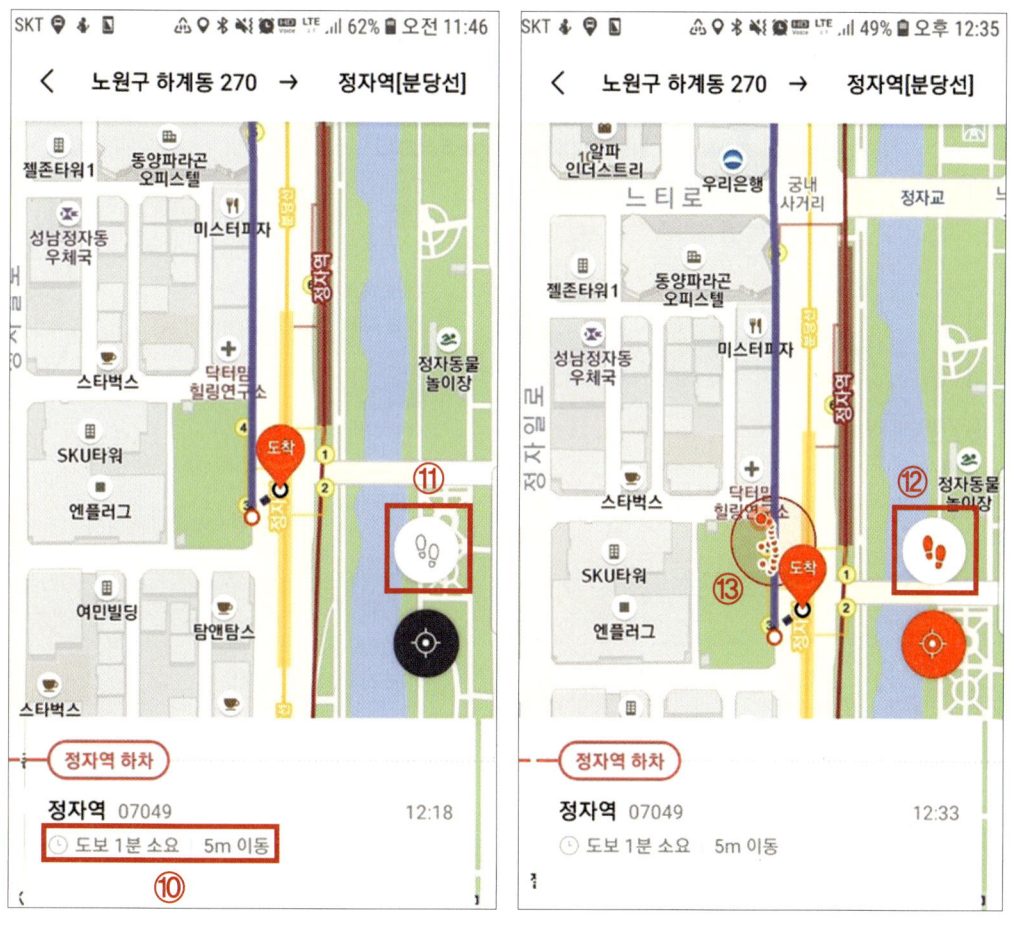

6. 대중교통 앱 - 버스 도착시간

① 목적지까지 노선을 선택 후 시계표시를 선택하면
② 목적지까지의 버스 도착시간이 표시되고
③ 번호순, 도착순을 선택하여 표시가 가능합니다.

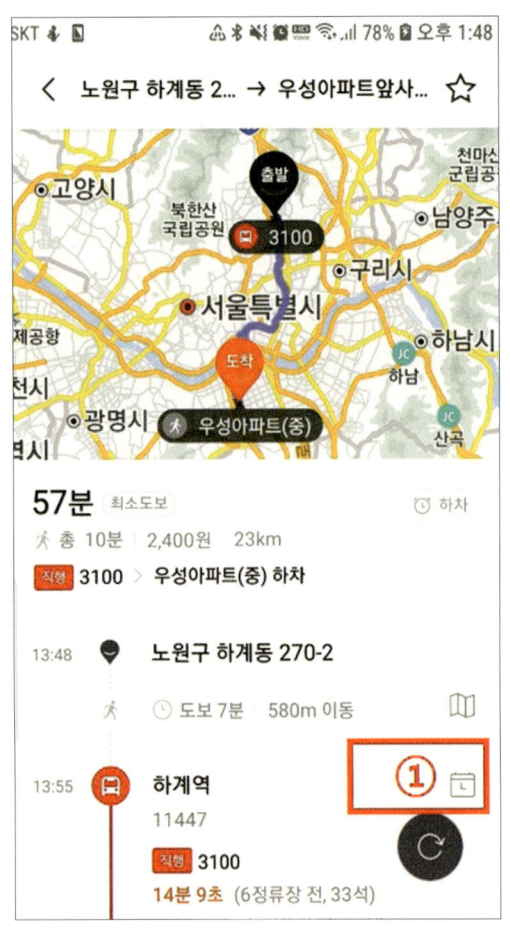 

2. 날씨, 미세먼지 앱 이용하기

*** 사용 앱: 날씨나라, 대기오염정보**

(Play스토어에서 2개의 앱을 각각 설치합니다)

1. 날씨 앱 이용하기

① 선택지역의 현재 날씨가 표시됩니다.

② 오늘 및 내일 날씨가 표시됩니다.

③ 시간대별 날씨(기온, 비/구름)

   – 옆으로 스크롤이 가능합니다.

④ +를 눌러 관심 지역 추가화면으로 이동합니다.

⑤ 관심지역을 입력(선택)합니다.

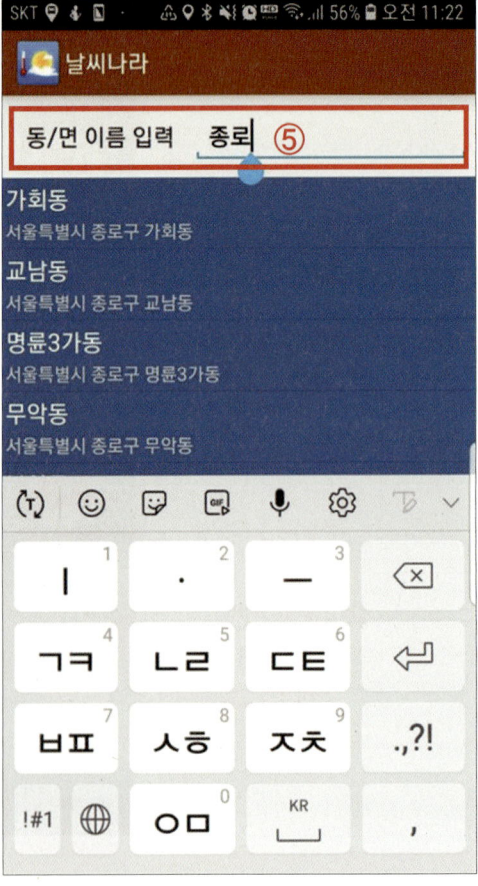

⑥ 미세먼지

메뉴에서 미세먼지를 선택합니다.

- 상세 상황을 표시합니다.

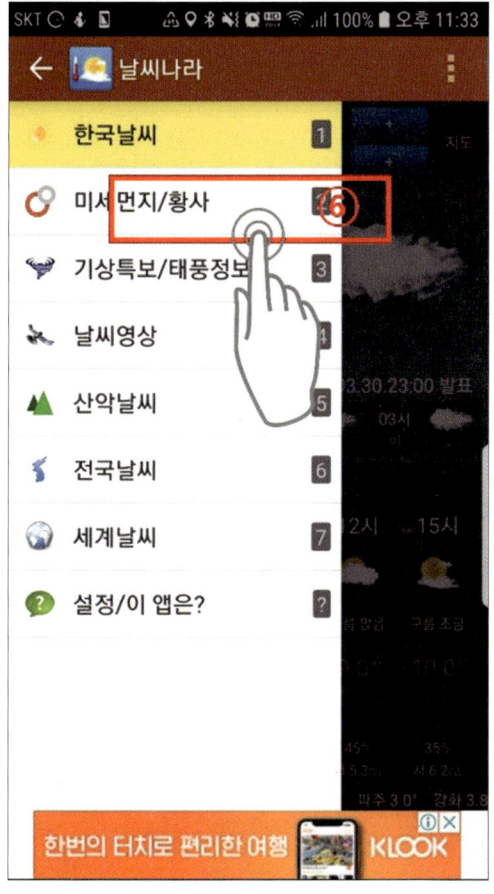

⑦ 산악날씨

메뉴에서 산악날씨를 선택합니다.

- 산악날씨 화면에서 해당 산을 선택
- 산의 상세 날씨 표시

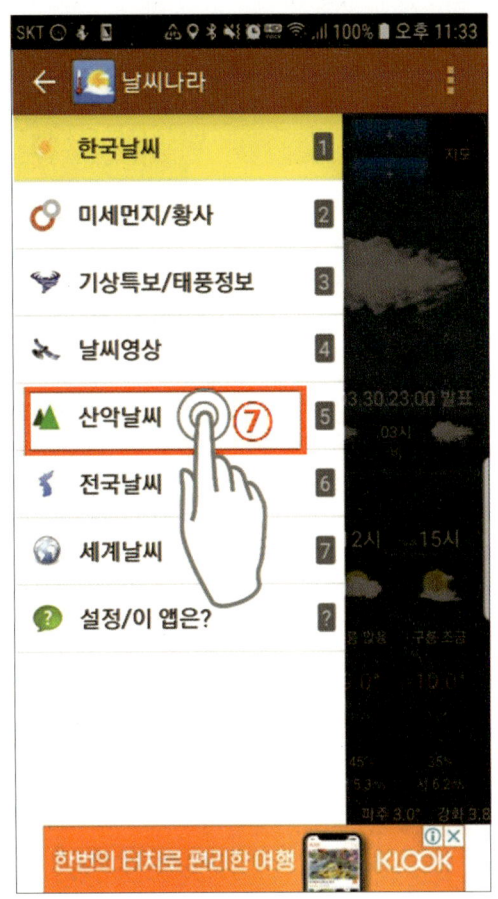

2. 미세먼지 앱 이용하기

스마트폰에서 대기오염정보 앱을 실행하면 초기화면에 선택된 지역의 현재 정보가 표시됩니다.

 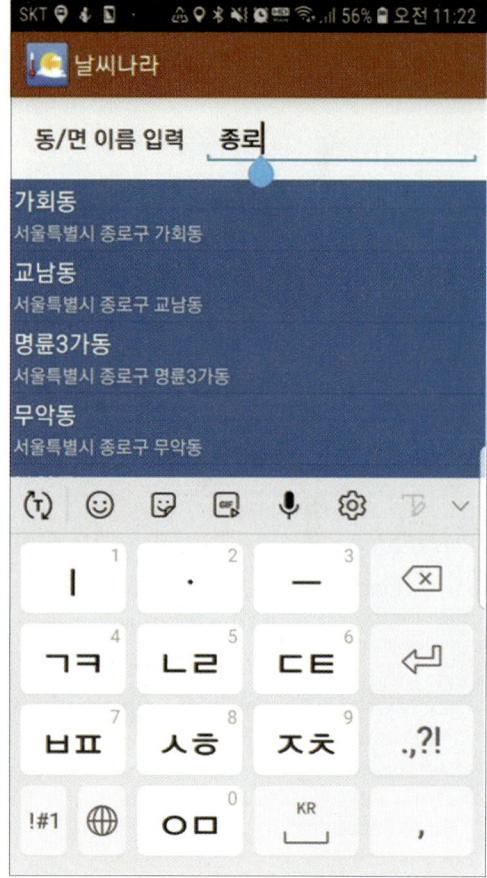

① 초기화면에서 좌우 스크롤하면 현재 시도별 상세정보가 표시됩니다.
② 관심지역관리
　　- 오른쪽 메뉴(:)를 선택합니다.

 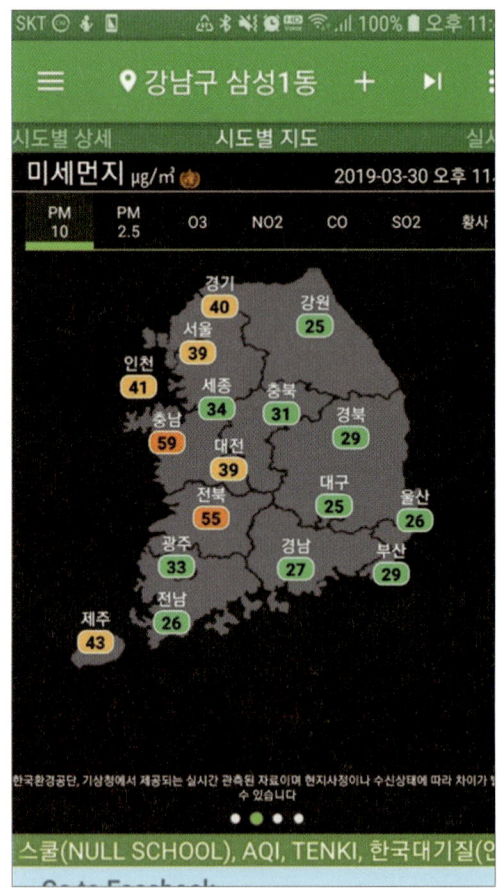

③ 관심지역관리를 선택합니다.

④ 현재 등록된 관심지역들이 표시됩니다.

⑤ 관심지역 알람을 설정합니다.

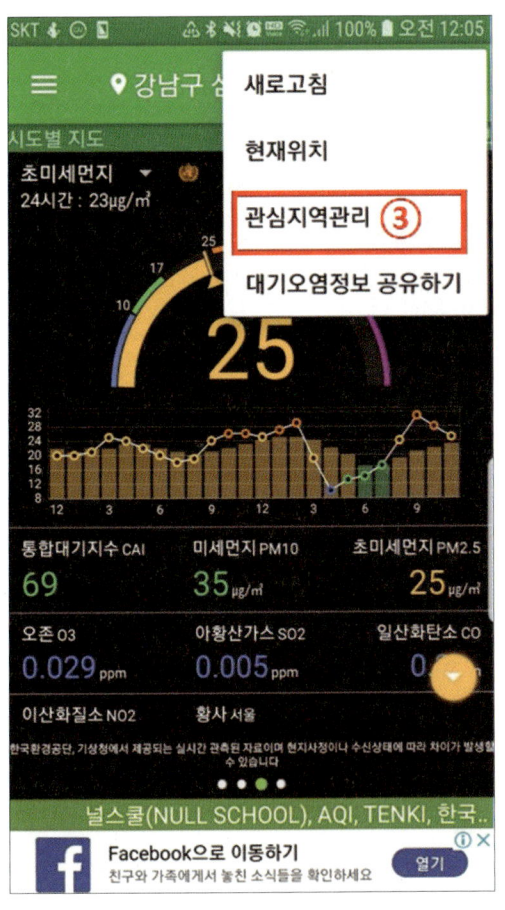 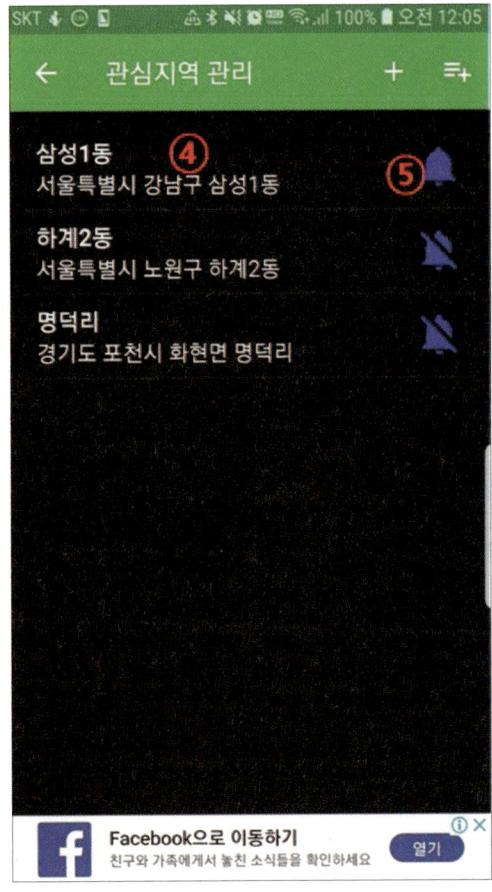

⑥ +를 눌러 관심지역 추가화면으로 이동합니다.

⑦ 관심지역을 선택하여 추가합니다.

　　(시, 도 → 구 → 동 → 지역순으로 선택)

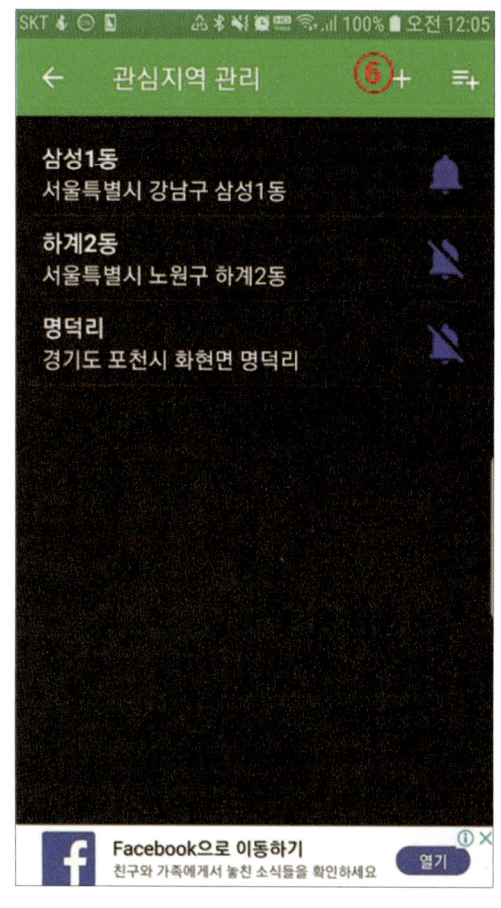
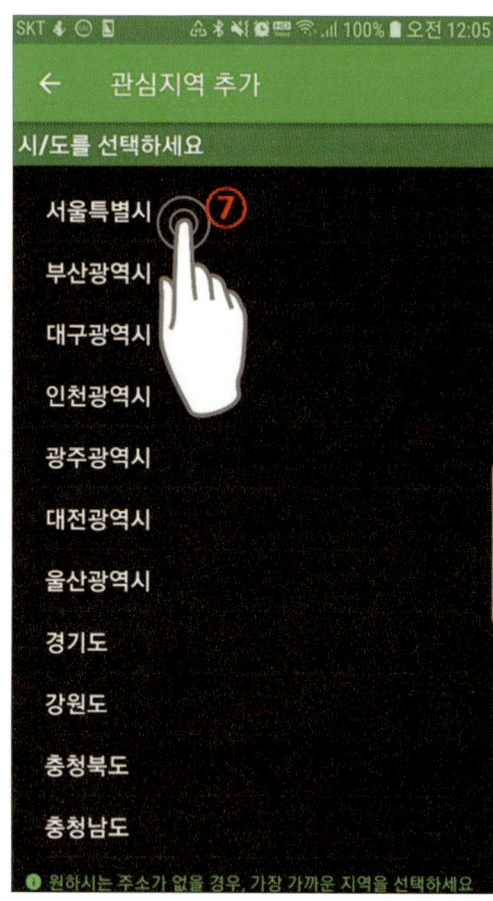

⑧ 관심지역 삭제

　－ 삭제할 지역을 누르면 삭제 창이 나타납니다.

⑨ 삭제 창에서

　－ 확인 버튼을 선택하여 삭제합니다.

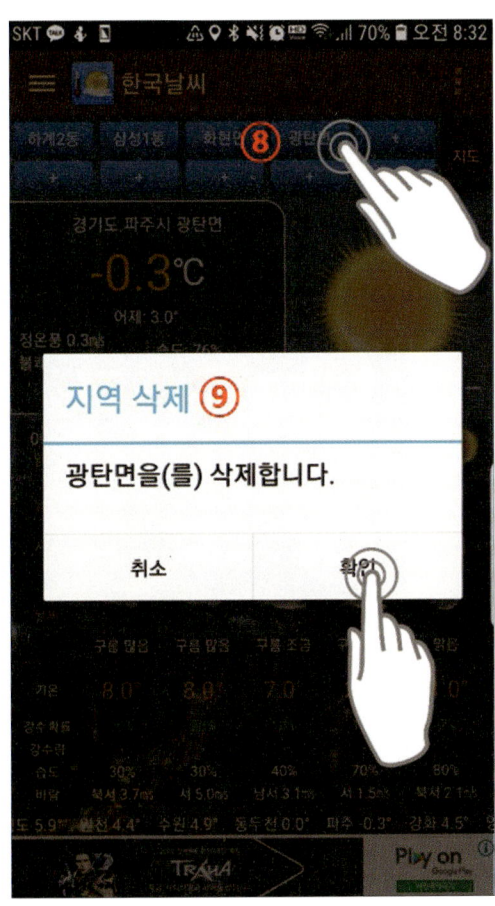

3. 사전 앱 이용하기

*** 사용 앱: 오프라인 사전, 한자 한방 검색**

(Play 스토어에서 2개의 앱을 각각 설치합니다.)

1. 사전 앱 이용하기 - 영어 사전

스마트폰에서 오프라인 사전 앱을 실행합니다.

 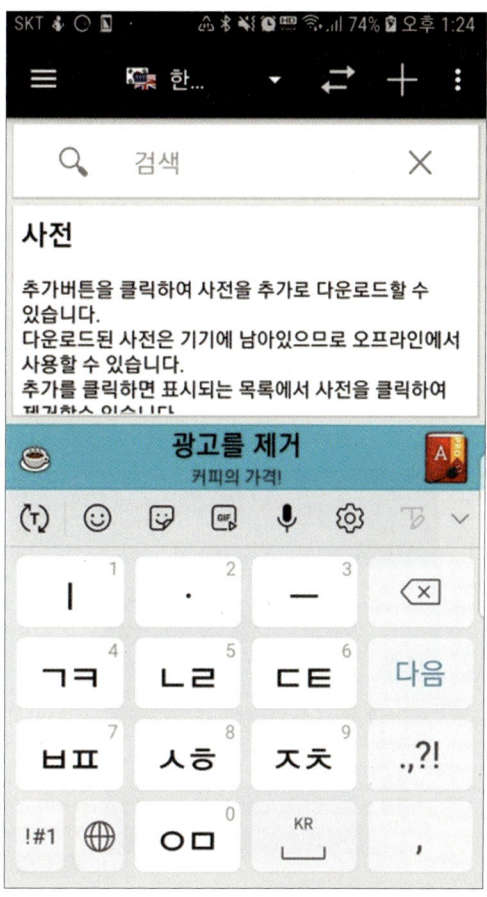

① 사전 선택

　- 영-한, 한-영, 한자

　주1) 영어를 한글로 할 때: 영-한을 선택합니다.

　주2) 한글을 영어로 할 때: 한-영을 선택합니다.

② 단어 입력

　- 찾을 단어 입력 후, 자판에서 "다음"을 누릅니다.

　(선택한 사전에 맞게 영어 또는 한글을 입력합니다.)

③ 즐겨찾기에 등록

　- 나중에 같은 단어를 찾을 때 사용합니다.

④ 좌측 상단 메뉴에서 즐겨찾기를 선택합니다.
⑤ 즐겨찾기에서 기존 사용단어를 선택합니다.
　예) Korea

 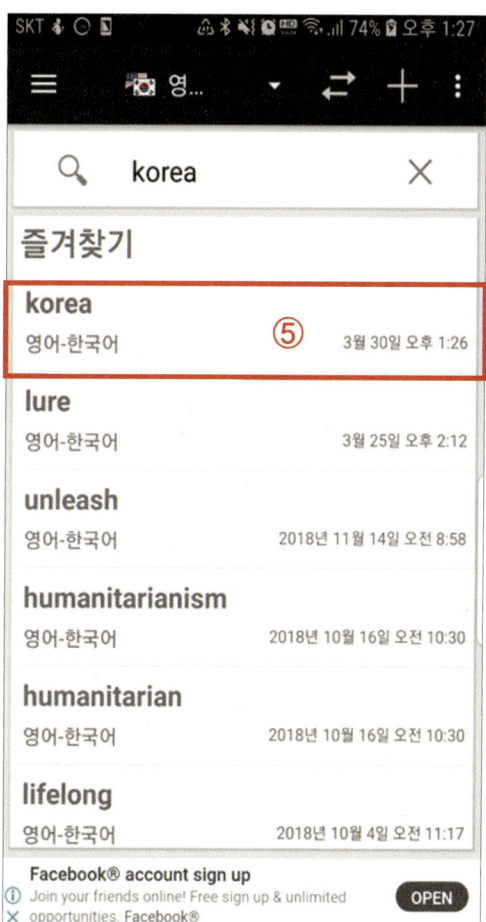

⑥ 좌측 상단 메뉴에서 사전을 선택하여,
⑦ 가용 사전을 선택하여 추가합니다.

2. 사전 앱 이용하기 - 한자 사전

스마트폰에서 한자 한방 검색 사전 앱을 실행합니다.

 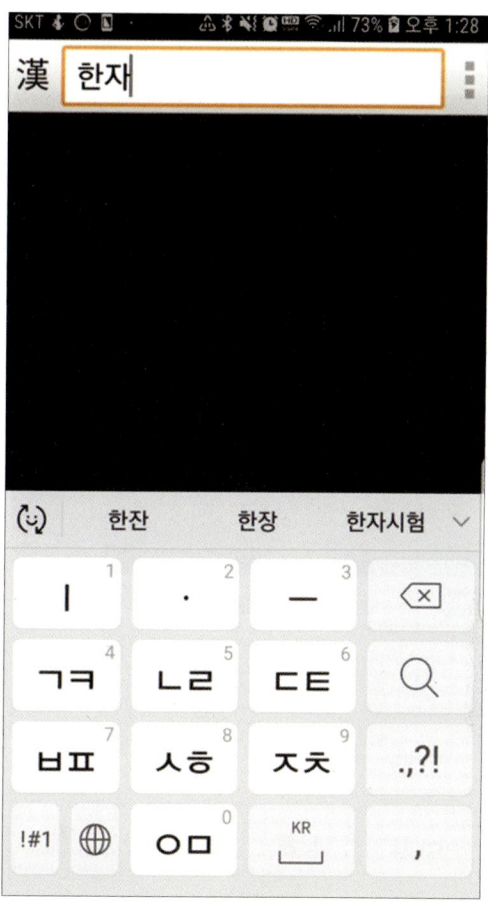

① 단어 입력 – 찾을 단어("한자")를 입력합니다.

② 검색키를 누릅니다.

③ 찾는 단어가 표시됩니다.

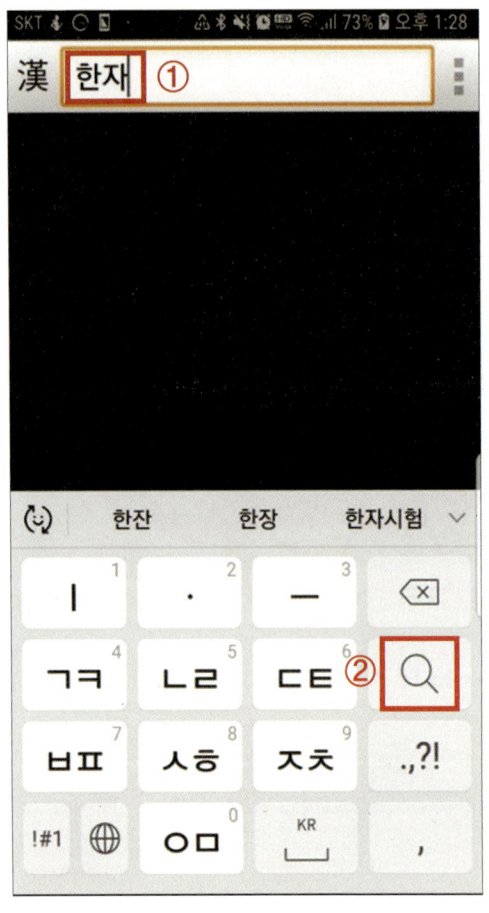

④ 뜻

- 찾는 단어의 뜻이 표시됩니다.

⑤ 음·한자

- 각 음의 한자 뜻이 표시됩니다.

⑥ 각 한자의 상세 보기

- 해당 한자를 선택합니다.

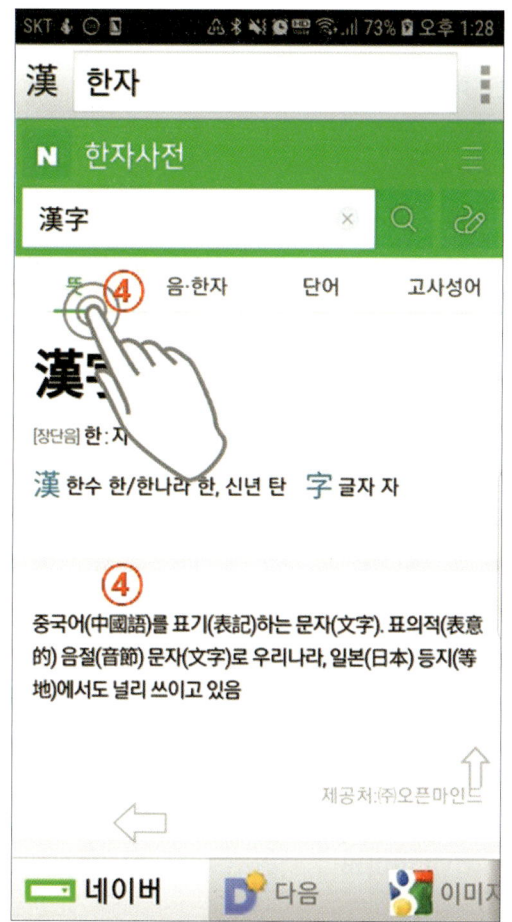 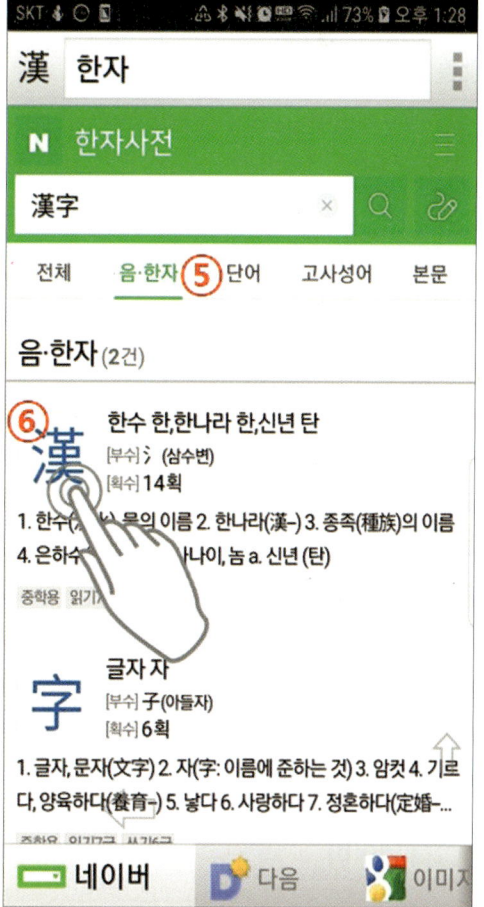

⑦ 각 한자의 상세한 뜻이 표시됩니다.

⑧ 사전의 이전으로 가기 버튼 (⇐)을 누르면 이전 화면으로 이동됩니다.

⑨ 사전의 위로가기 버튼 (⇑)을 누르면 위의 화면으로 이동됩니다.

⑩ 필기체 인식 – 필기체인식 메뉴를 선택합니다.

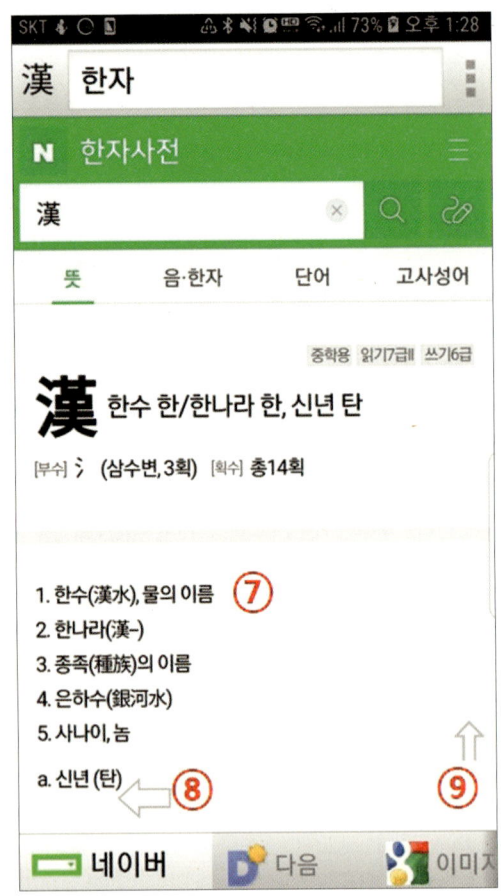

⑪ 화면에 단어를 입력합니다.(화면에 직접 씁니다)

⑫ 해당 단어를 선택합니다.

⑬ 검색 메뉴 선택 – 해당 한자 뜻이 표시됩니다.

⑭ 한자 사전 종료

- "네"를 선택하여 종료합니다.

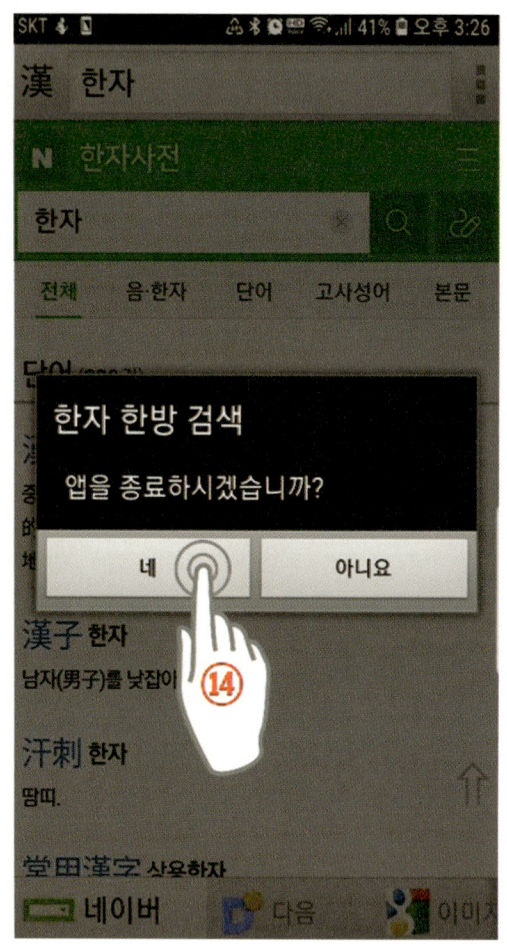

제13장
보이스피싱 예방 등 안전 이용

〈학습 목표〉

최근 보이스피싱으로 금전적인 손해를 보는 사건들이 뉴스와 매스컴을 통해 알려지고 있습니다. 지인 카카오톡 프로필을 도용해 지인인 척 급하게 돈이 필요하다고 금전을 요구하는 사기 피해가 늘고 있어 주의를 요합니다.

남녀노소를 가리지 않고 사기 피해는 늘어만 가고 있습니다. 미리 사전에 예방하는 것이 최선입니다.

간단한 보이스피싱 예방 앱을 설치해서 사기 피해를 최소화해 봅시다. 보이스피싱 및 스팸예방 앱을 설치할 시엔 광고나 결제를 유도하는 앱은 제거하시고 다운로드 수가 많고 검증이 된 나에게 맞는 앱을 설치하시면 됩니다.

1. 카카오톡 프로필 가리기

– 대화 내용을 캡처하여 공개할 때 본인과 상대방의 프라이버시를 지키는 것도 매우 중요합니다.

① 카톡 아이콘을 클릭합니다.
② 대화 화면에서

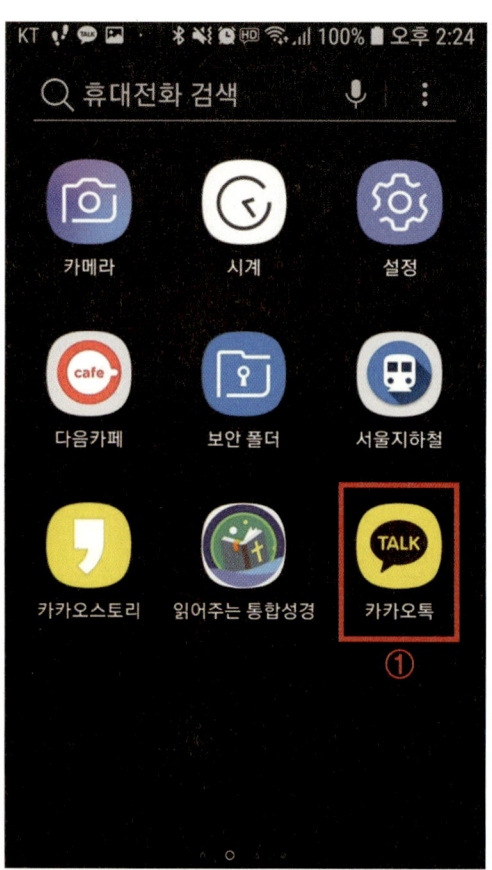

③ 캡처 부호를 선택합니다.

④ 캡처 영역 선택을 터치하여 진행합니다.

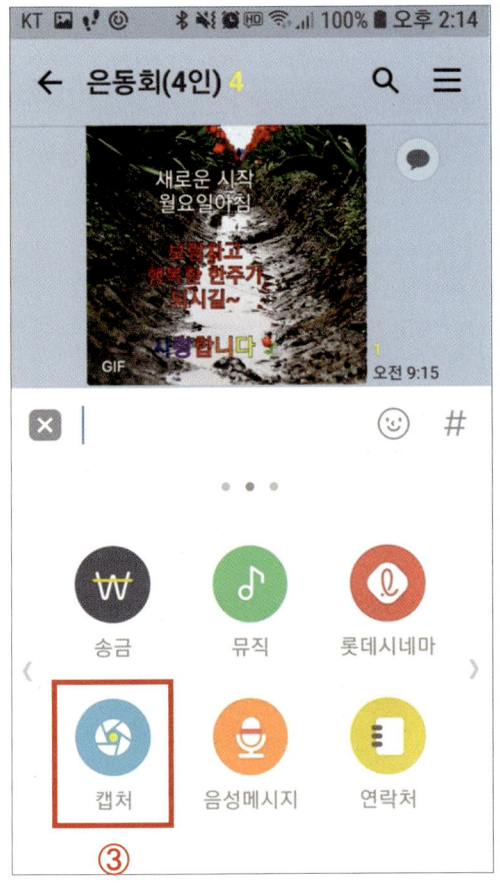 

⑤ 화면 하단의 '프로필 가리기'를 선택합니다.
⑥ 이미지로 다운로드(↓)하거나 다른 채팅방에 공유(↑)합니다.

2. 보이스피싱(Voice Phishing) 예방하기

다음과 같은 경우 보이스피싱을 의심해야 합니다.

1. 금전 송금을 요구할 경우.
2. 인터넷 사이트 접속 후 개인정보 입력을 요구할 경우.
3. 대포통장이 개설되어 범죄에 연루되었다고 안내할 경우.
4. 안전 계좌로 현금 이체를 요구할 경우.
5. 물품보관함에 돈을 넣어 두라고 할 경우.
6. 저금리 대출가능 신용등급조정비 입금을 요구할 경우.
7. 수사기관, 검찰청, 경찰서, 금감원을 사칭할 경우.

보이스피싱 대처요령은 일단 전화를 끊으면 안전합니다.
그리고 경찰청(112), 금감원(1332)으로 신고하세요.

1. 보이스피싱 방지 후후 앱 설치하기

① 플레이스토어 앱을 실행합니다.
 - "보이스피싱" 입력 후 검색합니다.
 - 후후 스팸 차단 앱을 선택, 설치합니다.
② 열기 버튼을 선택합니다.

③ 다음을 선택합니다.
④ 발신번호 식별기능
　　- 모르는 번호 즉시 확인
　　- 전화와 문자 수신 즉시 확인

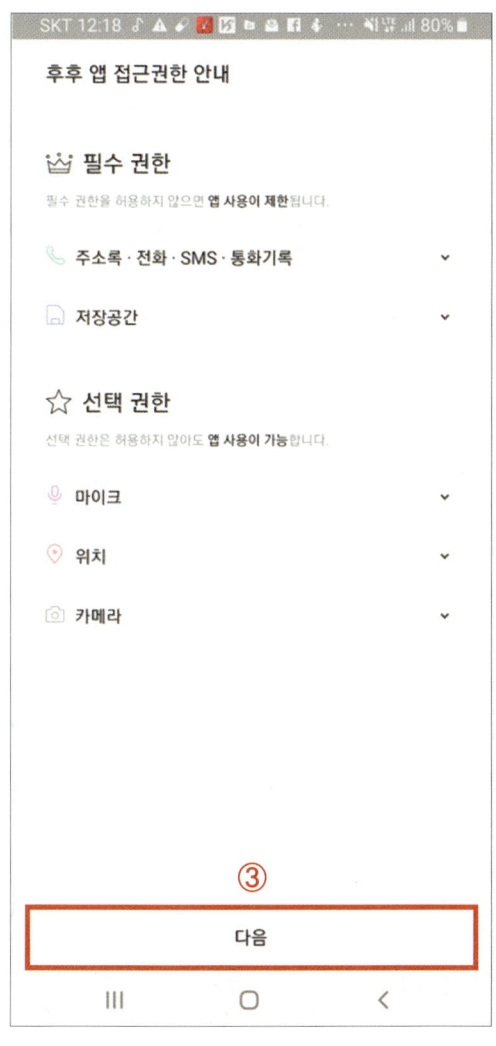

2. 경찰청 폴 – 안티스파이 설치하기

① 경찰청에서 배포하는 폴 안티스파이는 스마트폰에 설치된 스파이앱의 탐지 및 삭제 기능을 제공합니다.

② 스파이앱 검사를 진행합니다.

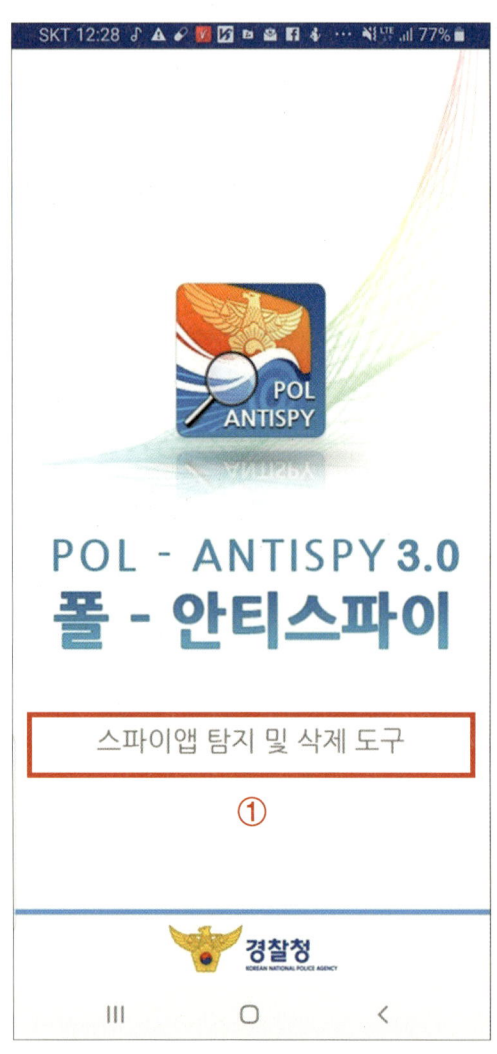

3. 기타 스팸 차단 앱

- IBK 피싱스톱, 경찰청 사이버캅, 뭐야이번호, T전화, 후스콜 등을 설치해 보고 나에게 맞는 보이스피싱 앱을 사용해 보시기 바랍니다.

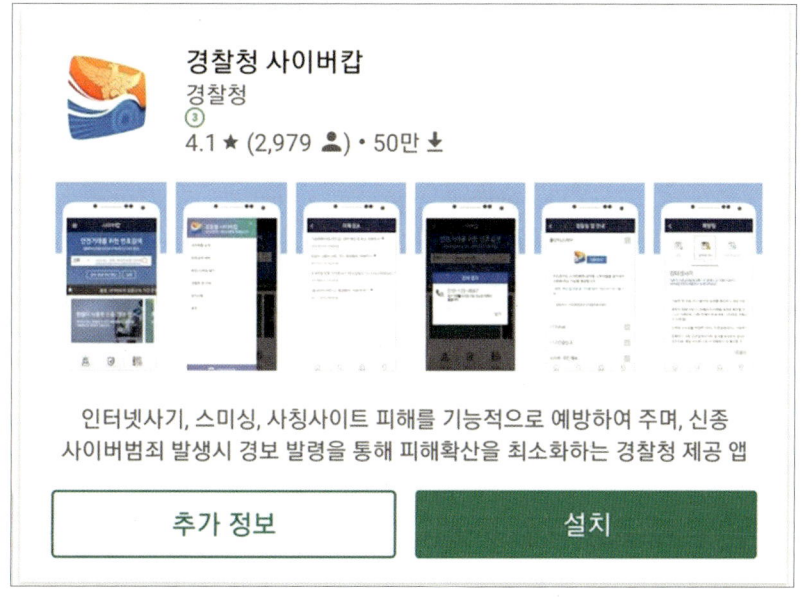

부록1

서울시민 카드

〈학습 목표〉

서울시민이면 누구나 회원카드를 통합하여
서울시민카드 하나로 공공시설 이용을 할 수 있습니다.
그에 대하여 학습합니다.

- 서울시민카드란 무엇인가 알 수 있습니다.
- 서울시민카드 앱을 설치하고 실행할 수 있습니다.
- 서울시민카드를 활용하여 공공시설을 이용할 수 있습니다.
- 서울시민카드로 시민 찾동이 가입 및 활동할 수 있습니다.

1. 서울시민카드 앱 사용하기

다양한 혜택을 받을 수 있는 서울시민카드 앱을 어떻게 사용하는지 알아봅시다.

1 서울시민카드 앱 개요

* 사용앱: 서울시민카드 … 서울시청

> 스마트한 서울시민카드 하나면 공공시설 이용이 편리합니다.

서울시민카드란?
○ 서비스 목적
  - 회원카드를 통합하여 서울시민카드 하나로 시설 이용
  - 서울 소재 시립, 구립 시설의 정보 및 혜택 제공
○ 이용 가능 시설
  - 서울도서관, 세종문화회관, 서울시립교향단, 서울시립미술관 등 시립 시설
  - 각 자치구 도서관, 문화, 체육, 청소년 보육 시설

⟨서울시민카드 홍보자료⟩ … 서울시청

2 서울시민카드 앱 설치하기

① 스마트폰에서 'Play스토어' 버튼을 누릅니다.

② Play스토어 검색창에 '서울시민카드'를 입력합니다.

 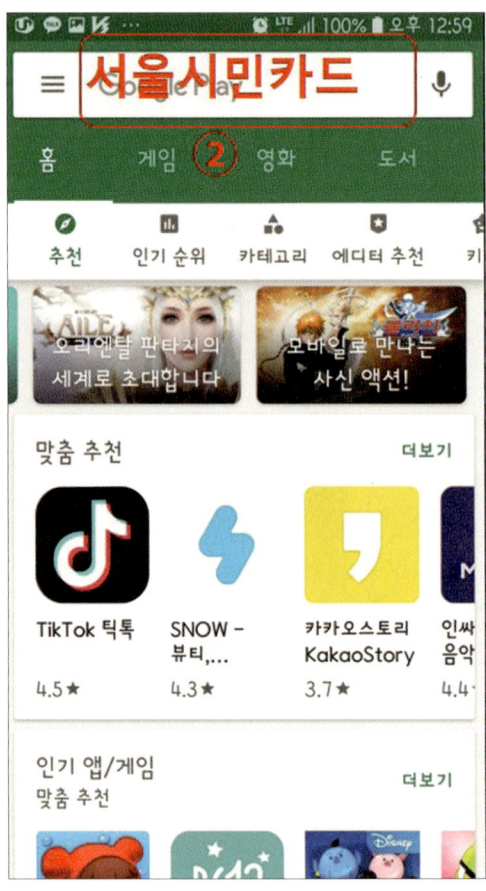

③ 서울시청에서 제공하는 '서울시민카드' 버튼을 누릅니다.

④ 서울시청에서 제공하는 '서울시민카드' 앱 '설치' 버튼을 누릅니다.

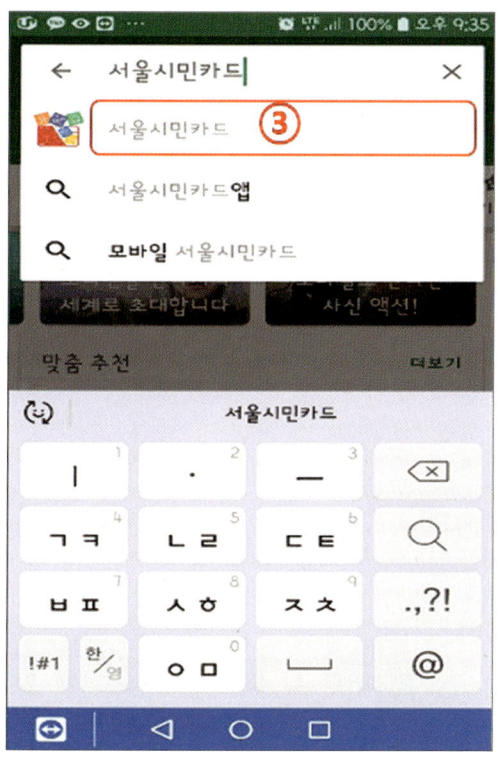 

⑤ 이어서 '열기' 버튼을 누릅니다.

⑥ '서울시민카드 앱 아이콘'이 본인의 스마트폰 화면에 보여집니다.

3. 서울시민카드 앱 실행하기

앞 화면의 ⑥의 '서울시민카드 앱 아이콘'을 누릅니다. 서울시민카드가 무엇인지, 서울시민카드 회원이 되시면 유용한 것이 무엇인지 등에 대한 안내 화면이 나옵니다.

① '서울시민카드 발급받기' 버튼을 누릅니다.

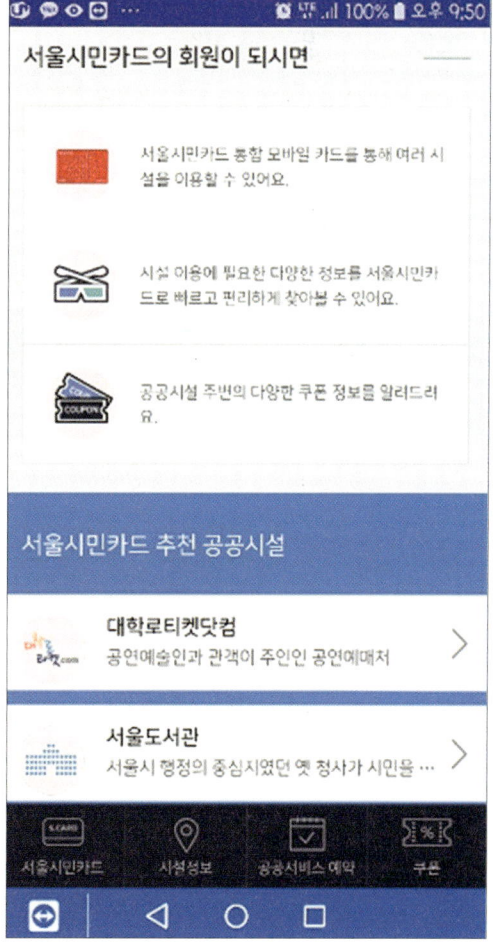

 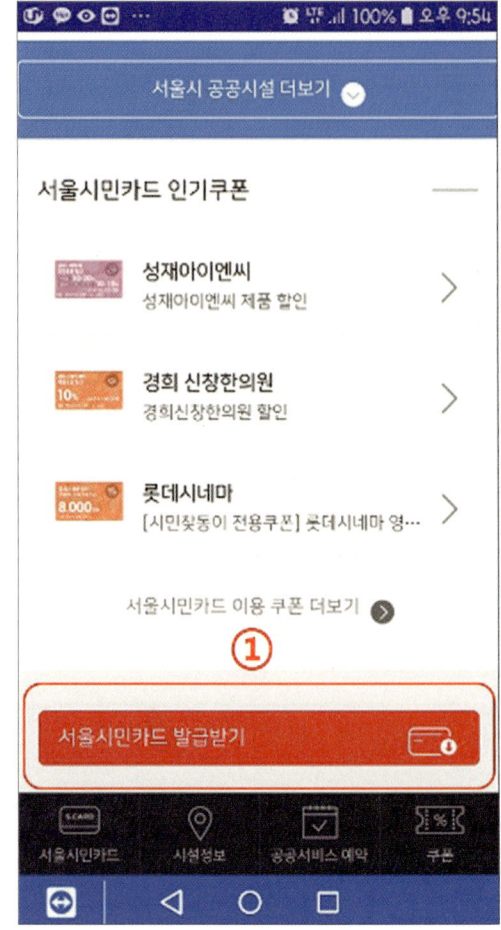

①-1. '인증하시겠습니까?'에서 '예'를 누릅니다.

①-2. 회원 유형 선택에서 '일반회원(만 14세 이상)'을 누릅니다.

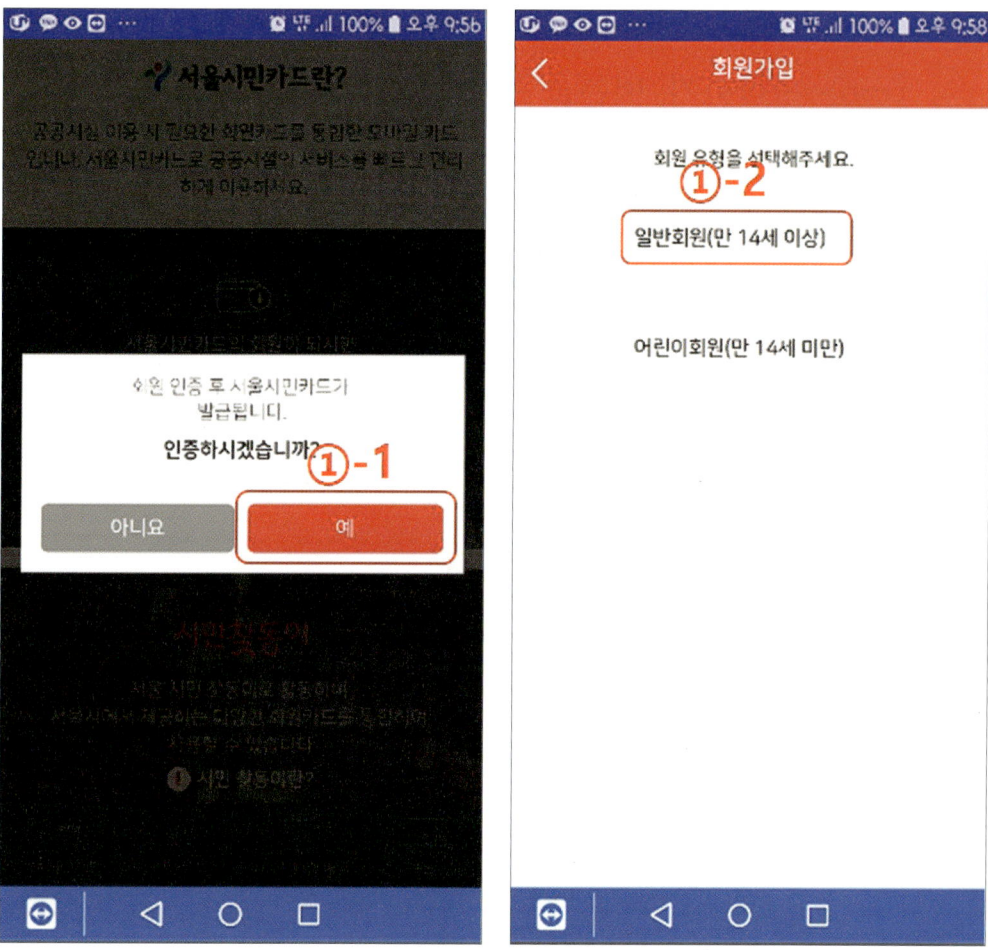

①-3. 본인 인증 방법 중 '휴대폰 인증' 버튼을 누릅니다.

①-4. 본인이 이용하고 있는 '휴대폰 통신사' 버튼을 누릅니다.

①-5. '본인 확인을 하기 위한 필수사항에 전체 동의합니다.'의 '네모난 체크박스'를 누릅니다.

①-6. '시작하기' 버튼을 누릅니다.

①-7. 본인 인증을 위한 '이름'을 입력합니다.

①-8. 본인 인증을 위한 '생년월일' 6자리를 입력합니다.

①-9. 본인 인증을 위한 주민등록번호의 7번째 숫자로서 '성별구분' 1자리를 입력합니다.

①-10. 본인 인증을 위한 '휴대폰번호'를 입력합니다.

①-11. 본인 인증을 위한 '보안문자' 6자리를 화면에 보이는 대로 동일하게 입력합니다.

①-12. 모든 항목을 입력하였으면 '확인' 버튼을 누릅니다.

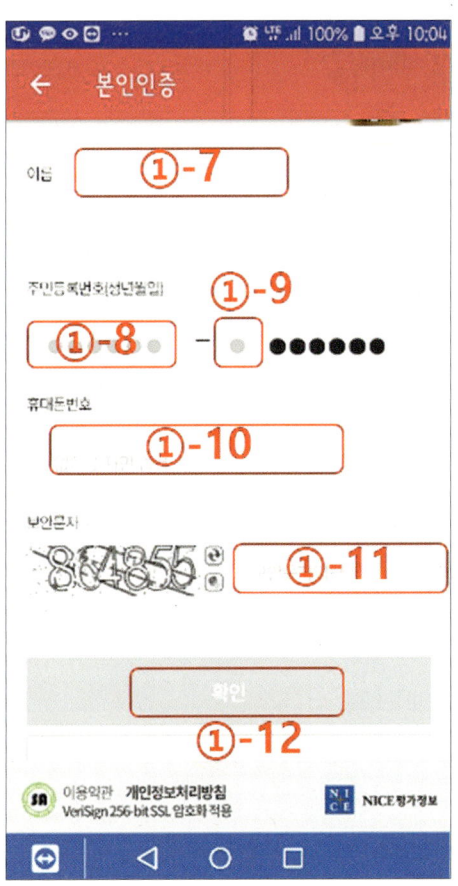

①-13. '확인' 버튼을 누르면 잠시 후 인증번호 6자리가 자동으로 나타납니다.

①-14. '확인' 버튼을 누릅니다.

①-10에서 본인 인증을 위해 입력한 '휴대폰번호'가 변경되었는지를 묻는 화면입니다.

변경되지 않았으면 '그대로예요'를 누르고, 변경되었으면 '변경됐어요'를 누릅니다.

①-15. 여기서는 '그대로예요'를 누릅니다.

② '서울시민카드 발급받기'가 완료되었습니다.

'서울시민카드'는 바코드를 포함한 무료 모바일 카드입니다.

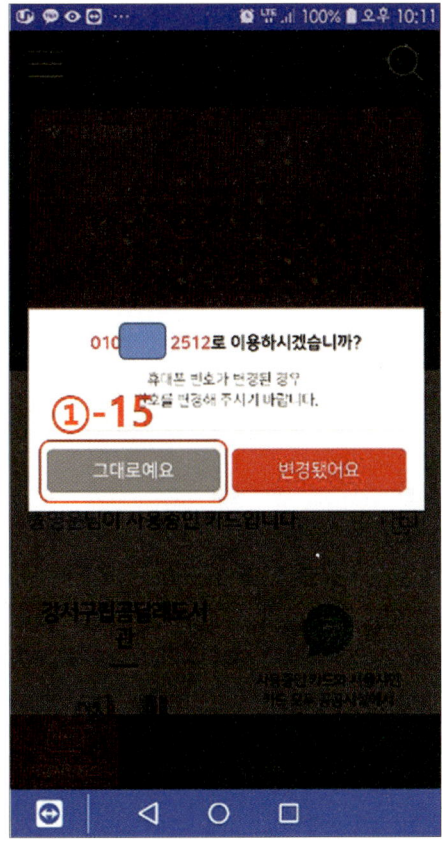 

부록 1. 서울시민카드 337

앞 화면의 ②에서 '서울시민카드'를 누르면 바코드(②-1)가 나오고, 서울시 공공시설을 이용할 경우 바코드(②-1)로 본인 확인이 가능합니다.

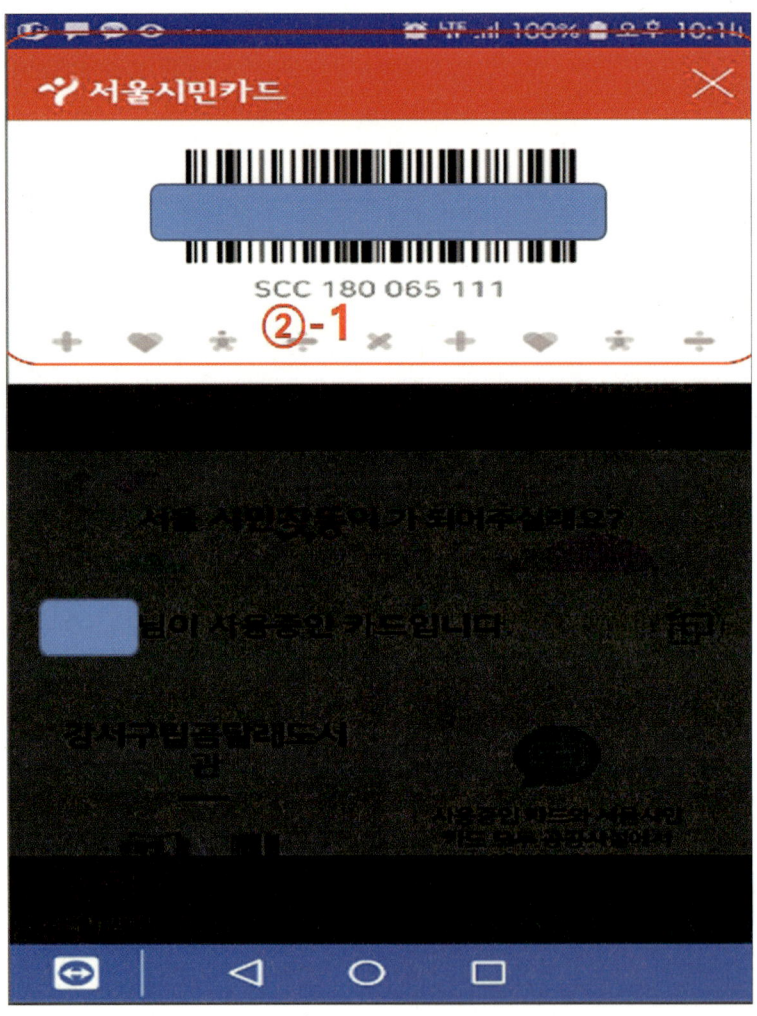

4. 서울시민카드로 도서관 이용하기

① '서울시민카드'로 이용 가능한 시설 중의 하나로서 강서구립곰달래도서관을 이용하기 위해서는 '강서구립곰달래도서관' 버튼을 누릅니다.

①-1. 강서구립곰달래도서관 상세화면입니다.

①-2. 강서구립곰달래도서관 '바코드' 버튼을 누릅니다.

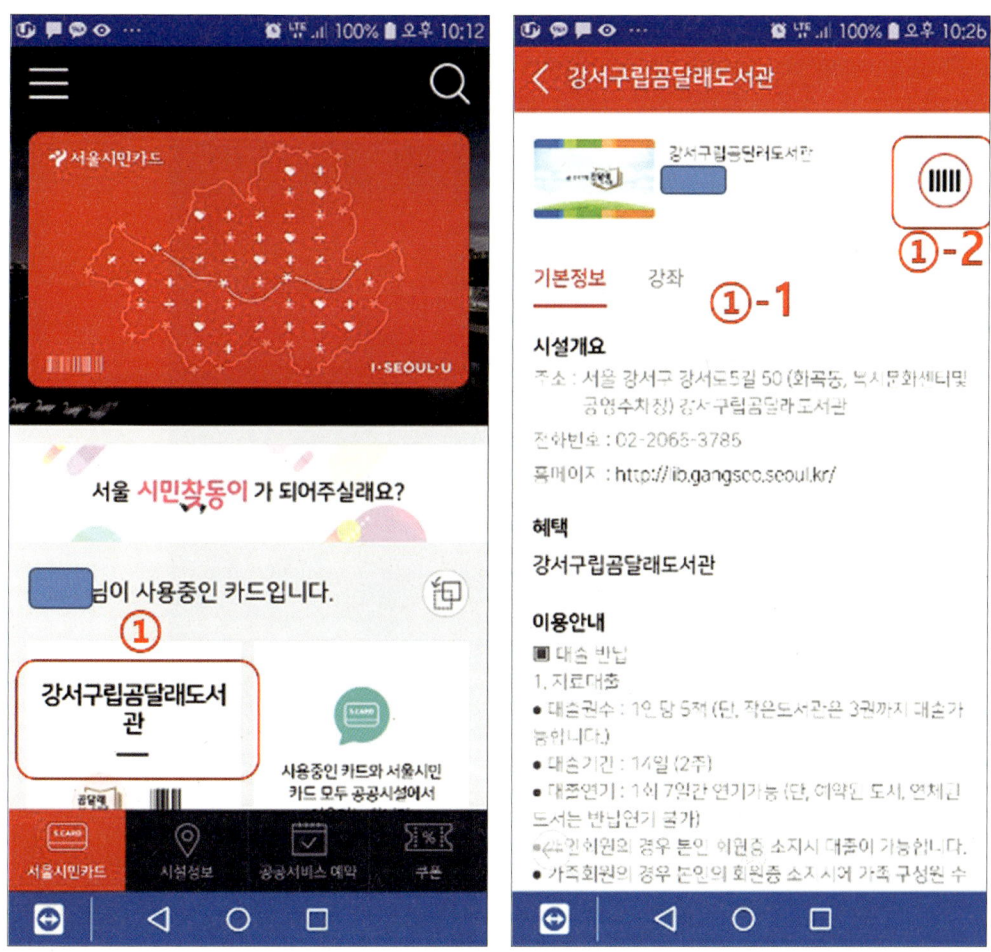

①-3. 강서구립곰달래도서관 바코드로 본인 확인을 하고 이용합니다.

5. 서울시민카드로 시민 찾동이 가입하기

● **서울 시민 찾동이란?**

○ 정의
- 찾아가는 동네 이웃
- 지역과 이웃의 문제를 함께 해결해 나가는 골목의 주인인 주민

○ 주요역할
- 골목의 어려운 이웃을 동 주민센터에 알리기
- 주민 – 행정, 이웃 – 이웃을 이어주는 소통의 역할하기

○ 참여대상: 골목 단위에서 시민 찾동이로 활동을 원하는 시민 누구나

① '서울시민카드'를 발급받으면 곧바로 '서울 시민 찾동이가 되어 주실래요?'라고 묻는 화면이 나오며, 해당 화면을 누릅니다.

② 이어서 서울 시민 찾동이가 무엇인지 상세하게 나오며, '시민 찾동이 되기' 버튼을 누르면 시민 찾동이 가입화면이 나옵니다.

③ '전 이용약관에 동의합니다'를 필수로 체크합니다.
④ '찾동이 이용약관(필수)'을 필수로 체크합니다.
⑤ '개인정보 제3자 제공에 관한 동의(찾동이)(필수)'를 필수로 체크합니다.
⑥ '지역'을 입력합니다.
⑦ '가입완료' 버튼을 누릅니다.
⑧ 가입완료된 '서울 시민찾동이 카드'가 발급된 화면입니다.

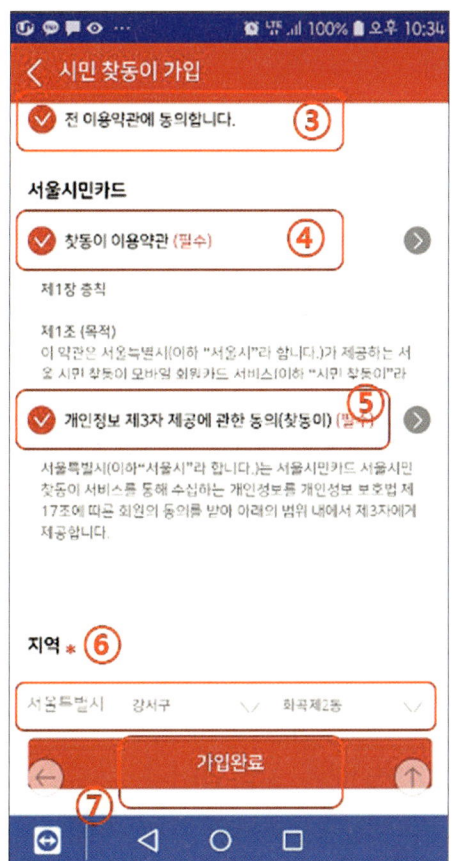

부록2

나만의 스토리를 동영상으로 편집하기

〈학습 목표〉

사진이나 동영상을 찍을 때는 그때그때 생각나는 대로 하게 됩니다. 하지만 편집을 할 때는 시간, 장소와 사람 등을 내가 이야기하듯 잘 배열을 해야 합니다. 내 생각과 느낌을 자막, 음악, 내레이션 등을 이용하여 동영상으로 만들어 보세요.

- 샷(shot)의 종류, 앵글, 카메라 움직임에 대하여 알아봅니다.
- 인터뷰 요령과 편집 방법(음악, 자막) 및 요령을 학습합니다.
- 여행 동영상 만들기 실습을 통하여 동영상 구성, 촬영과 편집 기능을 습득합니다.
- 뮤직 비디오 편집을 실습합니다.
- 시와 수필 등을 동영상으로 구성하는 것을 실습합니다.
- 영상 카드 만들기와 영상 자서전 만들기 과제를 통하여 개인만의 이야기를 만들어 봅니다.

1. 미리 알아보기

1) Shot의 종류
　① Full Shot(Fs): 머리에서 발끝 크기 이상 큰 사이즈
　② Tight Shot(Ts): 가슴에서 얼굴 크기 이하 사이즈

2) 앵글의 구분

   ① High: 눈높이 이상

   ② Low: 눈높이 이하

   ③ Eye Level: 눈높이와 동일

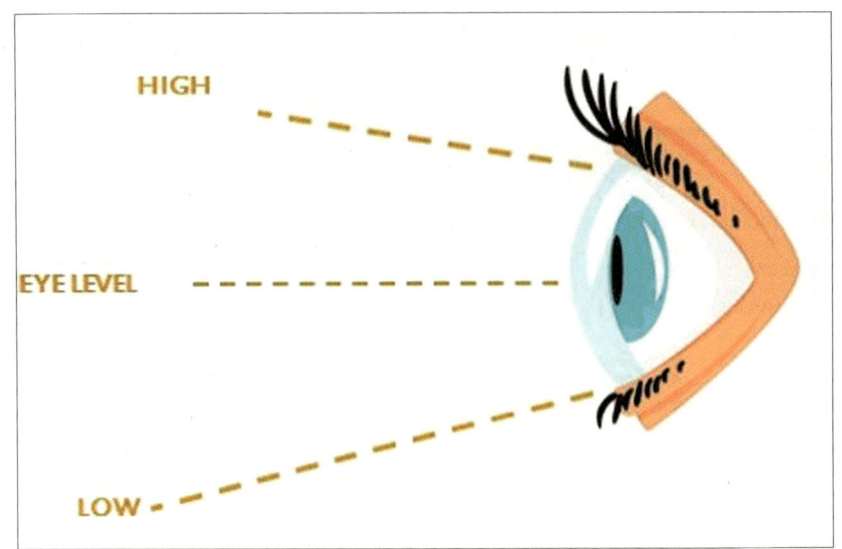

3) 카메라 움직임

   ① Pan: 좌우로 카메라를 동작함

   ② Zoom In & Out: 화면을 좁히거나 늘리는 동작

4) 인터뷰 요령

   ① 마이크를 입에서 10Cm 정도 떼어서 댑니다.

   ② 가급적 소음이 많은 곳을 피합니다.

③ 질문은 짧고 분명하게 합니다.

④ 최고의 질문이 좋은 답변을 유도합니다.

5) 편집

① FS에서 TS로 Shot을 연결합니다.

한 번에 긴 컷보다는 5초 이하의 짧은 컷이 집중도를 높입니다.

② 장면 전환 효과를 넣어봅니다.

화면이 어지러울 정도의 지나친 효과보다는 디졸브나 페이드 인, 페이드아웃(디졸브: 한 화면이 사라짐과 동시에 다른 화면이 서서히 나타나는 기법, 페이드 인: 검정색 상태에서 다음 이미지가 점차 선명하게 나타나는 장면 전환 효과, 페이드 아웃: 반대로 서서히 어두워지다가 까만 화면이 되는 장면 전환 효과) 등 단순한 효과가 더 좋습니다.

③ 자막을 넣어봅니다.

자막은 주로 정보 전달과 감성을 나타내거나 잘 안 들리는 음성 대사를 보강 처리할 때 효과적입니다.

④ 오디오를 넣어봅니다.

음악과 효과음을 넣어보거나 동영상에 내 목소리를 녹음하여 내레이션으로 넣어봅니다.

⑤ 동영상을 파일로 내보냅니다.

카카오톡, 밴드 등을 이용하여 모바일에서 재생하기에는 mp4형식을 추천합니다.

용량은 적으나 화질이 좋은 편입니다.

2. 동영상 편집

① PLAY Store에서 동영상 편집앱 Quik 다운로드

1. Play Store 실행

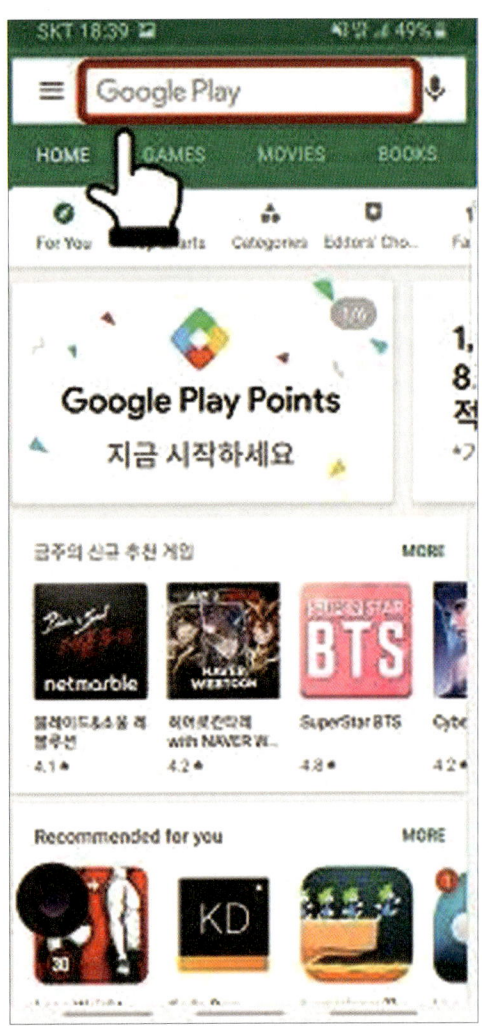

2. 검색창에 Quik 입력

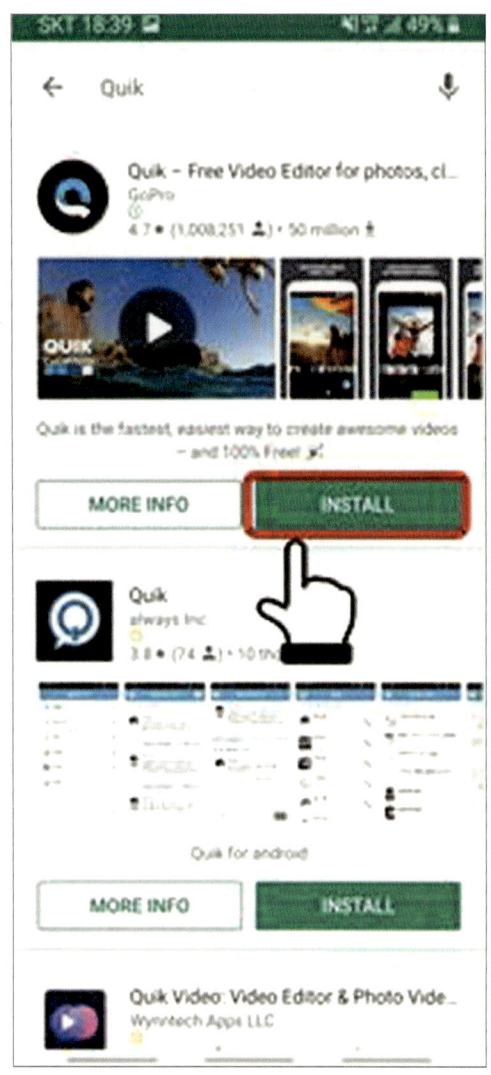 

3. Quik 다운로드　　　　　4. 아래 버튼을 눌러 시작

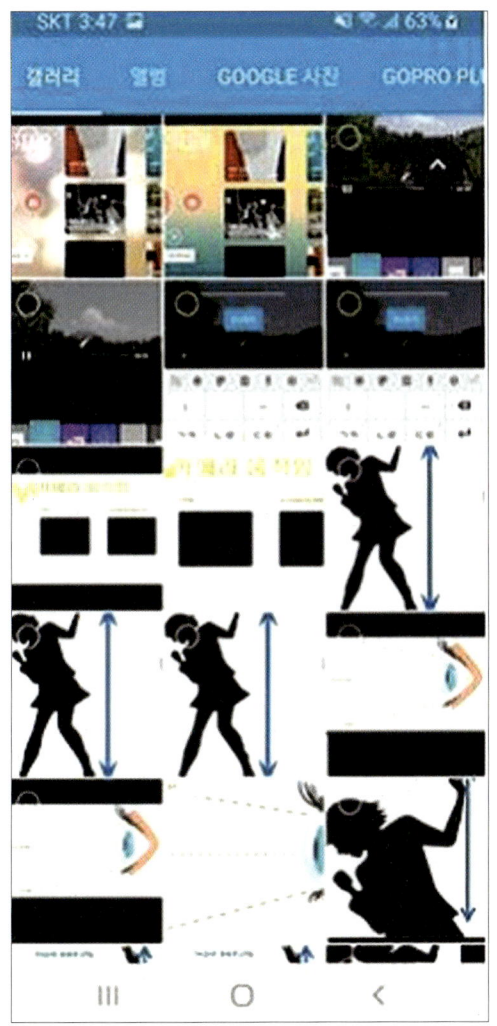

5. 사진과 동영상을 선택

6. 자막을 넣고 버튼을 누름

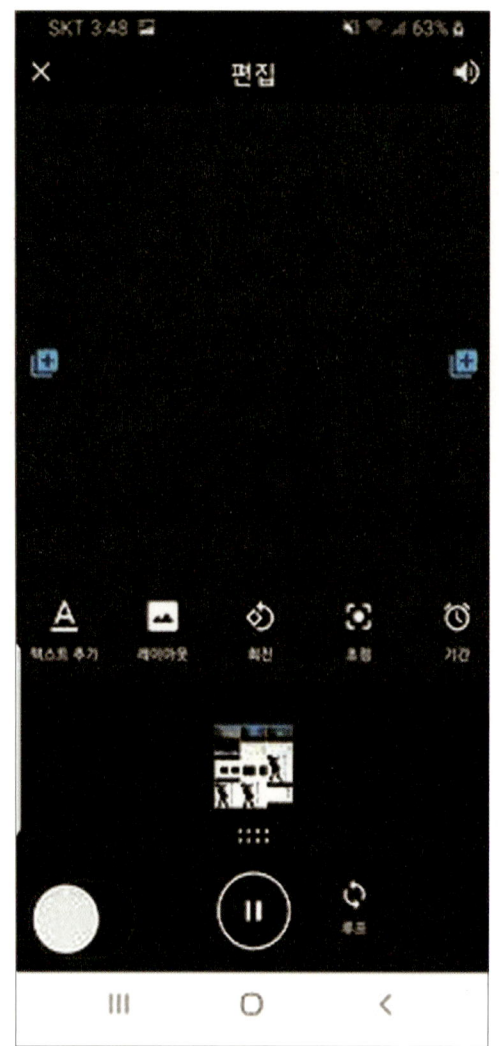

7. 다양한 편집 모드를 취사선택

8. 편집 스타일을 선택

9. 아래 버튼을 눌러 저장

② 여행 제목과 여행 정보를 자막으로 만듭니다.

③ 보통 1분 이내 짧은 사진과 동영상을 섞어 편집할 수 있습니다.

④ 배경 음악은 앱 스스로 자동 선정해 줍니다.

⑤ 편집 스타일 또한 편집자 취향대로 고를 수 있습니다.

- 여행 동영상 편집의 예
    1) 인트로: 여행 출발 전 준비하는 모습
    2) 이동 교통수단 내에서의 모습
    3) 도착지의 전경
    4) 명소 촬영
    5) 동행자 스케치
    6) 식사와 쇼핑 등의 스케치
    7) 풍경과 인물을 고루 섞어 화면을 구성

- 과제
    1) 벚꽃 축제를 주제로 만들어보기
    2) 1박 2일 국내 여행기 만들어보기
    3) 해외 여행기 만들어보기

- 기념일 동영상 편집의 예
    1) 인트로: 기념일 준비하는 모습 스케치
    2) 인터뷰: 지인들 축하 멘트
    3) 메인이벤트 촬영 시 Fs에서 Ts순으로 편집을 고려하며 촬영
    4) 주인공 후반 인터뷰
    5) 기념일이 펼쳐지는 장소에만 있는 소품, 현수막

등과 관객 표정 등은 인서트 후반 작업에 필요하므로 별도로 Ts로 촬영

● 과제
   1) 가족 생일 기념일을 주제로 만들어보기
   2) 친지 결혼식 스케치로 동영상 선물하기
   3) 명절 스케치로 가족과 공유하기

3. 뮤직 비디오 편집

① PLAY Store에서 동영상 편집앱 키네마스터(Kinemaster)를 다운로드합니다.

1. Play Store 실행

2. 검색창에 Kinemaster 입력

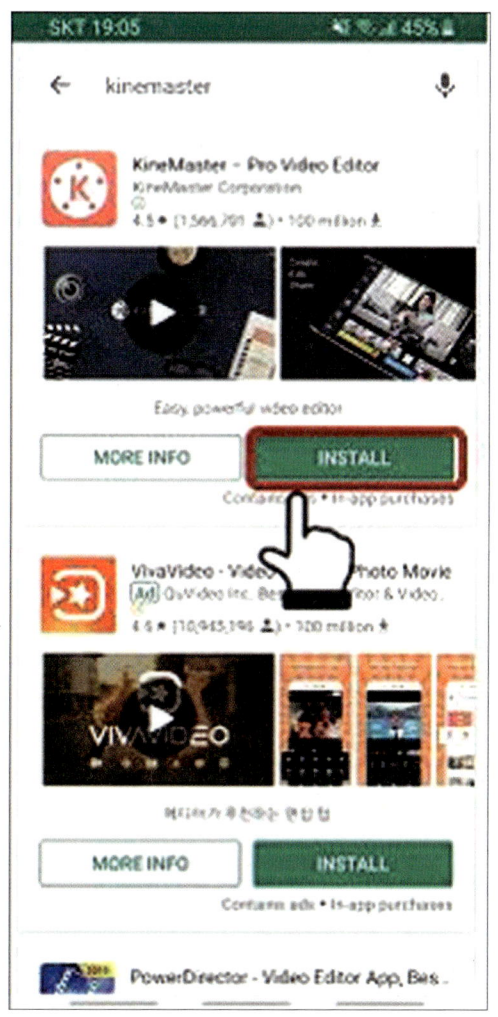

3. Kinemaster 다운로드

4. 가운데 버튼을 눌러 시작

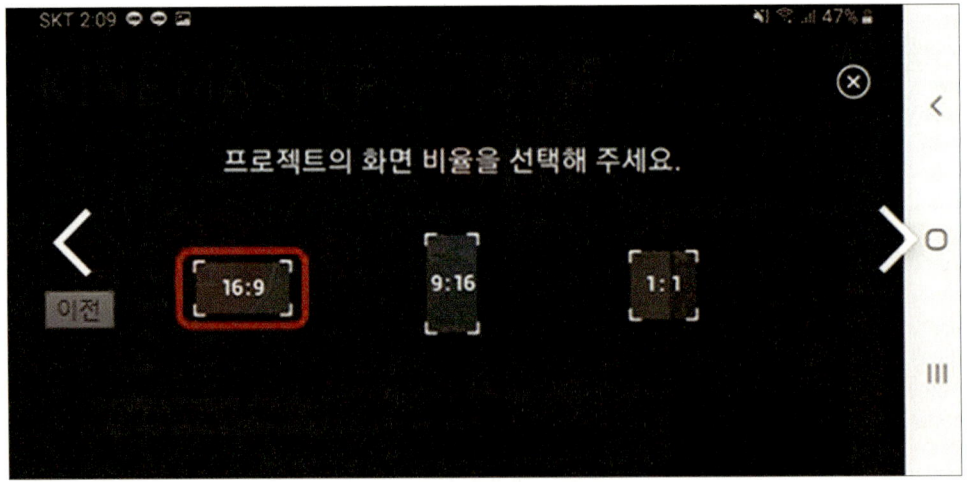

5. 화면 비율을 선택

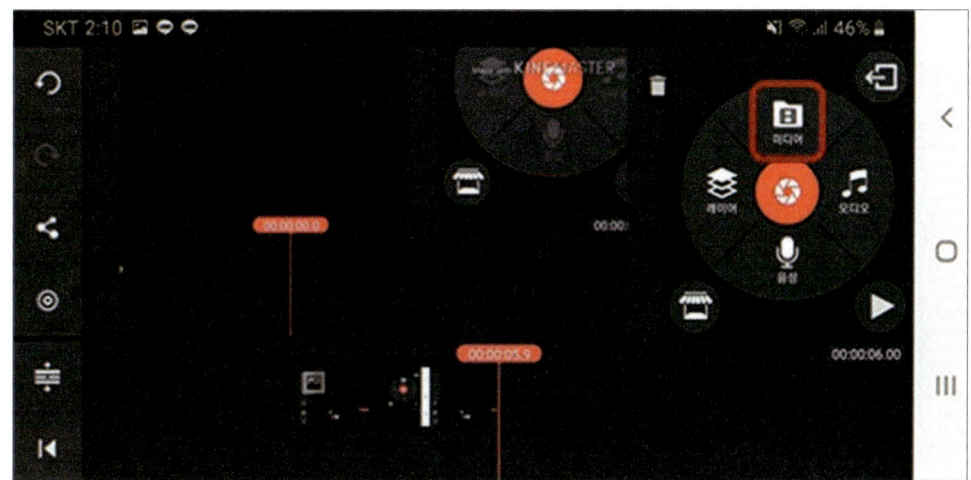

6. 오른쪽 미디어를 선택

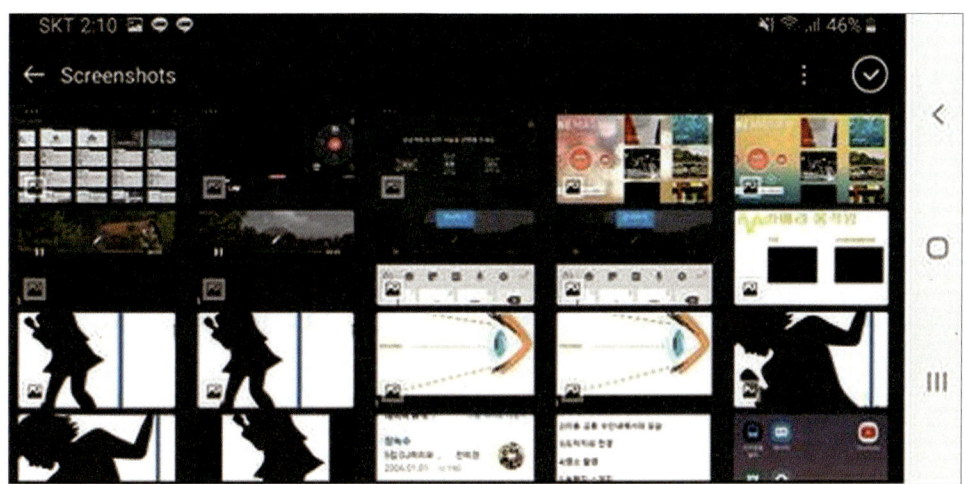

7. 원하는 동영상을 선택

부록 2. 나만의 스토리를 동영상으로 편집하기

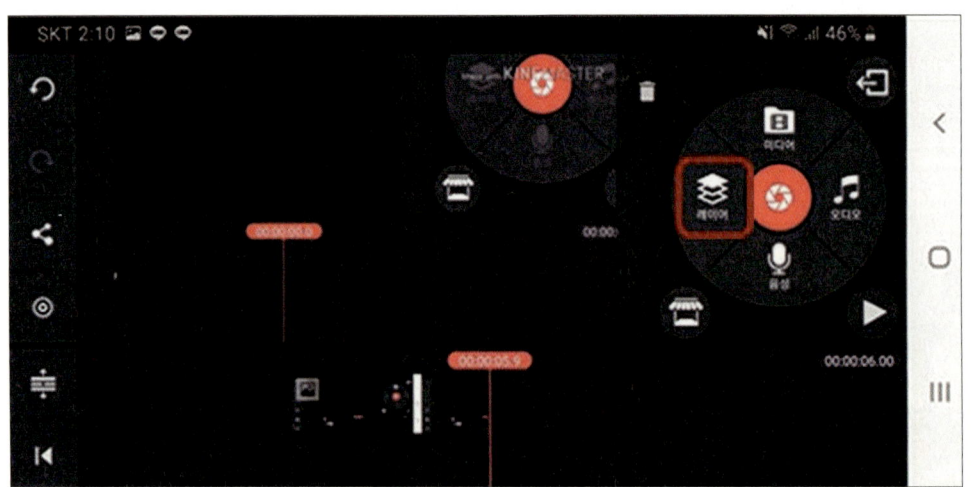

8. 6번에서 오디오를 선택 후 음악을 고름

9. 레이어를 선택

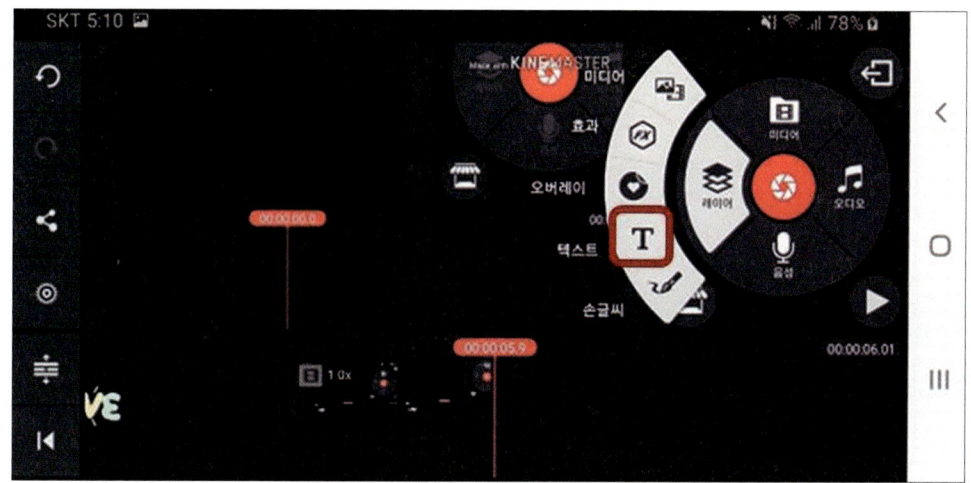

10. 텍스트를 선택

11. 자막 생성 후 확인을 누름

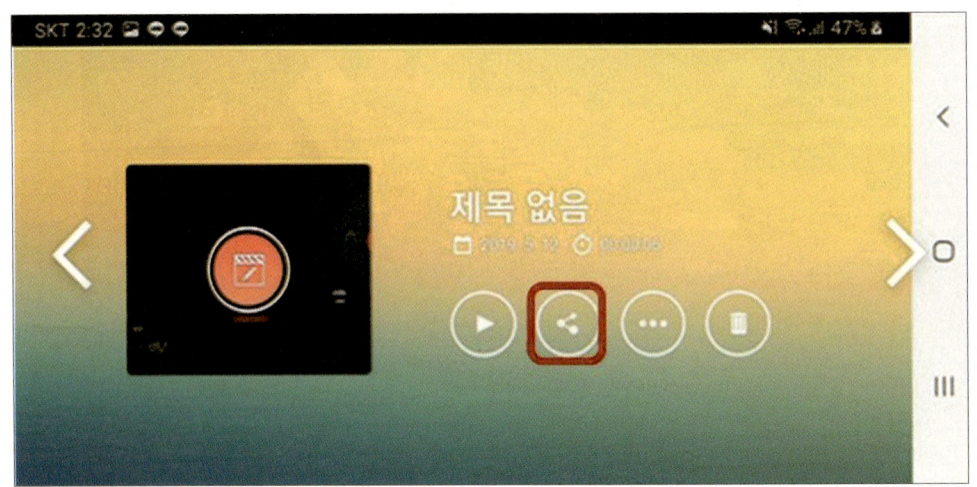

12. 동영상 편집 후 공유 버튼을 누름

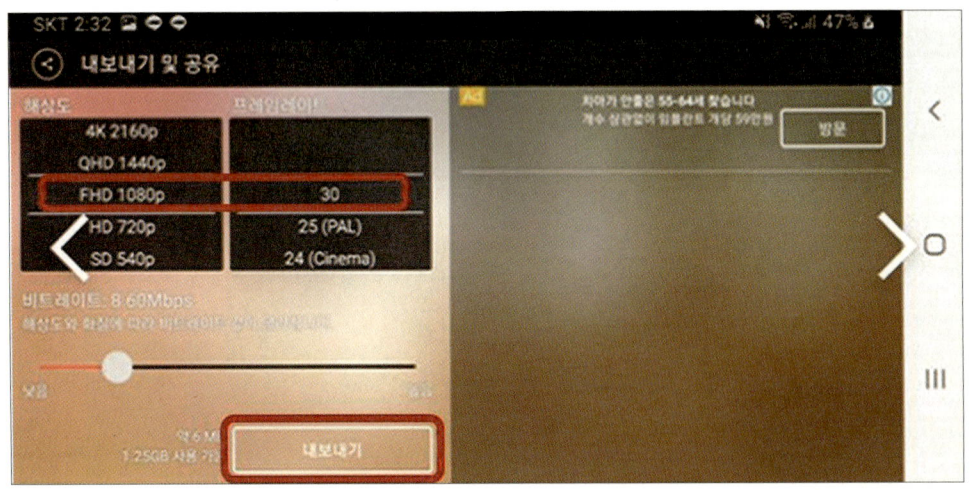

13. 해상도 선택 후 내보내기 버튼을 누름

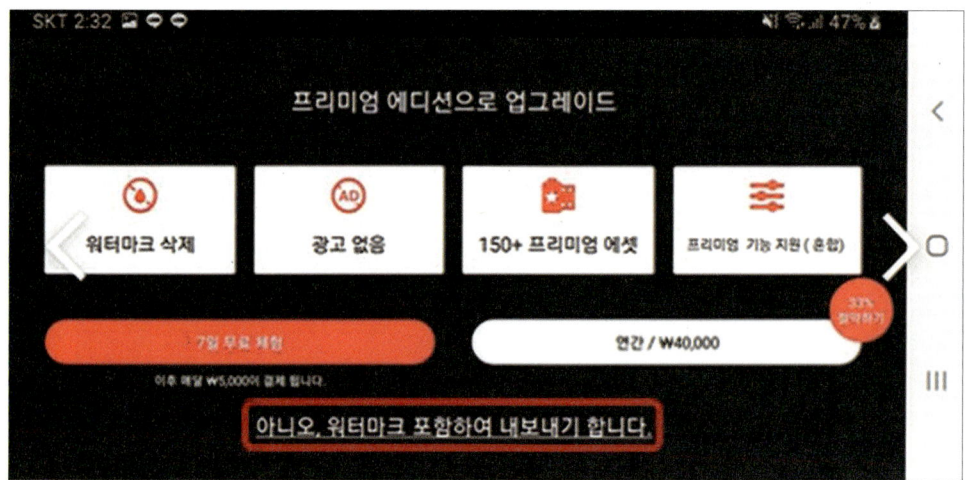

14. 무료버전을 사용할 경우는 아래 버튼을 누름

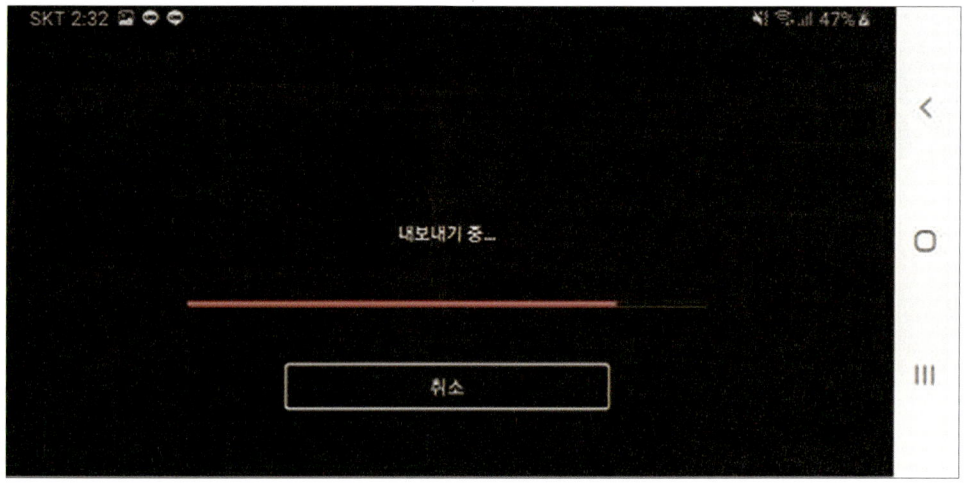

15. 위 화면을 확인

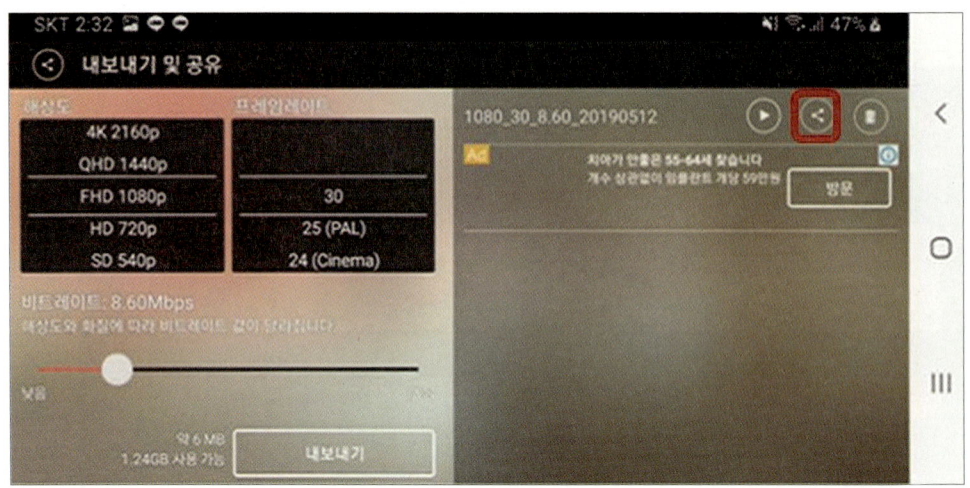

16. 오른쪽 위 공유 버튼을 누름

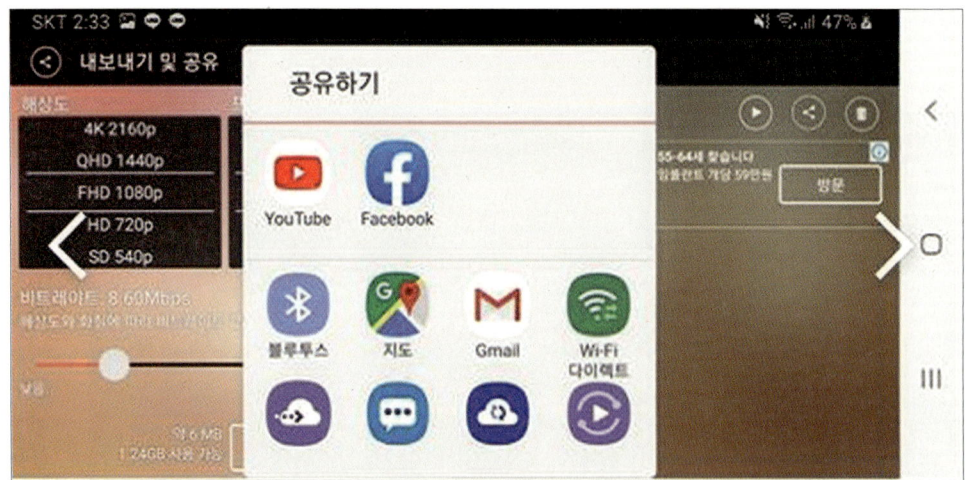

17. 공유할 아이콘을 선택

● 과제

   1) 화면 구성에 맞는 음악을 골라 만들어보기

   2) 좋아하는 가요나 팝송을 주제로 만들어보기

4. 영상 카드 만들기

1) 좋아하는 시와 영상을 믹스해서 만들어보기
2) 화면 구성에 맞게 짧은 글로 만들어보기
3) 위 내용에 맞는 음악 선정(매우 중요)
4) 알고 있는 시인의 시에 맞는 화면을 구성
5) 봄을 맞는 감성을 화면과 글로 구성

1 Gif로 영상 카드 만들기

① Play Store에서 PicsArt앱 다운로드

1. Play Store 실행

2. 검색창에 PicsArt 입력

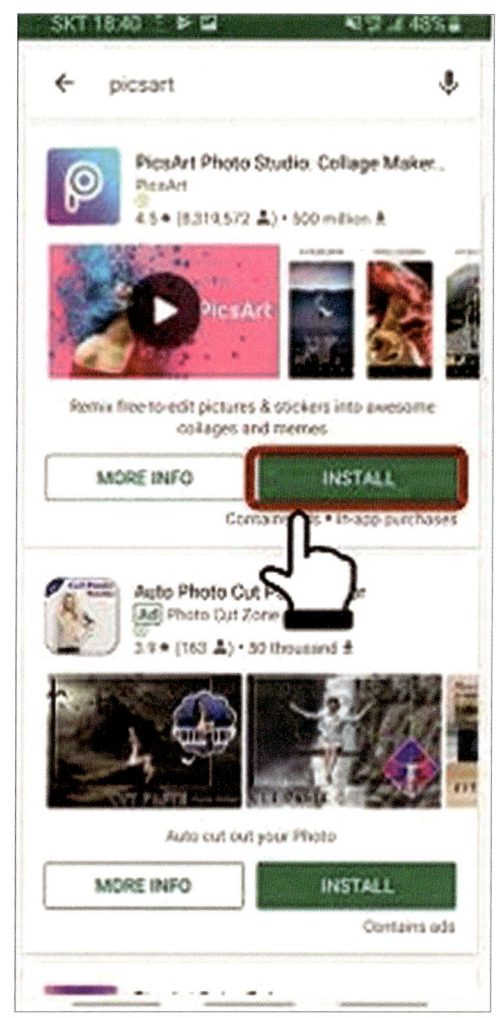

3. PicsArt 다운로드

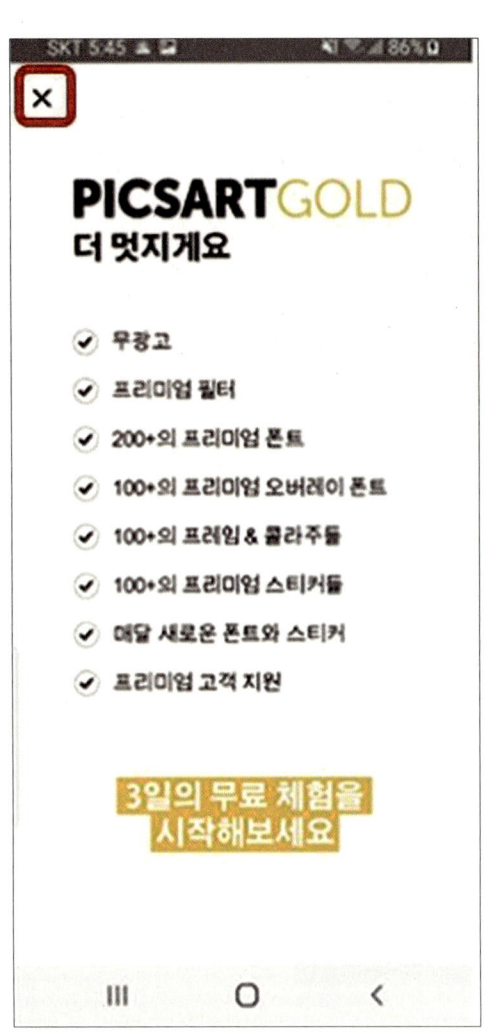

4. 무료버전은 맨 왼쪽 위 X 버튼을 누름

5. 아래 버튼으로 시작

6. 맨 오른쪽 모든 포토를 누름   7. 사진 추가 후 문자 입력을 누름

8. GIF버튼을 누름

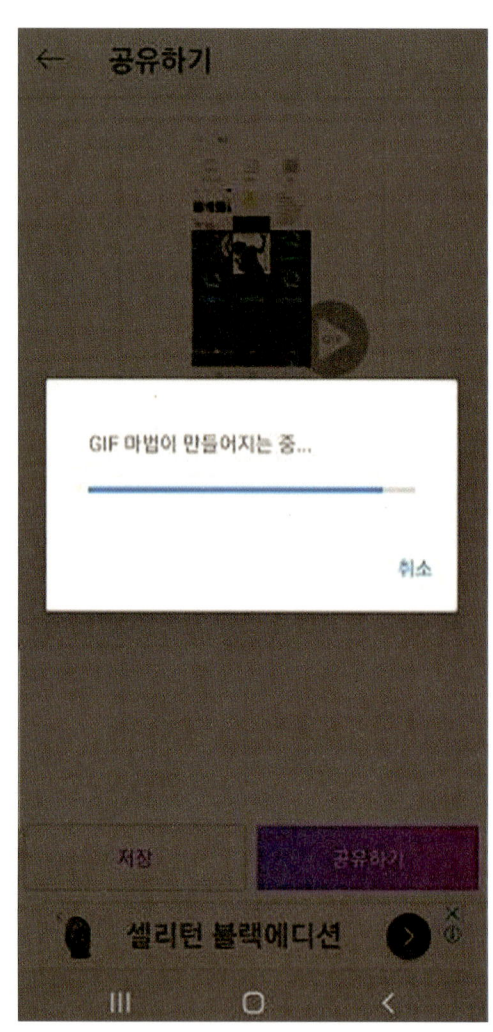

9. 위 화면을 확인함

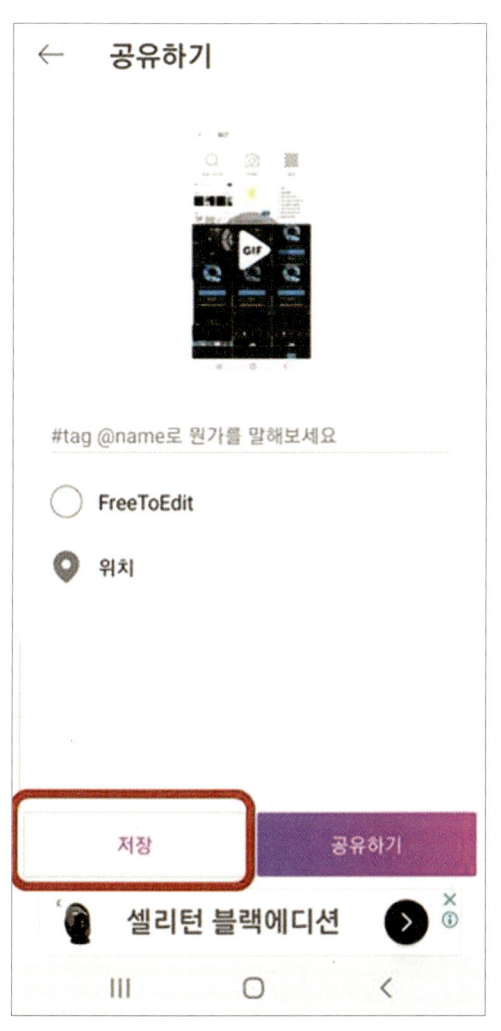

10. 저장 버튼을 누름　　　　11. 핸드폰에 저장

부록 2. 나만의 스토리를 동영상으로 편집하기

12. 갤러리 버튼을 누른 후
완료 버튼을 누름

- 과제
    1) 가족과 지인의 생일 축하 카드 만들기
    2) 크리스마스, 연하장 카드 만들기

- 과제
    1) 나 혹은 지인이나 가족의 영상 자서전 만들기
        - 인생의 터닝 포인트를 선정
        - 짤막한 부제와 글로 정리
        - 연대별 사진과 동영상을 믹스

부록3

키보드 사용 추가설명

〈학습 목표〉

- 음성으로 문자를 입력할 수 있고, 상황에 맞게 활용한다.
- 여러 키보드를 선택하여 설치할 수 있다.
- 제조회사(삼성, LG, 기타 등) 키보드로 변경할 수 있다.

1. 여러 키보드 설치하기

① Play 스토어 앱을 실행해 보세요.

②사용하려는 키보드를 검색창에서 "네이버키보드", "구글키보드"와 같이 검색합니다.

③ 찾은 키보드를 설치합니다.

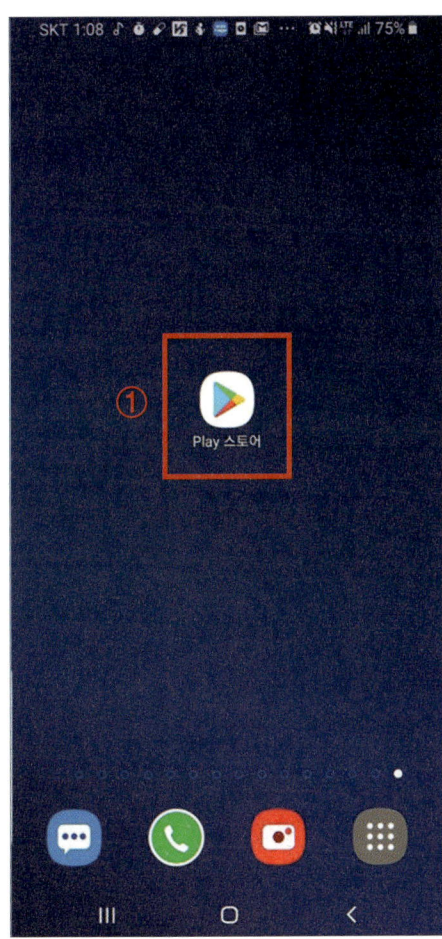
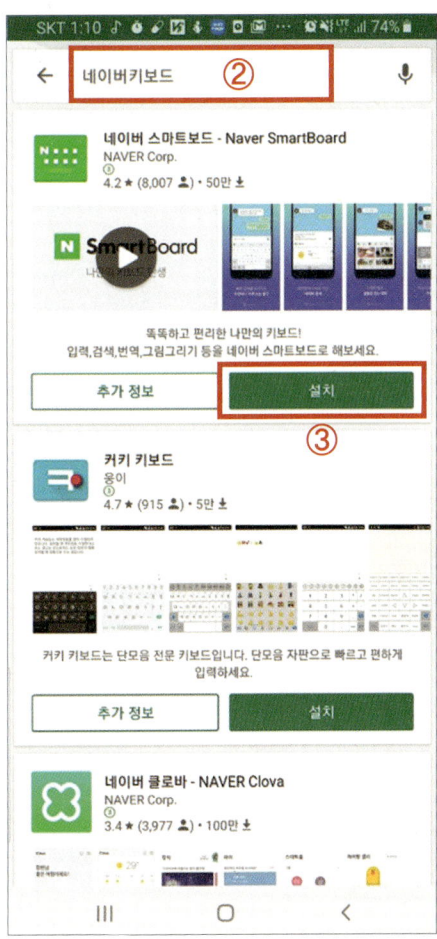

2. 제조사 키보드 설정, 사용하기

- 스마트폰 제조회사 키보드 앱 사용하기

　① 설정 아이콘을 선택합니다.

　② 일반 언어 및 입력방식 메뉴를 선택합니다.

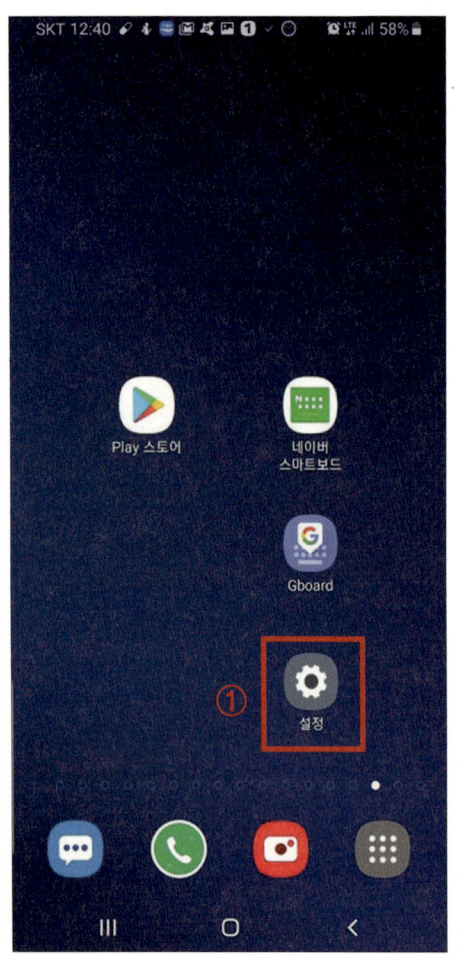 

1. 스마트폰 제조회사 키보드 설정

- 스마트폰 제조회사 키보드 앱 설정하기
  ① 기본 키보드 메뉴를 선택합니다.
  ② 본인이 소유한 스마트폰 제조회사(삼성, LG, 기타)의 키보드를 선택합니다.

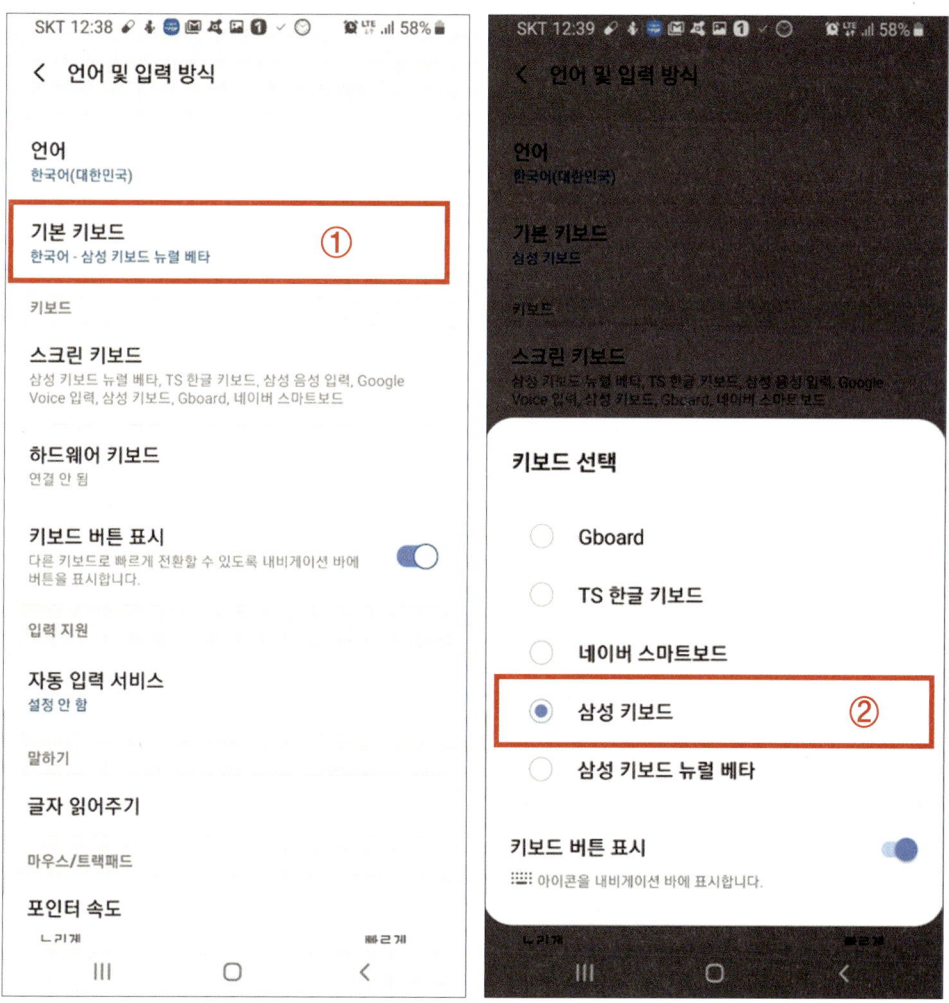

3. 음성으로 문자 입력하기

자판을 누르지 않고 음성만으로 문자 입력이 가능합니다.

1. 삼성 키보드 음성 인식 사용하기

① 마이크 모양을 선택합니다.

② 아무 말이나 해보세요. 듣고 있습니다. 일시정지하려면 마이크 모양을 누르세요.

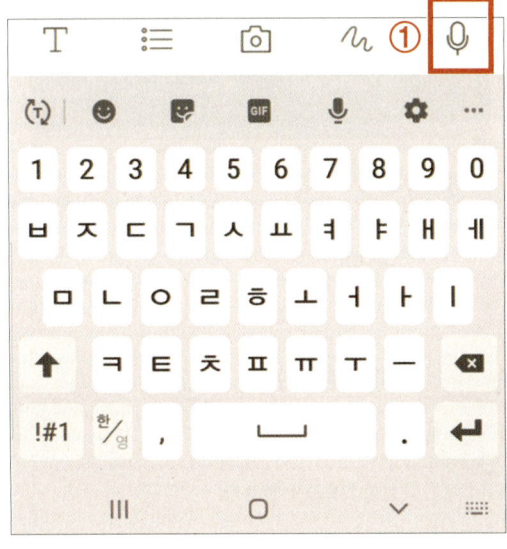
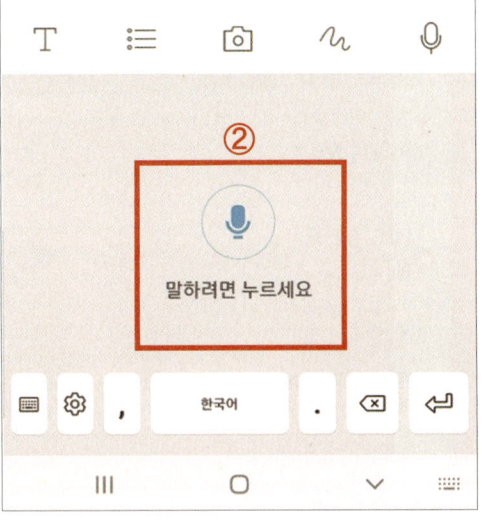

2. 삼성 키보드 AR 이모지 및 음성인식

① AR 이모지 아이콘 상태에서 이모지 스티커를 선택해서 사용합니다.

② 음성인식 모드로 사용합니다.

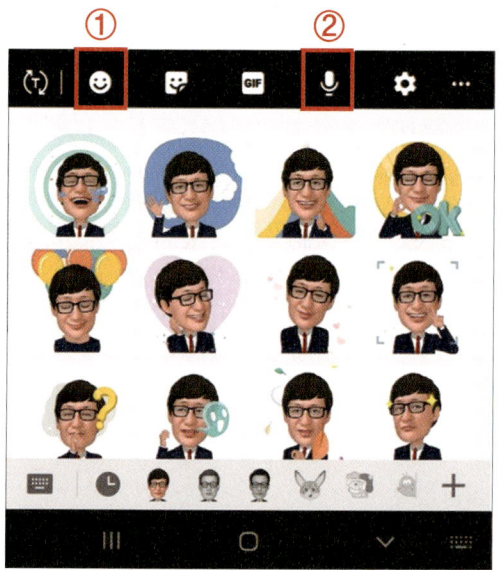 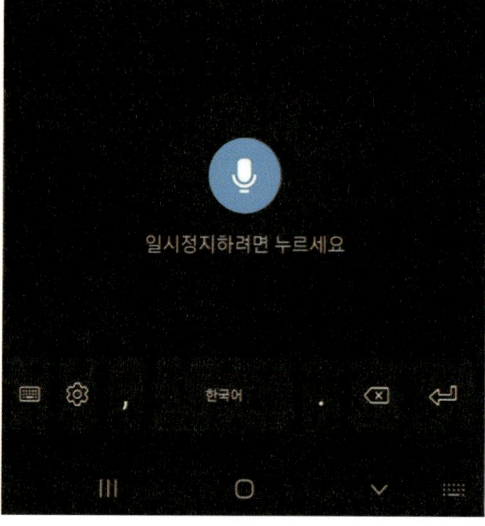

저자 프로필

박용기 박사(경영학)

저세상에 계신 어머님이 문득 그리워지는 어느 날, 더 늦기 전에 이 세상에 살아 계신 부모님들께 스마트폰 활용법을 쉽게 알려드리고자 서둘러 이 책 출판을 기획하였다. 100세에도 스마트라이프를 즐기시며 쏠쏠한 행복을 누리시길…

- **강의 · 상담 · 자문 · 집필분야:** 스마트폰/블록체인&가상화폐/경영 · 금융 · 재무 · 재테크/책만들기 개인성장/중소기업 성장전략
- **경력 자격:** 50+캠퍼스 블록체인&가상화폐 강의, 노사발전재단 재무 생애설계 금융교육 전문강사, "박용기의 블록체인 아카데미" 운영, 개인 · 기업체 · 공공기관 등 재미있는 명강의 및 상담 자문 2천 회 이상
- IT명강사포럼 기획이사, 신한은행 IT · 금융리스크관리, S/W정책연구소 자문위원, 경영지도사, M&A지도사, 한국 블록체인&가상화폐연구소 CEO, 박용기경영연구소 CEO
- 연세대경제대학원 금융리스크관리 전문가과정 졸업, IBM Data Base Administration&Design 연수
- 정보시스템 프로젝트관리 · BlockchainTimes 칼럼 외 다수의 집필 기고
- E-mail: yongkip77@gmail.com 카카오톡ID: yong8550
- 홈페이지: https://parkyongki.modoo.at/
- 블로그: https://blog.naver.com/yongkip77

이상구

IT를 접하고 32년간 쉼 없이, 한편으로는 생각과 행동을 일치시키려고 노력하다 보니 어느덧 제3의 인생을 맞이하고 있다. 글로벌 IT 기업에서 좀 더 넓은 세상을 경험하였고, IT를 활용해 사회발전에 기여하는 다양한 기업, 사람들이 있음을 알게 되었다. 이제 "IT를 위한 삶"에서 "삶을 위한 IT"를 할 수 있는 방법들을 찾고 있으며, 그 일환으로 KOICA 봉사단 컴퓨터 교육 활동에 참여하여 새로운 도전을 시작한다. 20년쯤 후에는 일생의 경험을 통합할 수 있게 되기를 희망한다.

- **경력:** KOICA 봉사단 컴퓨터 교육(2019.9월~), 한국관광공사 CIO/CISO 실장, 한국 시스코 시스템즈(유) 컨설팅 사업본부 상무, 한국 썬마이크로 시스템즈(유) 컨설팅 사업본부 상무
- E-mail: sanggu.lee239@gmail.com

권석봉

지난 33년간 시민의 발이 되어 정열을 쏟았다. 퇴직 후 인생 2막에는 시니어 전문인력으로 민간기업에 근무, 수년간 쌓아온 스마트폰 활용 노하우를 살려 50+ 캠퍼스 IT강사 양성과정을 수료하고 어르신을 위한 스마트폰 활용도서 집필과 강의를 하고 있다. 요양원 실버세대들의 행복한 삶을 위해 이분들의 행복디자이너로 활동하며 어르신들을 돕기 위한 꿈을 하나씩 이루어 가고 있다.

- E-mail: kwsbong@hanmail.net

김원곤

1980년대 후반 DOS로 시작한 나의 IT 인생은 현재 안드로이드 9.0으로 계속 이어지고 있다. 32년 동안 거의 하루도 빠지지 않고 사용해왔다. 100세 시대의 요즘 50플러스 세대가 세상과 소통하는 최고의 플랫폼으로서 스마트폰을 즐길 수 있도록 지식을 공유하고 싶다.

- 1인 유튜브 크리에이터 강사, 초경량비행장치(드론) 지도조종자
- 서울시 50+ IT지원단 스마트폰 강사, 드론코딩 교육지도사
- E-mail: aozoraotobu@gmail.com
- YouTube: http://www.youtube.com/c/ChalTube찰튜브

손영준

소프트웨어 개발 회사에서 프로그래머 및 H/W 유지보수, 기업전산업무를 15년간 경험하고 IT 관련 회사를 10년 이상 운영 중이다. 4차산업혁명 시대에 미래 산업의 원동력이 될 S/W개발에 큰 관심을 가지고 있다. 최근 사회복지의 중요성을 인식하고 사회복지사 자격도 취득하고 봉사활동에 관심이 많으며 사회복지 관련 앱도 개발을 준비중이다. SNS의 발달로 새로운 세상이 열려가고 있는 이때에 IT인으로서 어르신들의 행복한 삶을 돕기 위한 소박한 꿈을 하나씩 이루어가고 있다.

- IT명강사포럼 이사, IT개발회사 대표, IT전산업무 15년 근무
- 서울시 50+ IT강사양성과정 수료, 사회복지사 2급자격, 사회복지시설경영자과정 수료
- E-mail: syjvitamin@naver.com

손승주

- 서울시50+ IT명강사포럼 이사
- 한국국제협력단(KOICA) ICT자문관
- 정보통신산업진흥원(NIPA) ICT자문관
- 전자정부 글로벌 컨설턴트
- 한국휴렛팩커드(HP) 테크놀로지 서비스
- E-mail: seungjooson@naver.com

송영운

- 자격: 스마트폰활용지도사 1급, 컴퓨터OA 마스터 1급, 정보처리기사 1급, 정보검색전문가(인터넷정보검색사) 1급
- 경력
    - IT명강사포럼 이사, 서울시 50+ IT강사 양성과정 수료
    - 국민건강보험공단 33년 IT분야 전문가: 건강보험 및 노인장기요양보험 정보시스템 구축 및 운영, 노인장기요양보험 정보시스템 구축 프로젝트 추진(홈페이지, 전자태그(RFID), 비콘(Beacon), 태블릿 PC용 모바일 시스템 등), 노인장기요양보험 업무재설계 및 정보화전략계획(BPR&ISP) 컨설팅
    - 국민건강보험공단 업무분야 전문가: 건강보험 자격관리 및 보험급여관리 업무부문장 등
- E-mail: ywsong21@hanmail.net

임택규

- IT명강사포럼 이사
- 서울시 50+ 동작센터 스마트코치
- G&A건축사무소 기술이사 재직 중
- 서울시 50+재단 IT지원단 강사
- CM(Construction Manager)
- 저서: 그믐에도 달이 뜬다(뒷목문화사 2012)
- E-mail: xorrb1102@hanmail.net
- 블로그: https://blog.naver.com/xorrb1102

정환식

KBS와 SBS에서 예능 PD로 34년간 신나게 일했다. 사람들의 가슴을 뛰게 만들도록 도와주는 버킷리스트 디자이너. 깜짝 이벤트 연출과 악기 연주 봉사, 그림 전시, 여행으로 지구인들의 소망을 담아 삶의 질과 방향을 새롭게 제시하겠다는 꿈을 꾸고 있다.

- E-mail: hopefut@naver.com
- Instagram: hschung9

출간 후기

이 책을 통해 더 많은 분들이
20대처럼 스마트폰을 사용할 수 있는
행복에너지를 받으시길 기원합니다!

– 권선복
도서출판 행복에너지 대표이사

　요즘에는 스마트폰을 쓰지 않는 사람을 찾기 어려울 정도로 수많은 사람들이 스마트폰이 제공하는 정보와 재미에 흠뻑 빠져 있습니다. 그런데 주변에는 스마트폰의 여러 가지 기능을 자유롭게 즐기지 못하시는 분들이 의외로 많습니다.

이 책 『내 손안의 1등 비서 스마트폰 100배 즐기기』는 그런 분들도 스마트폰의 다양한 기능을 쉽게 따라 배울 수 있도록 실물 사진을 곁들여 자세하고 친절하게 설명해 주는 책입니다. 꼭 필요한 용어부터 차근차근 알 수 있도록 도와주기에 스마트폰에 대해서 익숙하지 않은 분이라도 1부터 10까지 쉽게 따라 하고 익혀나갈 수 있습니다.

특히 시니어 분들에게 유익한 치매예방 및 건강관리 앱, 보이스피싱을 예방하는 법, 말로 스마트폰을 이용하는 법도 기술하여 예상 독자층에 대한 섬세한 고려를 읽어낼 수 있습니다. 이 밖에도 재미있고 유익하며 누구에게나 꼭 필요한 소중한 정보들을 알차게 담아냈습니다.

이 책의 저자들은 IT와 스마트폰 시니어교육 전문가들입니다. 자신의 부모님들에게 가르쳐드린다는 생각으로 수차례 토론과 기획회의를 거치고 정성을 다해 집필하였습니다. 저희 출판사에서는 뜻을 모으신 저자님들의 선한 마음에 깊은 감동을 받았습니다.

4차 산업혁명과 정보기술이 빛의 속도로 발전하는 요즘 같은 시대에는 먼저 알고 계시는 분들이 다른 사람에게 그 지식을 빠르게 알려주셔야 합니다. 이를 통해 진정한 정보화 사회, 서로가 소외되지 않는 모두가 행복한 사회를 가꾸어 나갈 수 있을 것입니다.

이 책을 통해 더 많은 분들에게 스마트폰을 20대처럼 활용할 수 있는 행복에너지가 팡팡팡!! 솟아오르길 진심으로 기원합니다!

'착한 사람 콤플렉스'를 벗어나는 뇌의 습관

모기 겐이치로/임순모 | 값 15,000원

일본 내에서 뇌과학과 인지과학 분야의 권위자로 널리 알려져 있는 저자의 이 책은 '타인에게 인정받고자 하는 욕구'가 만들어 내는 스트레스를 적절한 방식을 통해서 해소하고, 긍정적으로 승화시켜 다시 삶을 더욱 적극적으로 살아갈 원동력을 창출해 낼 수 있도록 돕는다. 이미 일본에서 좋은 평가를 받았던 이 책을 임순모 번역자의 유려한 번역을 통해 한국에서도 접할 수 있는 좋은 기회가 될 것이다

인생 캘리그라피

이형구 지음 | 값 25,000원

글씨와 그림의 중간적인 위치를 가진 미술 기법인 캘리그라피는 최근 남녀노소 할 것 없이 간단하면서도 정서를 풍요롭게 할 수 있는 대중적 예술로 각광받고 있다. 특히 이 책 『인생 캘리그라피』는 캘리그라피의 기본 개념부터 시작하여 방송·광고에서 인기 있는 캘리그라피 스타일까지 아우르고 있어 한글 특유의 아름다움과 작가의 감성을 담은 미학적 캘리그라피를 누구나 쉽게 배우고 따라할 수 있게 해주는 가이드북이 될 것이다.

양파망으로 짓는 황토집

김병일 지음 | 값 25,000원

이 책 『양파망으로 짓는 황토집』은 자연과 건강의 대명사, 황토집을 약간의 품만 들여 내 손으로 손쉽게 지을 수 있도록 도와주는 가이드북이다. 우리 주변에서 흔히 볼 수 있는 양파망을 이용, '계량화의 기법'으로 황토집 짓는 노하우의 알파에서 오메가에 이르기까지 모든 것을 책임지고 가르쳐주는 이 책은 내 집을 마련하고픈 소박한 꿈을 꾸고 있는 독자들에게 실질적인 길잡이가 되어 줄 것이다.

다시 제자가 온다

이강일 지음 | 값 15,000원

이 책, 『다시 제자가 온다』는 급격한 세속화로 인해 쇠퇴 일로를 걷고 있는 한국 기독교의 현실을 비판하며 한국 기독교의 재부흥을 위해서는 '직장선교'와 '제자사역'이 반드시 필요하다는 점을 강조하며 '이강일 목사의 제자훈련 8단계'로 그 방법을 요약한다. 이렇게 굳건한 신앙적 열정이 함께하는 이강일 저자의 제자사역 가이드북 『다시 제자가 온다』는 뜻 있는 교인들의 가슴에 새롭게 열정의 불꽃을 피울 수 있을 것이다.

함께 보면 좋은 책들

하이파이브 부부 행복

김진수 지음 | 값 15,000원

이 책은 부부간의 건강한 관계와 소통방식에 대해 얘기하고 있다. 단순히 싸우지 말자는 구호에서 그치는 것이 아니라 어떻게 하면 갈등을 '잘' 풀어나갈 수 있을 것인가에 관해 고민하며 쓴 책이라고 할 수 있다. 다섯 개의 손가락에 비유되는 각 키워드를 따라가다 보면 가정의 화목을 고민하고 있는 모든 남편, 아내에게 해결의 실마리를 제시해 주는 훌륭한 지침서가 될 것이다.

농업이 미래다

김성수 지음 | 값 15,000원

이 책 『농업이 미래다-6차산업과 한국경제』는 산업화와 고도성장 속에서 우리가 쫓아온 산업 강국에 대한 허상을 깨뜨리고 고도로 산업화된 자본주의 선진국일수록 1차 산업, 즉 농업 기반이 확실하다는 점에 주목하여 농업 경제에 대한 국가적, 개인적 패러다임을 전환할 것을 촉구한다. 경제학 박사로서 저자가 직접 발견하고 컨설팅한 융합농업의 선구사례들 속에서 대한민국 6차 산업의 청사진이 명쾌하게 드러날 것이다.

간절한 꿈이 길을 열다

윤승중 지음 | 값 25,000원

이 책은 많은 역경을 극복하고 조국을 지키는 특전사로서, 삼성전자의 최장수 도쿄 지사장으로서, 그리고 (주)니토덴코의 첫 한국인 사장으로서 불꽃 같은 삶을 살았던 고 윤승중 대표의 자서전이자 꿈을 잃어버린 사람들에게 전하는 희망의 메시지이다. '현실을 벗어나려면 현실보다 큰 꿈에 올라타라'고 이야기하는 윤승중 대표의 후회 없는 삶은 방황하는 대한민국의 모든 세대에게 용기를 전해줄 것이다.

행복한 삶의 사찰기행

이경서 지음 | 값 20,000원

이 책은 『맛있는 삶의 사찰기행』에 이어서 이경서 저자의 108사찰순례를 마무리하는 기록이다. 더욱 깊어진 통찰과 감성으로 마음을 두드리는 이번 책에도 아름다운 사진과 불교에 대한 이야기가 가득하다. 페이지 하나하나마다 해당 사찰에 대한 깊은 지식과 동시에 사찰이 가진 아름다움과 불교의 교훈도 세세히 전달하고자 배려하는 이 책은 우리 땅의 사찰과 함께 우리 불교에 대해서도 알아갈 수 있도록 한 섬세함이 느껴진다.

금융인의 반란

이기철 지음 | 값 20,000원

이 책은 1997년 IMF 환란이 빚은 금융 산업의 현주소와 금융소비자들의 피해 실상, 그리고 대응방안을 논의하고 있는 책이다. 이 책은 불공정하게 구제된 채무불이행자와 실패기업인 324만 명의 금융적폐가 공정하게 재정산되고, 195만 부실 징후 중소기업과 소상공인 문제가 선제적으로 구조조정 되어야만 다시금 민생경제가 회복될 수 있음을 강조했으며, 그 구체적 대안으로 수요자 중심의 선진재기제도와 민생은행 신설을 제시하고 있다.

당질 조절 프로젝트 - 케토제닉 다이어트 -

방민우 지음 | 값 17,000원

이 책『당질 조절 프로젝트-케토제닉 다이어트』는 꼭 필요한 에너지원을 적정하게 섭취하면서 불필요한 당질만을 조절하여 우리 몸의 균형과 조화를 회복시키는 데에 주안점을 두고 있다. 즉 적은 양의 탄수화물 섭취와 지방 분해를 통한 케톤체 공급으로 몸에 필요한 당을 충분히 확보할 수 있는 신체 밸런스를 되찾는 것을 골자로 하여 실생활에 적용 가능한 신세대의 다이어트 법을 제공하고 있는 책이다.

일본! 작게 보고 크게 보고

박경하 지음 | 값 15,000원

이 책『일본 작게 보고 크게 보고』는 20여 년이 넘는 기간을 일본에서 활동해 온 저자의 솔직담백한 일본 분석기라고 할 수 있다. 저자가 한국의 과자회사 (주)오리온의 일본법인 지사장으로 활동하며 몸으로 접한 일본의 역사, 문화, 사회, 그리고 일본시장에서의 경영전략이 구어풍의 유머러스한 필치로 생생하게 담겨 있으며 일본 시장과 경제적 전략에 관한 날카로운 분석과 생생한 지혜가 담긴 조언들 역시 이 책의 특징이다.

밥 얻어먹고 살기가 어디 쉽다냐?

성장현 지음 | 값 15,000원

이 책에는 민선 지자체장으로서 성장현 구청장이 성공할 수 있었던 노력과 열정, 그리고 올바른 가치관 확립을 통한 '기본 바로세우기'에 대한 이야기가 담겨 있다. 전라도 순천에서 홀홀단신 상경해 밥벌이를 해야 했던 저자의 고난과, 용산구의 발전이 용산구민의 '밥'으로, '복지'로 돌아갈 수 있도록 상생하는 행정을 위한 그의 여정을 이 한 권의 책으로 고스란히 느낄 수 있을 것이다.

'행복에너지'의 해피 대한민국 프로젝트!
〈모교 책 보내기 운동〉

대한민국의 뿌리, 대한민국의 미래 청소년·청년들에게 책을 보내주세요.

 많은 학교의 도서관이 가난해지고 있습니다. 그만큼 많은 학생들의 마음 또한 가난해지고 있습니다. 학교 도서관에는 색이 바래고 찢어진 책들이 나뒹굽니다. 더럽고 먼지만 앉은 책을 과연 누가 읽고 싶어 할까요?
 게임과 스마트폰에 중독된 초·중고생들. 입시의 문턱 앞에서 문제집에만 매달리는 고등학생들. 험난한 취업 준비에 책 읽을 시간조차 없는 대학생들. 아무런 꿈도 없이 정해진 길을 따라서만 가는 젊은이들이 과연 대한민국을 이끌 수 있을까요?

 한 권의 책은 한 사람의 인생을 바꾸는 힘을 가지고 있습니다. 한 사람의 인생이 바뀌면 한 나라의 국운이 바뀝니다. **저희 행복에너지에서는 베스트셀러와 각종 기관에서 우수도서로 선정된 도서를 중심으로 〈모교 책 보내기 운동〉을 펼치고 있습니다.** 대한민국의 미래, 젊은이들에게 좋은 책을 보내주십시오. 독자 여러분의 자랑스러운 모교에 보내진 한 권의 책은 더 크게 성장할 대한민국의 발판이 될 것입니다.

 도서출판 행복에너지를 성원해주시는 독자 여러분의 많은 관심과 참여 부탁드리겠습니다.

도서출판 **행복에너지** 임직원 일동
문의전화 0505-613-6133

Happy Energy books

좋은 **원고**나 **출판 기획**이 있으신 분은 언제든지 **행복에너지**의 문을 두드려 주시기 바랍니다.
ksbdata@hanmail.net www.happybook.or.kr 단체구입문의 ☎ 010-3267-6277

하루 5분 나를 바꾸는 긍정훈련
행복에너지

'긍정훈련' 당신의 삶을
행복으로 인도할
최고의, 최후의 '멘토'

'행복에너지
권선복 대표이사'가 전하는
행복과 긍정의 에너지,
그 삶의 이야기!

인터파크 자기계발 분야 주간 **베스트 1위**

권선복 지음 | 15,000원

권선복

도서출판 행복에너지 대표
영상고등학교 운영위원장
대통령직속 지역발전위원회
문화복지 전문위원
새마을문고 서울시 강서구 회장
전) 팔팔컴퓨터 전산학원장
전) 강서구의회(도시건설위원장)
아주대학교 공공정책대학원 졸업
충남 논산 출생

책 『하루 5분, 나를 바꾸는 긍정훈련 - 행복에너지』는 '긍정훈련' 과정을 통해 삶을 업그레이드하고 행복을 찾아 나설 것을 독자에게 독려한다.
긍정훈련 과정은 [예행연습] [워밍업] [실전] [강화] [숨고르기] [마무리] 등 총 6단계로 나뉘어 각 단계별 사례를 바탕으로 독자 스스로가 느끼고 배운 것을 직접 실천할 수 있게 하는 데 그 목적을 두고 있다.
그동안 우리가 숱하게 '긍정하는 방법'에 대해 배워왔으면서도 정작 삶에 적용시키지 못했던 것은, 머리로만 이해하고 실천으로는 옮기지 않았기 때문이다. 이제 삶을 행복하고 아름답게 가꿀 긍정과의 여정, 그 시작을 책과 함께해 보자.

『하루 5분, 나를 바꾸는 긍정훈련 - 행복에너지』

**"좋은 책을
만들어드립니다"**
저자의 의도 최대한 반영!
전문 인력의 축적된 노하우를
통한 제작!
다양한 마케팅 및 광고 지원!

최초 기획부터 출간에 이르기까지, 보도자료 배포부터 판매 유통까지! 확실히 책임져 드리고 있습니다. 좋은 원고나 기획이 있으신 분, 블로그나 카페에 좋은 글이 있는 분들은 언제든지 도서출판 행복에너지의 문을 두드려 주십시오! 좋은 책을 만들어 드리겠습니다.

| 출간도서종류 |
시·수필·소설·자기계발·
일반실용서·인문교양서·평전·칼럼·
여행기·회고록·교본·경제·경영 출판

도서출판 행복에너지
www.happybook.or.kr
☎ 010-3267-6277
e-mail. ksbdata@daum.net